国際経済政策論

新岡 智・板木雅彦・増田正人 編

有斐閣ブックス

はじめに──国際経済政策論の視点

なぜ，国際経済政策を論じるのか

　現代を特徴づける用語の1つに，「グローバリゼーション」がある。その内容について完全に一致した理解が存在しているわけではないが，グローバリゼーションが，ヒト・モノ・カネそして情報の国際的移動と相互依存の深化を指しているというのは一般的な理解である。それゆえ立場の違いはあっても，今日の経済学および経済政策が取り組むべき優先課題が，グローバリゼーションがもたらす社会変動への適切な対処にあることは明らかであろう。

　グローバリゼーションとは市場メカニズムの国際的な浸透・拡散プロセスであり，それが資源の国際的適正配分をもたらしてくれるという楽観的な理解ほど，現実問題から目をそむけるものはない。国際的に見るならば，貧富の格差拡大，環境の悪化，通貨危機の頻発，エネルギー問題，テロや国際紛争の激化など，国際的解決を求められている問題は数多くある。このような課題のすべてをグローバリゼーションの責任に帰するのは不当であろうが，これらの問題は多かれ少なかれグローバリゼーションと密接な関連を持っている。

　これらは，どれ1つをとっても一国では対応できないものであり，国際的な経済政策が必要とされているものばかりである。そこで今日必要とされているのは，グローバルな社会変動に見合った経済政策であり，それを支える新たな思考的枠組みである。その一歩として，国際経済政策における対立と変遷の歴史を理解し，政策的課題の全体像を把握することが必要である。本書は，そのために企画された国際経済政策のテキストである。

戦後体制と国際経済政策

　経済政策とは，国家あるいは政府がある目的をもって行う経済活動およびその手段であると規定できる。それゆえ，国際経済政策とは対外関係における国家の目的意識的な経済活動とその手段の全体と規定しうるが，より具体的には，「国際経済政策は，国家安全保障と経済的繁栄という，現代国家の直面する2

つの最優先事項の結合に他ならない」（S. D. コーエン〔山崎好裕ほか訳〕『アメリカの国際経済政策』三嶺書房，1995年）。「安全」と「富」は確かに国家が社会的価値のなかでもっとも高い優先順位を与えてきたものであり，その意味では，安全を高め，経済的繁栄によって多くの富を手に入れるために行われる対外的経済活動とその手段が国際経済政策である。それゆえそれは，通商政策，為替政策，マクロ経済政策，環境政策，国際競争力政策などの複合物であるといえよう。

　国際経済政策は，国家と国家の境界領域，相互作用領域で行われる政策であり，国内の経済政策とは異なる独自の問題を抱えている。そこでは国家と国家の対立・協調という問題を避けて通ることができない。国際経済政策の形成と実行においてとりわけ問題となるのは，国家同士が対等な力関係にあるのか，それとも非対称的な力関係にあるのかということである。それによって，国際経済政策のあり方は大きく異なってくる。第2次世界大戦後の事態を見る限り，アメリカが圧倒的な軍事力と経済力を有していたのであり，それゆえに国際経済政策について論じる際には，パクス・アメリカーナといわれた戦後の制度的・歴史的枠組みを研究の出発点としなくてはならない。

　しかし，国際経済政策を規定してきたアメリカを中心とした戦後体制も，その後「制度疲労」を起こし，現在は新たな国際経済政策の枠組みが模索される時代に入っている。その制度疲労を考えるうえで重要なのは，アメリカを中心とした「安全保障」および「富」の過度で不適切な追求が，制度疲労をもたらしたという視点である。

国際経済政策の理論・思想区分

　社会科学とは，特定の概念の組合せによって社会理解を行う学問である。歴史が示しているように，経済学は時代ごとに古典派経済学，マルクス経済学，ケインズ経済学，新古典派経済学など，特定の概念によって構成された理論が大きな影響力を有してきた。もっとも1つの理論が他の理論を完全に排除し，経済政策を独占してきたわけではない。現実のプロセスは，支配的な理論が存在しつつも対抗理論が並存し，その理論的交錯のなかで政策決定が行われてきたというものである。このことは，研究対象としての「社会」が，多面性と時

代性を有していることを示している。

　戦後の経済政策においては、ケインズ経済学が支配的な地位を占めてきた。しかし、先進国でスタグフレーションが激化した1970年代以降は、ケインズ経済学が批判され、新古典派経済学が装いを新たに復活を始めた。そして、80年代以降には、新古典派経済学が支配的経済理論・思想としての地位を占めることとなったのである。

　このように、戦後資本主義における国際経済政策の変遷は、経済理論・思想の変遷と密接に結びついている。本書ではそのような視点から、戦後国際経済政策を4つの時期に区分している。

　第1の時期は、戦後から1960年代までの時期であり、アメリカ主導の戦後体制が確立し、ケインズ主義的経済成長と自由貿易が復活した時代である（第Ⅰ部「戦後国際経済政策の枠組み」）。第2の時期は70年代であり、スタグフレーションと国際収支不均衡の拡大によって、この戦後体制の枠組みとケインズ主義が限界を露呈しはじめた時期である（第Ⅱ部「国際経済政策の対立と協調」）。第3の時期は80年代であり、先進国において新自由主義がその影響力を強め、ケインズ主義に代わりマネタリストや合理的期待形成学派等、新古典派経済学が、経済政策において影響力を発揮しはじめた時期である（第Ⅲ部「新自由主義下の国際経済政策」）。そして第4の時期は90年代以降であり、新自由主義が世界に拡散していくグローバリゼーションの時代である（第Ⅳ部「グローバル化と国際経済政策」、第Ⅴ部「グローバル・イシューと国際政治経済学」）。

　以上の説明から明らかなように、本書はどの時代にも当てはまる普遍的な経済理論によって、「正しい」経済政策が容易に立案可能だとする立場はとっていない。特定の経済理論や政策が特定の時代に有効だったのは、それが、その時代の社会編成＝社会構造およびそれに規定された価値観と適合的な限りでのことだと考えるからである。それゆえに、本書では社会編成＝社会構造の歴史的変遷と経済理論・思想の関連を意識している。

国際政治経済学との接近

　今日、多くの国際政治学者が経済問題を研究対象としている。これは1960年代末から70年代以降に生じた事態であり、それまで軍事を研究の主要

フィールドとしてきた国際政治学者が，通貨や貿易や多国籍企業，さらにはエネルギー問題が国際政治の前面に躍り出るや，必要に迫られ研究シフトを行った結果である。これは一般に，ハイ・ポリティクス（軍事）からロウ・ポリティクス（経済）へのシフト，あるいは経済問題のハイ・ポリティクス化といわれている。

　ソ連を中心とした社会主義の軍事力のみが，アメリカを中心とする資本主義に対する挑戦とみなされていた時代が去り，資本主義内部でのアメリカへの経済的挑戦が戦後体制を脅かしはじめるや，国際政治学者は権力と経済学との関連を研究せざるをえなくなったのである。そのような対象へのアプローチは，広く「国際政治経済学」(International Political Economy：IPE) と呼ばれている（野林健ほか『国際政治経済学・入門』有斐閣，1996年，参照）。

　政治学は「権力の科学」であり，経済学は「富の科学」であると言われる。たしかにこのような学問の区分および境界は存在するが，時代がそのような棲み分けを許容しなくなったのが1960年代末以降の時代であったといってよいし，自らの学問対象の意味を明らかにするために，どうしても境界領域の問題を扱う必要があったと考えてもよい。

　政治が権力の科学であるということは，いいかえればその課題が「統治」にあるということを意味する。統治をするうえで必要なことは，「対立」や「摩擦」を「合意」や「妥協」あるいは「譲歩」に変え，「社会的安定」を確保することである。

　これに対して，経済学は富の科学といわれるが，そこには2つのアプローチがある。1つは政治経済学あるいは社会経済学（どちらも political economy の訳語）といわれているものであり，それは「社会経済システムの安定的再生産」をテーマとし，分析の焦点を「生産と分配」においている。このように社会の安定的再生産をテーマとし，生産と分配に焦点を当てる限り，この経済学が，統治を扱う政治学と共有領域が大きくなるのは当然である。もう1つのアプローチは主流派経済学であり，それは「希少資源の効率的配分と均衡」をテーマとし，分析の焦点を「交換」においている。主流派は対立や摩擦の原因を不均衡に見いだし，市場メカニズムによって経済を均衡状態にすることが問題解決になると考えている（宇仁宏幸ほか『入門社会経済学』ナカニシヤ出版，2004年）。

本書の立場は前者である。なぜなら，現実は経済がたとえ均衡状態にあっても解決すべき経済問題が存在してきたこと，逆に経済が不均衡状態でもそれ自体が政策課題とならない場合があることを示しており，均衡状態が社会経済問題を解決するとは考えていないからである。国際的な「社会経済システムの安定的再生産」を政策目的とし，そのために国際的な「生産と分配」に焦点を当てた分析を中心に行う，これが本書のアプローチである。
　よって各章で取り上げたテーマのほとんどは，国際政治経済学の対象と多くの共通分野をもっている。その意味で本書は，経済学者による国際政治経済学のテキストでもある。

複合的利害関係アプローチ
　政策論はすべて利害関係の対立とその調整を課題としているといってよい。国際経済政策において問題となるのは，この利害を国際関係のなかでどのように把握するかである。
　国際経済におけるもっとも単純な利害関係理解は，単一の国益アプローチなるものである。それは国益なるものを自明かつ不動のものと想定し，国際経済政策の目標を国益の実現にあるとする。主流派経済学は，比較優位の原則，均衡状態＝利害一致の想定に国益を見いだす。しかし想定された国益の背後には，階級・階層・グループの利害構造が横たわっている場合がほとんどである。それゆえ国際経済政策の検討においては，国益を自明のものとし，思考停止に陥ることがあってはならない。
　これとは異なるアプローチが，複合的利害関係アプローチといいうるものである。このアプローチは国益の内容を自明なものとせず，それが国内の社会編成と国際関係によって変化するものととらえる。そこでは国際経済政策が利害関係者のいかなる立場を反映しているかが問われる。コーエンは，「さまざまな価値と優先順位が国際経済政策の核心内容を構成している」と述べているが，これはまさに本書の立場である。
　「さまざまな価値と優先順位」は，国内外の利害構造に規定されて変化し続けている。そこでは国際経済の枠組みがどのように形成されているか，国内経済において社会的編成＝社会構造がどのように構成されているか，そして誰が

政策決定のヘゲモニーを握っているかが問題となる。それゆえ国際経済政策は，内外の利害関係とその相互作用という視点から検討されるべき対象なのである。

このような視点を持つことによってこそ，わたしたちは経済を静態的にではなく，動態的に理解することが可能となる。

国際経済政策論の可能性

どの国・どの時代を取りあげても，経済学者から政治家，そして国民に至るまで，経済政策について意見の一致をみることはきわめて少なかったし，現在においてもそうである。その理由を，経済学のイロハを知らずに経済政策を論じる者がいるからだと主張する人もいるし，また科学としての経済学の貧困がもたらしている状況だと述べる人もいる。はたして問題は，経済学を正しく理解しない者たちの責任であろうか。あるいはまた，経済学の学問レベルの低さにあるのだろうか。そのどちらでもないことを経済学と経済政策の歴史は教えている。

経済政策の対立＝経済政策論争，それこそが経済学を豊かにする土壌であった。これはスミスからリカード，マルクス，ケインズなどの経済学の生成について学べば一目瞭然である。だとすれば，わたしたちは経済政策の不一致・対立を学問的な遅れと見なすのではなく，そのなかにこそ経済学の可能性と発展のエネルギーを見いだすべきである。

それでは経済学を研究している者の間で，なぜ経済政策に関する意見の不一致が生じるのであろうか。これについてはすでに経済学の標準的テキスト（J. E. スティグリッツ〔藪下史郎ほか訳〕『入門経済学』東洋経済新報社，1999年）において，次の3つの理由が指摘されている。①経済モデル（経済メカニズムの理解）についての不一致，②メカニズム理解については一致しているが，その量的関係についての不一致，③価値観の不一致，の3つである。

経済学の学問的進歩＝経済理論の進歩と考え，「正しい理論」に依拠すれば一刀両断に正しい経済政策を導き出せるという主張も多々見かける。しかし③の価値観の不一致を除いても，①と②における不一致が存在している。「他のすべてが一定であると仮定すれば」という言葉に示されるごとく，経済理論は限定された仮定のもとで成立しているものが多い。それに対して経済政策では，

理論において仮定されている前提条件そのものが問われている場合が多く，それゆえに経済モデルと政策において不一致が生じることは当然でさえある。またあらゆる経済関係を量的な関係に還元することによって，価値判断を回避できるとする主張もあるが，その量的な計測が不一致の場合もあるし，また一致が見られたとしてもそれをいかに評価するかという価値判断が残る場合が多い。

　このように考えてくれば明らかなことだと思えるのだが，経済政策論において重要なのは，「普遍的な正しい経済理論」を振り回すことではなく，政策対立・論争のなかに検討すべき課題を見つけることであり，自らが立っている理論や政策スタンスの前提条件をも研究対象とすることである。

　国際経済政策をめぐる対立と論争，そこにこそ経済学を豊かにしてくれる土壌がある。このテキストが，少しでもそのことの理解に役立ってくれることを願っている。

執筆者紹介 （執筆順，＊は編者）

＊増田　正人（ますだ　まさと）……………………第1章，第10章
　　法政大学社会学部教授

　中西　泰造（なかにし　たいぞう）………………第2章
　　愛媛大学法文学部准教授

＊新岡　智（にいおか　さとし）……………………第3章，第6章
　　関東学院大学経済学部教授

　上川　孝夫（かみかわ　たかお）…………………第4章
　　横浜国立大学名誉教授

　宮﨑　礼二（みやざき　れいじ）…………………第5章
　　明海大学経済学部准教授

　井手　英策（いで　えいさく）……………………第7章
　　慶應義塾大学経済学部教授

　立石　剛（たていし　たけし）……………………第8章，第9章
　　西南学院大学経済学部教授

＊板木　雅彦（いたき　まさひこ）…………………第11章
　　立命館大学名誉教授

　星野　郁（ほしの　かおる）………………………第12章
　　立命館大学名誉教授

　大島　堅一（おおしま　けんいち）………………第13章
　　龍谷大学政策学部教授

　伊豫谷登士翁（いよたに　としお）………………第14章
　　一橋大学名誉教授

　櫻井　公人（さくらい　きみひと）………………第15章
　　立教大学経済学部教授

目　次

はじめに——国際経済政策論の視点

第Ⅰ部　戦後国際経済政策の枠組み

第1章　ブレトン・ウッズ体制と自由貿易 ─────── 3

 1　自由貿易と多角的決済 ……………………………………… 3
  1.1　自由貿易と国際決済　3
  1.2　国際通貨と多角的決済　6
  1.3　世界大恐慌と通貨ブロック　8
 2　戦後構想とブレトン・ウッズ会議 ……………………………… 9
  2.1　戦間期の反省とアメリカの戦後構想　9
  2.2　ホワイト案とケインズ案　12
  2.3　IMFの基本的仕組み　13
 3　IMF = GATT体制と自由貿易 ………………………………… 15
  3.1　ITO構想とGATT　15
  3.2　IMF = GATT体制と世界経済の拡大　16
  3.3　ドル危機の発生とドル防衛の限界　17
 資料1◇　国際通貨基金協定　20
 資料2◇　ホワイト案（連合国国際安定基金案予備草案）　21

第2章　援助政策と経済復興 ──────────── 22

 1　欧州経済の復興と冷戦 ……………………………………… 22
  1.1　戦後体制の起点　22
  1.2　冷戦とマーシャル・プラン　23
  1.3　欧州経済統合　28
 2　対日政策の転換と経済復興 ………………………………… 30

2.1　対日援助　30
　　2.2　ドッジ・ライン　31
　　2.3　朝鮮特需と政治的・経済的「自立」　34
　資料3◇　マーシャル米国務長官演説　37

第3章　経済成長政策と内外経済────38
　1　完全雇用と政府機能 …………………………………… 38
　　1.1　「黄金時代」とは何か　38
　　1.2　完全雇用政策と経済成長政策　40
　　1.3　ニュー・エコノミクス　42
　2　成長政策と社会的合意 ………………………………… 44
　　2.1　政府・企業・労働の関係　44
　　2.2　成長政策と所得政策　46
　　2.3　ファイン・チューニングの限界　47
　3　成長政策と内外不均衡 ………………………………… 48
　　3.1　政府の肥大化　48
　　3.2　インフレーション　49
　　3.3　対外不均衡の調整　50
　資料4◇　1946年雇用法　53

第Ⅱ部　国際経済政策の対立と協調

第4章　ブレトン・ウッズ体制の崩壊とドル────57
　1　ブレトン・ウッズ体制の崩壊 ………………………… 57
　　1.1　1970年代の国際通貨情勢　57
　　1.2　国際通貨制度改革の試み　59
　2　国際通貨ドルの新段階 ………………………………… 60
　　2.1　金ドル交換停止後のドル　60
　　2.2　変動相場制の現実　63
　　2.3　国際金融市場の拡大　66
　3　スタグフレーションと政策転換圧力 ………………… 67
　　3.1　スタグフレーションの発生　67

  3.2 政策転換圧力の増大　70

 資料5◇　ニクソン大統領の新経済政策演説　74

第5章　石油をめぐる国際政治と経済 ── 75

 1 石油時代の到来 ································· 75

  1.1 中東石油の台頭と戦後型への転換　75

  1.2 エネルギー革命──石炭から石油へ　77

  1.3 中東石油とアメリカの中東政策　78

 2 激動の中東石油 ································· 80

  2.1 OPECの創設　80

  2.2 OPEC支配の時代へ　82

  2.3 第1次オイル・ショックとIEA設立　84

 3 オイル・ショック後の展開と変化 ············ 86

  3.1 オイル・ダラー還流の構図　86

  3.2 オイル・ダラー還流の帰結　87

  3.3 第2次オイル・ショックからOPEC支配の終焉へ　89

  3.4 カジノ化する石油市場　91

 資料6◇　OPEC加盟ペルシャ湾岸6カ国閣僚会議・記者発表　94

第6章　対外不均衡と国際政策協調 ── 95

 1 IMFと不均衡調整 ······························ 95

  1.1 固定相場制下の調整ルール　95

  1.2 変動相場制とサーベイランス　96

 2 世界経済危機とサミット ······················· 98

  2.1 世界同時好況とインフレ　98

  2.2 世界同時不況とトリレンマ　100

  2.3 サミット体制　102

 3 米日独の政策協調 ······························ 104

  3.1 「機関車論」　104

  3.2 国際政策協調の制約条件　108

 資料7◇　ボン・サミット宣言　111

第Ⅲ部　新自由主義下の国際経済政策

第7章　福祉国家の解体と新自由主義─────────── 115

  1　1980年代における経済理論の展開とその問題点 ……… 115
    1.1　新保守主義と新自由主義　115
    1.2　新自由主義的な経済理論の受容　117
    1.3　新自由主義的な経済理論の抱える問題点　118
  2　1980年代の福祉国家改革Ⅰ──レーガノミクスの場合 ……… 120
    2.1　レーガン登場の政治的，経済的，社会的背景　120
    2.2　初期のレーガノミクスと福祉国家の解体　121
    2.3　レーガノミクスの修正　122
  3　1980年代の福祉国家改革Ⅱ──サッチャリズムの場合 ……… 125
    3.1　サッチャー政権誕生の独自性　125
    3.2　サッチャリズムによる福祉国家の修正　127
  4　新自由主義と日本の財政改革 ……………………………… 130
  資料8◇　国際協調のための経済構造調整
       研究会報告書（前川レポート）　134

第8章　双子の赤字とプラザ合意─────────── 135

  1　世界経済体制の再編と双子の赤字　135
    1.1　パクス・アメリカーナの動揺とスタグフレーション　135
    1.2　強いアメリカ政策と双子の赤字の形成　136
    1.3　双子の赤字と世界経済体制の変容　138
  2　プラザ合意と国際政策協調 ……………………………… 140
    2.1　サステナビリティ問題の発生　140
    2.2　協調介入とドル高是正　141
    2.3　国際政策協調の展開　143
  3　世界的金融不安とルーブル合意 ………………………… 145
    3.1　対外不均衡調整の遅れとドル不安　145
    3.2　ルーブル合意と世界的バブル　147
  資料9◇　先進5カ国蔵相・中央銀行総裁会議（G5）の合意文書　150

第9章 経済摩擦と構造調整 ——————————— 151

1 パクス・アメリカーナと経済摩擦 ……………………… 151
 1.1 経済摩擦における政治と経済 151
 1.2 パクス・アメリカーナとGATT 152
 1.3 対外依存の拡大と国際貿易の性質変化 153

2 アメリカ通商政策の転換 ………………………………… 156
 2.1 公正貿易論と競争論の台頭 156
 2.2 301条と競争力政策 157

3 日米摩擦の激化と構造調整 ……………………………… 159
 3.1 対米輸出と貿易摩擦 159
 3.2 対日市場開放と経済摩擦 160
 3.3 競争力強化とパクス・アメリカーナ再編 163

4 GATTの変質とウルグアイ・ラウンド ………………… 163

資料10 ◇ 包括通商競争力法（1988年） 166

第IV部　グローバル化と国際経済政策

第10章 資本自由化と通貨危機 ——————————— 171

1 資本自由化と変動相場体制 ……………………………… 171
 1.1 変動相場制への期待と現実 171
 1.2 資本移動の自由と国際金融のトリレンマ論 174

2 金融グローバル化と続発する通貨危機 ………………… 176
 2.1 金融自由化とグローバル化 176
 2.2 金融グローバル化とエマージング・マーケット 178
 2.3 金融制度の脆弱性と通貨危機 179
 2.4 通貨危機後の国際通貨金融政策 180

3 市場と制度の設計と国際通貨協力 ……………………… 183
 3.1 非対称的な国際通貨システムとアメリカ 183
 3.2 短期資本移動の共同管理と国際的金融セイフティ・ネット 184

資料11 ◇ ハリファクス・サミット・コミュニケ 186

第11章　多国籍企業化と政策対立―――――― 188

  1　世界の多国籍企業の現状 ……………………………… 188
    1.1　多国籍企業の規模と国別・産業別構成　188
    1.2　1990〜2000年代の新たな動向　192
  2　多国間投資協定の理論と理念 ………………………… 193
    2.1　新古典派経済学の多国籍企業論　193
    2.2　多国間投資協定の役割　195
  3　多国間投資協定の展開と挫折 ………………………… 196
    3.1　交渉に至る経緯　196
    3.2　OECDにおける多国間投資協定の試みと挫折　198
    3.3　多国間投資協定の今後　201
  資料12◇　多国間投資協定（MAI）案　204

第12章　グローバリゼーションとEU――――――― 205

  1　欧州経済・通貨統合の展開 …………………………… 205
    1.1　国際経済政策としての経済・通貨統合　205
    1.2　経済のグローバル化の影響　207
    1.3　経済・通貨統合の新次元　208
  2　EUにおける経済政策の運営 …………………………… 209
    2.1　EUの経済政策の次元と領域　209
    2.2　EUの経済政策の特質　210
    2.3　強まるレジーム競争とその狙い　211
  3　EUの直面する課題 ……………………………………… 213
    3.1　ユーロ圏における構造的諸問題の克服　213
    3.2　中東欧拡大への対応　215
    3.3　統合の社会的次元の強化　217
  4　EUと国際経済 ………………………………………… 219
    4.1　国際通商体制とEUの通商政策　219
    4.2　ユーロと国際通貨制度改革　220
    4.3　グローバル・ガバナンスとEU　222
  資料13◇　マーストリヒト条約の原文　224

第 V 部　グローバル・イシューと国際政治経済学

第 13 章　地球環境問題の経済政策 ―――――― 227
  1　環境問題の深刻化と国際政治経済学の課題 …………… 227
  2　持続可能な発展をどうとらえるか …………………………… 228
    2.1　持続可能な発展の概念をめぐって　*228*
    2.2　持続可能性に関する経済学　*229*
  3　地球環境問題の 6 類型 …………………………………… 230
    3.1　越境型の広域環境汚染　*231*
    3.2　「公害輸出」による環境破壊　*232*
    3.3　国際貿易を通じた環境破壊　*233*
    3.4　貧困と環境破壊の悪循環的進行　*235*
    3.5　世界的に拡大する軍事行動にともなう壊滅的環境破壊　*237*
    3.6　地球共有資産の汚染と破壊――究極の地球環境破壊　*239*
  4　国際的な環境政策統合に向けて …………………………… 241
  資料 14 ◇　環境と開発に関する世界委員会
        （ブルントラント委員会）報告書　*244*

第 14 章　国際労働力移動の管理と国民経済 ―――――― 245
  1　境界と移動 ……………………………………………………… 245
    1.1　移動の自由／移動の制限　*245*
    1.2　ヒトの移動／モノ・カネの移動　*246*
    1.3　移民の時代としての近代世界　*247*
    1.4　境界を管理すること　*249*
  2　資本の移動／人の移動――移動の政治経済 ……………… 250
    2.1　国民の再生産／労働力の再生産　*250*
    2.2　境界のポリティクス　*251*
    2.3　グローバリゼーションと移動　*251*
    2.4　移動と場――バウマンの問題提起　*252*
    2.5　移動を支配するもの／移動に支配されるもの　*253*
    2.6　移動と新版「不在地主」　*254*

3　移動の管理とナショナリティ ……………………………… 255
　　　3.1　移民国と非移民国　255
　　　3.2　国民形成とID——フランス，アメリカ，イギリス　256
　　　3.3　戦時動員体制と移民管理の制度化　257
　　　3.4　パスポートという監視制度　258
　　4　保護と監視——移民労働の管理とグローバルな標準化 ………… 259
　　資料15◇　世界人権宣言　261

第15章　国際経済政策と国際政治経済学 ─────── 262
　　1　貿易・通商問題と自由主義 ……………………………… 262
　　　1.1　重商主義批判と政治経済学の誕生　262
　　　1.2　リカードの貿易認識　263
　　　1.3　建国期アメリカの重商主義あるいは保護主義　265
　　　1.4　リスト　266
　　2　国際政治経済学の諸潮流 ……………………………… 267
　　　2.1　価値ミックスと経済的自由主義　267
　　　2.2　秩序問題と安全保障　269
　　　2.3　国際政治経済学の諸潮流　270
　　3　国際政治経済学の課題領域 ……………………………… 272
　　　3.1　国際政治経済学の誕生と展開　272
　　　3.2　覇権安定論の展開　273
　　　3.3　アフター・ヘゲモニー　275
　　4　グローバル化と国際経済政策 ……………………………… 276
　　　4.1　グローバル化論の課題　276
　　　4.2　グローバル化と国家　277
　　　4.3　国家の退場と「破綻国家」　279
　　資料16◇　重要文献抜粋　281

あ と が き …………………………………………………… 283
国際経済政策関連年表 …………………………………… 286
索　　引 …………………………………………………… 302

第Ⅰ部
戦後国際経済政策の枠組み

　1944年，アメリカのニューハンプシャー州ブレトン・ウッズで開催された連合国代表会議，および47年にジュネーブで開催された国際貿易会議において調印された関税と貿易に関する一般協定（GATT）によって，戦後国際経済体制の大枠が決定された。ブレトン・ウッズ体制の成立である。自由・無差別・多角の原則に基づいて自由貿易を推進し，金1オンス＝35アメリカ・ドルの固定相場制と加盟国の調整可能な釘付け平価の体系によって，戦後国際経済体制が出発した。

　両大戦間期のブロック経済化の反省のもとに生み出された戦後体制は，同時にアメリカの利害を強く反映し，その積極的な対外政策を可能にする体制でもあった。疲弊したヨーロッパ諸国に対するマーシャル・プラン，国際復興開発銀行（世界銀行）による中長期資金の供与，発展途上国に対する援助計画（ポイント・フォア・プログラム）などが次々と遂行されていった。それはまた，北大西洋条約機構（NATO）をはじめとする軍事同盟を世界各地に張りめぐらせ，ソ連を中心とする社会主義圏に対抗して冷戦に勝利しようとするアメリカの強い意志の現れでもあった。

　国内的にアメリカは，経済成長政策を追求することで「パイ」の大きさを拡大し，政府・企業・労働の三者間の利害対立を極力回避することによって，1950～60年代の「黄金時代」を築き上げることに成功した。しかし，次第に政府が肥大化し，金融・財政政策で経済をつねに刺激しつづけることによってインフレーションが顕著になっていった。また対外的には，日本や欧米諸国の復興と目覚ましい経済発展によって徐々に輸出競争力を失い，多額の軍事・経済援助と多国籍企業による直接投資とも合わさって，国際収支の赤字が深刻な問題となっていった。第Ⅰ部では，このような戦後体制の確立と動揺の開始を検討していく。

第1章　ブレトン・ウッズ体制と自由貿易

―Keywords――――――――――――――――――――――――――
アメリカの戦後構想，自由貿易，多角的決済，国際通貨，ドル，管理通貨制，IMF，GATT，ブレトン・ウッズ体制

1　自由貿易と多角的決済

1.1　自由貿易と国際決済

　本章の課題は，第2次世界大戦後の高度経済成長を支えた IMF = GATT 体制がどのような経済的背景を経て成立し，機能してきたのかを明らかにし，戦後の国際経済政策の基本的枠組みを提示することである。そのため，第1に，**アメリカの戦後構想**が，戦間期の経験の反省からなされた点を重視し，その戦後構想がアメリカの国際経済政策として追求され，他国の反発や受容を通じて全体として実現してきたことを示していく。第2に，アメリカが主導した IMF = GATT 体制は，金本位制から管理通貨制への移行という制度上の発展を基礎にしている点を示す。

　周知のように，国際経済政策における自由貿易政策と保護貿易政策の対立は，19世紀以来のものである。**自由貿易**の理論は，比較優位と特化という概念を用いて貿易における利益を説明したリカード（D. Ricardo）の理論を基礎にしている。リカードの比較生産費説は，現在においても自由貿易を主張する際の基本原理である。他方で，保護貿易の理論は，上記の自由貿易の理論に対する批

判として行われている。19世紀前半には，ドイツのリスト（F. List）が国民性と生産力という概念を用いて，経済発展のための産業保護政策の必要性を主張した。その後もさまざまな議論がなされ，現在においても，発展途上国の側から自由貿易に対する批判が多く提出されている。歴史的に評価すれば，一般に，自由貿易は先進諸国が，保護貿易は後発諸国が主張してきたといってよい。

　第2次世界大戦後の自由貿易体制はアメリカが主導したものであり，ある意味で先進国としてのアメリカの立場を反映したものということもできる。しかし，世界経済は主権国家によって形成されており，強国の利害がそのまま世界経済秩序として成立するようなものではない。第2次世界大戦につながっていく戦間期のブロック経済化は，まさに，主要国間の利害が対立し，各国が自国の利益を排他的に追求することで生まれている。それゆえ，重要な点は，戦間期のブロック経済からどのようにして戦後への転換がなされたかを明らかにすることであり，また，その経済的条件を示すことであろう。

　戦後の自由貿易体制への転換を生む最大のカギは，管理通貨制の成立と国際的な決済制度との整合性という問題にある。いいかえると，戦後の自由貿易体制は，世界的な管理通貨体制という新たな制度への発展がなければ成立しなかったということもできる。そこで，この発展の意味を以下で説明していこう。

　いま，仮に，A国からB国にある商品が輸出されるとしよう。このとき，代金の支払はどのように行われるのだろうか。A国の輸出企業からみれば，A国貨幣の方が好都合であり，B国の輸入業者はB国貨幣の方が望ましい。しかし，両国がともに金本位制を採用し，貨幣価値を金で明示していれば，その価値に従って金額を表示し，金の輸出入を通じて代金を支払うことができるから，いずれの国の貨幣で支払が行われても大きな問題は生じない。

　ところが，金兌換を否定した管理通貨制の場合はそうではない。通貨の価値は単一の商品（金本位制の場合は金）で明示されておらず，相手国の通貨と自国の通貨との交換比率は不明である。為替相場は大きく変動する可能性があり，そもそも為替市場で交換できるかどうかも定かではない。それゆえ，輸出入業者はみな，自国通貨での取引を行おうとするが，相手もまた同じように行動するので，結果的に，貿易はリスクの高いものになり，困難になる。戦間期のブロック経済化が進むのは，この問題の解決に失敗したからである。

図1−1 為替取引の構造

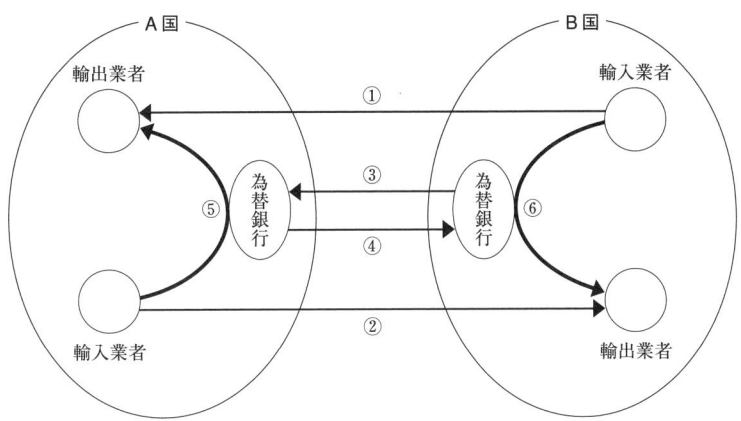

　もちろん，金本位制の場合でも，常に金が国際間を移動して決済に用いられていたわけではない。輸出入は為替手形で決済され，コストのかかる金の移動は極力排除されてきたからである。この仕組みを，図1−1で説明しよう。

　図1−1では，A国の輸出業者とB国の輸入業者との貿易の結果，輸入業者は輸出業者に対して支払の義務を負っており，それは①の債権債務関係によって示されている。B国の輸出業者とA国の輸入業者のそれは，②によって示される。輸出入業者の債権債務関係（①と②）は，輸出入業者と為替銀行との為替手形の売買によって，為替銀行間の債権債務関係（③と④）に振り替えられる。そして，①と②の金額が同じであれば③と④は相殺され，国際間で売買代金をやりとりする必要はなくなり，⑤と⑥の関係に振り替えられる。つまり，輸出入業者は，自ら相手業者に代金を支払うのではなく，それぞれの国内の為替銀行と為替手形の売買を行うことで，国内で債権債務の決済を行うのである。この図では，国際的には貨幣は移動せず，各国国内で，輸入業者から為替銀行へ，為替銀行から輸出業者へと現金が移動して支払が行われる。

　仮に，2国間で貿易が不均衡であれば，つまり，③と④が相殺できなければ，相殺されない差額分だけ，世界貨幣である金によって支払われる。しかし，実際は，為替銀行はそれぞれの時点において相殺のために資金の貸し借りを行い，債権債務を将来に繰り延べていくので，日常的に金が取引されることはほとん

どない。現実に，金決済が求められるのは，恒常的に貿易不均衡が継続し，両国の間で金の現送費以上に為替相場が変動したときである。通常は，為替相場の変動は金平価の上下（金の現送費）内に制限されている。

以上から明らかなように，国際間で金の自由な輸出入が認められる国際金本位制のもとであれば，自由貿易は決済面からは阻害されない。しかし，金兌換が停止され，金の輸出入が行われない場合には，この制度は機能しなくなる。それが戦間期の混乱の背景である。そこで，次にこの問題を検討しよう。

1.2 国際通貨と多角的決済

管理通貨制のもとでの国際的決済の仕組みを説明する前に，その前提としての金本位制度下の**多角的決済**のあり方を検討しておこう。

図1-1で示した外国為替制度が発展してくると，外国為替銀行間における決済資金の過不足を補うために，為替銀行は相手国の為替銀行内に預金を保有するようになる。そして，国際間の支払決済は外国為替銀行内の当座預金内の資金移動によって行われるようになる。では，外国為替銀行は，決済可能な預金をすべての貿易相手国に対して持つ必要があるだろうか。効率性という観点では，いずれか1国に預金を集中した方がより少額ですみ，取引のコストも削減できるため望ましい。この構造を図1-2を使って説明しよう。

図1-2は，世界貿易がみな**国際通貨**である英ポンドで行われている状況を示している。外国為替手形はみなポンド建てで振り出されるので，国際間の債権債務関係は，みなポンドで表示される。仮に，日米貿易を考えてみると，日米貿易で日本が貿易赤字になったとき，その差額分として，イギリス国内の為替銀行内にある日本の銀行の預金口座からアメリカの銀行の預金口座に振り替えられれば国際的な決済が完了する。日米間で資金が移動する必要はなく，銀行内の資金移動でいいのである。図では，斜線部分の預金額が，口座内を移動する金額を示している。また，日本やアメリカなどの非国際通貨国では，経済全体で貿易収支が均衡していれば，どんな2国間で貿易が不均衡になっても為替相場の変動は避けられ，国際的な支払は円滑に行われる。つまり，多角的な貿易体制が国際的な支払関係からも支えられるのである。この意味で，国際通貨とは，多角的な国際決済機能を担う国の国民通貨ということであり，その実

図1-2 国際通貨による多角的決済の構造

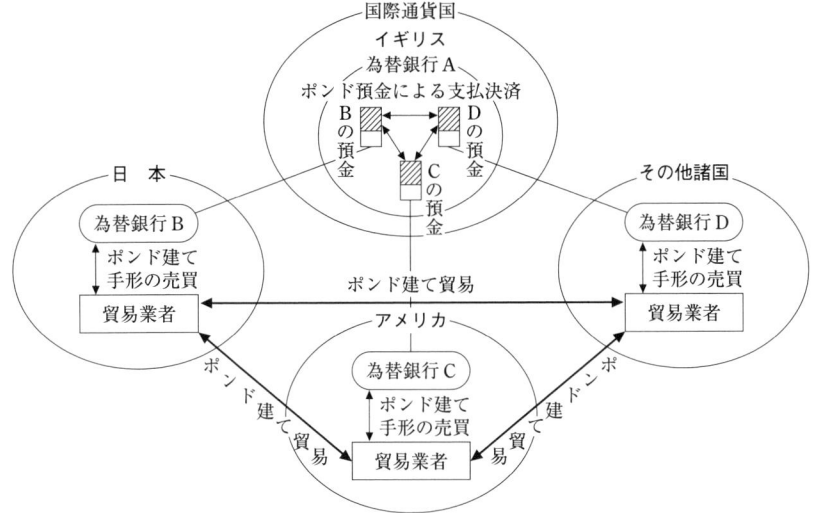

出所：上川・藤田・向編［2003］。

体は国際金融市場の為替銀行内に存在している非居住者保有の決済性の預金ということになる。

　国際的な金本位制のもとでは，各国の貨幣は金との交換が認められている。図1-2でいえば，英ポンドを保有している各国は，いつでもポンドを自由に金に交換し，金を輸入することができる。したがって，各国にとってはポンドを保有することと金を保有することは同じであり，かえって，ポンド残高の保有については金利収入が得られるだけ有利になる。それゆえ，ポンドは不必要に金に交換されることはなく，ポンドを国際通貨とした国際金本位制は安定的に作用し，貿易の拡大と世界経済の拡大に貢献したのである。

　では，ポンドの金兌換が停止され，金の輸出入が不可能になったときにはどうなるのであろうか。図1-2を使って，アメリカが恒常的に貿易黒字を実現できるようになったと考えてみよう。アメリカが恒常的に貿易黒字になったとすると，イギリス国内にあるポンド残高の多くは決済のためには不要になる。アメリカにとっては，イギリスに不必要な預金を持ち続けるか，または，輸入

を拡大する以外にそのポンドを活用することはできない。不必要な預金を持つ意味はないとすれば，輸入を拡大する以外には方法はない。つまり，輸入するものがなければ，輸出は行うことができないことになる。

1.3 世界大恐慌と通貨ブロック

　1929年にニューヨーク株式市場の暴落で始まった世界大恐慌は，各国へと波及し，世界経済は大きな混乱に陥った。金本位制をとっていた各国は，拡大する不況と深刻化する失業問題への対応を図るために，まず，輸出の拡大策と関税の引上げによる輸入の削減策をとりはじめた。輸出拡大は，それ自身が景気の改善に役立つだけでなく，輸出によって得られた外貨（金）を金準備として活用することで，通貨供給量を増やすことが可能になり，二重の意味で景気回復に貢献すると考えられたからである。また，関税引上げは，輸入削減によって国内市場を保護し，貿易黒字を拡大させて金輸入を増やし，また，関税収入によって景気刺激策をとることに貢献する。しかし，原理的に，すべての国が輸出を増やすことは不可能であり，輸入が拡大した国からは金が流出し，流出した国は，不況下にもかかわらず通貨発行の削減を余儀なくされる。こうした近隣窮乏化政策がとられるなかで，各国は金流出を阻止するために，金本位制度から離脱していくのである。

　しかし，兌換を停止したとはいえ，名目上は貨幣価値は固定されており，各国の為替相場は変動相場制へ移行したわけではなく，為替管理に基づいた固定相場制であった。だが，金本位制の時と異なって，為替相場の変動は一定の範囲（金平価±金現送費）内に制限されることはなく，対外貿易は大きなリスクにさらされた。各国はリスクを回避するために自国通貨での貿易を求めたが，それは通貨の多様化と2国間での貿易収支の均衡化を要求するものとなって，多角的な貿易網と国際通貨による多角的決済システムは大きく崩れていった。不況の長期化のもとで，輸出促進のための為替相場の切下げは対抗的な切下げを生み，他方で，厳格な為替管理による輸入の削減もやはり相手国の対抗措置を招いた。この結果，金本位制を離脱した主要国間の貿易は停滞し，主要国は旧植民地など関係の深い国々を自国の通貨ブロックへ取り込み，他国の排除へと進みはじめるのである。そして，通貨ブロックは，次第に，差別的，閉鎖的

な経済圏としてかたち作られていく。

　たとえば，イギリスは，1931年9月に金交換を停止し，英ポンドは不換通貨へと転換する。その結果，英ポンドは世界経済における国際通貨としての地位を後退させていくこととなるが，イギリスは関係諸国に引き続いて英ポンドの使用を求め，そうした各国との間では英ポンドは地域的な国際通貨として利用され続けた。こうした国々は，スターリング・ブロックと呼ばれる通貨圏を形成し，32年には，オタワ会議で特恵関税制度の発足を決め，通貨ブロックが強化されていく。フランスのフラン・ブロック，ドイツのマルク圏，日本の大東亜共栄圏構想など，一連の経済圏も同様である。

　他方で，世界的にはブロック経済化が進行するが，金決済を維持して貿易を支えようとした試みも存在した。フランスは1936年まで金本位制を維持し，金交換を維持する国々と金ブロックを形成した。アメリカは，33年に金本位制から離脱するが，34年にドル平価を金1オンス＝20.67ドルから35ドルへ引き下げるとともに，金本位制をとる国に対してドルと金の交換を認める態度をとった。こうした状況下の36年9月，フランスが金本位制から離脱するに際して，イギリス，フランス，アメリカの3カ国は為替安定化のための声明を出し，三国通貨協定と呼ばれる取決めを結んだ。その内容は，相互の為替安定資金に対して，自国通貨と金との交換を保証するというものであった。しかし，この協定は金本位制のように恒常的なものではなく，24時間というきわめて短期間の予告期間でもって破棄可能とされた。戦間期には，国際的な信用関係は一時的なものでしか成立しなかったのである。

2 戦後構想とブレトン・ウッズ会議

2.1 戦間期の反省とアメリカの戦後構想

　戦間期に進展した世界経済のブロック化と世界経済の縮小は，主要国間の相互依存関係を後退させ，第2次世界大戦につながる1つの要因を形成したが，世界経済の不況からの回復は，皮肉にも総力戦である第2次世界大戦によってもたらされる。

　とくに，アメリカについてはその傾向が顕著で，アメリカは連合国への輸出

を伸ばしただけでなく，先進国との貿易が遮断された植民地等への輸出も大幅に拡大させた。しかし，戦時景気への依存は，戦争終結後により大きな「戦後恐慌」の発生を予測させ，その対応策が強く求められていた。それゆえ，アメリカの戦後構想は，基本的に，戦間期の反省と戦後恐慌の回避，持続的な経済拡大のためのもので，参戦する以前の1939年頃から検討が開始された。たとえば，ナショナル・プランニング・アソシエーション（NPA）の「戦後計画への指針」は，日米開戦前の41年11月に公表され，戦後恐慌の発生に警鐘を鳴らして世界的規模での対策の必要性を説いている。

　アメリカの戦後構想の柱は，一方での，終戦時におけるアメリカの過剰な生産能力，他方における諸外国の巨額の復興需要とその資金不足という問題にいかに対処するかにあった。終戦直後には，アメリカは戦時中の輸出によって，世界の金準備の8割を保有するまで金蓄積を進めており，また，連合国に対しては武器貸与法によって467億ドルという巨額の資金を貸し付けていた。英仏をはじめ連合国は，すでに外貨準備を対外支払にあてており，アメリカから貸与された資金の返済も不可能で，まして復興需要のための資金はどこにも存在しない状況にあった。また，ドイツ，日本なども国家財政は破綻しており，敗戦国には輸入に必要な外貨はほとんど存在しない状況であった。他方，アメリカは国内の需要以上の生産能力を保有しており，他国の購買力の不足という問題に対処しなければ輸出を継続できず，過剰生産能力が一挙に顕在化する可能性があった。

　アメリカは，この問題への対処の必要から戦後の世界経済の枠組みを提示した。まず，第1に，武器貸与法に基づくアメリカの連合国に対する巨額の債権を一方的に放棄したことである。このことによって，連合国の多くは返済の重圧から解放されるが，1945年のアメリカ連邦財政収入の総額は452億ドルであり，アメリカにとっても非常に巨額の債権放棄であった。もちろん，アメリカのこうした政策が可能であったのは，金と通貨供給量との関係をたちきった**管理通貨制**へ移行していたからであるが，アメリカは同時に，連合国に対して以下で述べるような要求を行い，債権放棄を活用してそれを実現した。

　第2に，他の連合国に対して敗戦国への賠償請求を放棄することを求め，それを実行させたことである。この方針は，第1次世界大戦後のドイツに課され

た多大な賠償金がドイツ経済とドイツ社会の安定を破壊し，ナチスの台頭を招いたことへの反省に由来するとともに，敗戦国を含めて経済復興の需要を確保するためのものでもあった。このことがドイツや日本など敗戦国の高成長の条件になったことはいうまでもない。もちろん，フランスなどは，多額の賠償金によって経済復興の資金を確保しようとしており，アメリカの提案はそのような復興計画を否定したものである。ある意味で，英仏などの連合国は，賠償金という手段を放棄させられたために，事実上，復興のための資金需要をアメリカに依存しなければならないこととなった。

　第3は，英仏などの主要国に対して，ブロック経済の再建を放棄するよう求めたことである。アメリカは，第2次世界大戦中，本国との貿易が減少した植民地やブロックに属する国々に対して輸出を拡大しており，戦後に，ブロック経済が再建されるとアメリカの輸出が制限されると考えたからである。この点も英仏などのブロック経済の活用によって復興を図るという戦後構想を否定したものである。アメリカは，自由・無差別・多角の貿易体制を構築していくが，ある意味でそれは，もっとも生産力が高く国際競争力をもつアメリカ企業の輸出先を確保するものでもあったということができる。

　第4に，アメリカは，戦後の世界経済秩序を強固なものとして構築するために，貿易，国際決済，復興資金という基本的な役割を担うものとして，新たに権限の強い国際機関を作ることを提案したことである。アメリカが直接に他国に介入するのではなく，国際機関がそれを行うのである。これらは，後に，国際貿易機関（ITO），国際通貨基金（IMF），国際復興開発銀行（IBRD，通称世界銀行［World Bank］）として各国に提示された。IMFと国際復興開発銀行は，実際に設立されることになったが，国際貿易機関は，第3節で述べるように，GATTとしてスタートすることになる。

　国際通貨制度については，アメリカ財務省のホワイト（H. D. White）が中心となって1941年末から検討を開始し，翌42年に「国際連合安定基金および連合国ならびに準連合国再建銀行試案」としてまとめられた。この構想は42年の選挙後の修正を受けて，「連合国国際安定基金予備草案」（ホワイト案）として43年に公表された（章末資料2参照）。こうしたアメリカの国際機関構想に対して，イギリスも著名な経済学者であるケインズ（J. M. Keynes）が中心と

なって「国際清算同盟案」(ケインズ案)をとりまとめ，イギリスの立場からの戦後構想を公表し，2つの基本構想が両国の利害を反映するかたちで国際社会に提案された。

2.2 ホワイト案とケインズ案

　アメリカ側のホワイト案の基本的内容は，以下の4点である。①ユニタス(Unitas)という新しい通貨単位を作り，加盟国の通貨価値をユニタスで表示する。ユニタスの価値は金で表示し，その価値は10ドルと等しい。②国際機関は基金原理にたち，基金は加盟国の出資金によって構成され，基金が赤字国に融資を行い，赤字国は返済する義務を負う。③国際収支の不均衡が生じたとき，通貨価値の変更が認められるが，それは基金の4分の3以上の賛成を必要とする。④実需取引に基づく為替取引は自由化するが，資本取引については制限を認める，というものである。

　他方，ケインズ案は，①バンコール(Bancor)という新しい国際通貨を作り，その価値を金で表示する。金はバンコールと交換できるが，バンコールは金に交換できない。②国際機関は銀行原理にたち，加盟国は清算同盟内にバンコール勘定を設定し，加盟国の債権債務を清算同盟に対する債権債務に置き換え，その勘定の振替取引によって多角的決済を行う。③国際収支の不均衡に際して，赤字国と黒字国の双方に課徴金を課し，各国のバンコール勘定が一方的に累積しないようにする。④為替取引は自由化するが，資本取引についての管理と手法は各国に任せる，というものであった。

　この両構想の主な相違は，多角的な自由貿易を支える国際的決済をどのような手段で行うのか，どの国の負担で行うのかにあったといえる。ホワイト案では，新しい国際通貨は事実上ドルであり，ドルを国際通貨とする国際通貨制度の構築をねらい，ケインズ案は，流通性のない国際通貨を大量に創設することで，ドルの国際通貨としての発展を制限し，既存のポンドの国際通貨としての地位を守ることを意図していた。また，ホワイト案では，国際機関は国際収支の不均衡に際して，赤字国が資金の借入と返済についてのコストを負担し，黒字国(と予想されるアメリカ)は，負担を負わないものであった。他方，ケインズ案では，赤字国だけでなく黒字国にも負担を求めており，いわば，この対

立は旧来の国際通貨国と新興の国際通貨国の国益が反映したものであるといえる。

アメリカは，1944年7月，ニューハンプシャー州ブレトン・ウッズで連合国通貨金融会議を主催した。この日程は連合軍によるノルマンディー上陸作戦直後であり，アメリカの圧倒的な軍事的，政治的発言力のなかで開催され，連合国44カ国はホワイト案に基づくブレトン・ウッズ協定を締結することになる。この協定によって，**ブレトン・ウッズ体制**と呼ばれる戦後の世界経済の枠組みが成立した。

2.3 IMFの基本的仕組み

IMF体制はドルを国際通貨とする固定相場体制で，金本位制が崩壊したもとで多角的な決済制度を再建したものである。アメリカは戦間期の経験を踏まえて，以下に示すような強力な権限と機能を持つ国際機関としてIMFを発足させた。

IMF体制の特徴の第1は，加盟国は，金またはドル（純金1オンス＝35ドル）によって自国通貨の平価を表示して固定するという点である。加盟国は，金本位制のように自国の法律ではなく，国際協定の取決めにしたがって貨幣価値を表示することになった。

第2は，加盟国は，その平価を基準にして為替相場を上下1％の範囲内に抑えることを義務づけられた。この上下1％という狭い変動幅は，当時のロンドンとニューヨーク間の金現送費に対応しており，国際金本位制と同程度の変動幅に固定された。加盟国の為替市場への介入を義務づけて固定相場体制を実現したのである。また，各国は介入のためにドル準備を保有しなければならず，ドルの国際通貨化がいっそう進展した。

第3に，平価の変更はIMFの理事会の承認事項とされ，加盟国が独自の判断で為替相場の変更をすることができなくなった。従来，各国の貨幣価値（平価）の決定権は，通貨主権の問題として各国に属するものであったが，IMFはそれを否定し，各国の主権に一定の制約を課した。この規定は，管理通貨制のもとでの貨幣価値を固定化するためのものであるが，同時に，戦間期の為替切下げ競争のような状況を回避するためのものでもあった。決定に際して，

IMF の理事会の議決方式は，一国一票制度ではなく，基本的に出資金に比例する制度であったため，アメリカは事実上の拒否権を有していた。

第 4 に，IMF は加盟国に対して外貨を加盟国の割当額に応じて融資した。各加盟国は，割当金のうち 25％を金で，残りの 75％を自国通貨で出資し，金で出資した金額と他の加盟国によって引き出された自国通貨の金額分は無条件で，それ以上の金額は次第に借入条件が厳しくされ，最大で出資額の 200％まで借入可能とされた。

第 5 に，IMF 体制は，IMF の機構の外に，アメリカの国際的約束によって補完される必要があった。アメリカは，各国の制度に対する信用を高めるために，各国通貨当局が保有するドルに対して，純金 1 オンス＝35 ドルで交換することを保証した。各加盟国は，義務づけられた市場介入によって過大なドル残高を保有する可能性を持っていたが，アメリカが金交換を保証したため，介入による損失を回避できる制度として受け取ったのである。こうした IMF 体制は，第 1 節で述べた国際的な多角的決済制度の制度的成立を基礎としており，さらに，ドルを国際通貨として用いることでそれを再建させようとしたものである。しかしながら，主権国家間の信用関係は著しく低い状況にあったために，新制度への移行に対して，金による価値保証を必要としていた。後に，1971 年にアメリカが金とドルの交換性を否定したときに固定相場体制が崩壊したことはこの関係を表している。いいかえると，新しい管理通貨制度における国際通貨体制を構築するためには，国際機関としての IMF の設立に加えて，世界貨幣としての金による保証が必要であったということである。こうした金による制約を受けつつも，アメリカは国際通貨に基づく多角的な決済制度を再建した。

しかし，この多角的決済制度は，当初から想定どおりに機能したわけではない。世界各国が国際通貨であるドルを外貨準備として保有していなければならないからである。現実に，IMF は 1946 年に設立総会を開き，47 年に業務を開始したが，初年度の融資総額は 4 億 6700 万ドルで，1950 年度には融資額はゼロという状況であった。この理由は，加盟国の問題は，資本の不足（生産力の不足）にあり，単なる流動資金（国際決済のための短期資金）の不足にあったわけではないからである。つまり，各国は IMF からの借入を行っても返済はで

きず，まず，国内の生産基盤の復興と国際競争力の回復が必要であったからである。

　歴史的には，この資本不足を克服し，ドル準備を形成するという条件は，欧州復興計画（マーシャル・プラン）などのアメリカによる対外援助によって行われた。1946年から51年までのアメリカの対外援助総額は306億ドルに達し，その多くは先進国に向けられた。こうしたアメリカによるドル散布は，国際的な規模で行われた有効需要創出政策であったということもでき，世界経済の拡大がアメリカの強いイニシアチブで可能であったことを表している。そして，こうした援助が可能であったのは，まさに，アメリカが金本位制度を否定していたからに他ならない。

3　IMF = GATT 体制と自由貿易

3.1　ITO 構想と GATT

　戦後の貿易秩序を形作ってきた GATT は，当初の構想どおりのものではない。アメリカは，1945年に「世界貿易と雇用の拡大に関する提案」を公表し，国連はそれを受けて，46年に，国連貿易雇用会議準備委員会を設け，その検討を開始した。この準備委員会は47年に国際貿易機関（ITO）憲章をとりまとめ，キューバのハバナで調印が行われた。しかし，当時，保護主義的傾向を強めていたアメリカ議会がそれを批准せず，結果的に ITO は設立されずにおわった。アメリカ議会での反対意見では，ITO の批准は行政府の権限を強化するものであり，ITO がアメリカ議会の権限を侵害するというものであった。

　こうした事態を受けて，憲章案の作成と並行して行われていたジュネーブでの貿易交渉（関税と貿易制限の引下げ，特恵制度の廃止のための交渉）の枠組みが暫定的に活用されることとなり，それは関税と貿易に関する一般協定（General Agreement on Tariffs and Trade：GATT）という暫定組織としてスタートすることになった。そのため，GATT は正式な国際機関としての規定を整えているものではないという限界をもっている。

　こうした限界を持つものの，GATT は，1948年に23カ国でスタートし，貿易における自由・無差別・多角の原則を実現する機構として機能した。GATT

の基本原則は，①最恵国待遇原則，②内国民待遇原則，③数量制限の一般的禁止，④関税主義，⑤相互互恵主義で，これらは現在の世界貿易機関（WTO）でも基本的に同じである。

　最恵国待遇とは，ある国が条約に基づいて他国に与えているもっとも有利な条件を，そのまま他のすべての加盟国に対して与えなければならない，というもので，すべての国を平等に扱うという原則である。したがって，戦間期のブロック経済など，加盟国を差別するような特恵制度は認められないことになり，戦後の世界貿易秩序を形成した重要な原則である。内国民待遇原則は，内外無差別の原則ともいわれ，すべての輸入商品が国内産品と同等に扱われなければならないというものである。

　数量制限の一般的禁止は，関税主義とともに GATT の考え方を表している。GATT では，数量制限が一般的に禁止されるため，国内産業保護の手段としては関税しか認められていない。しかし，これもある意味で一時的な措置であり，数量制限から関税化，高関税から関税引下げへという一連の流れで自由貿易を実現していくことになる。最後の相互互恵主義の原則は，実際の関税引下げ交渉において交渉を進展させるためのものである。

3.2　IMF = GATT 体制と世界経済の拡大

　アメリカの戦後構想は，IMF = GATT 体制として結実し，それは戦間期の姿とは大きく異なる自由・無差別・多角を原則とする国際経済秩序として形成された。その結果，当初予想されたような戦後恐慌が回避されただけでなく，破壊を極めた第 2 次世界大戦からの復興も基本的に順調に進んだ。新しく形成された自由貿易体制のもとでは，もっとも国際競争力が強い国が有利な立場につくことになり，それは現実にはアメリカであった。世界貿易をみてみると，世界全体の輸出増加率は，年平均で 1950 年代に 7.6％，60 年代に 9.5％で，先進国は同期間に 8.5％，10.3％という高い伸びを示している。アメリカ自身の貿易増加率は，6.8％と 7.7％で先進国の平均よりも低いが，それは既に巨額の貿易を行っていたからである。この時代，アメリカは世界最大の貿易国として世界貿易で重要な地位を占め，71 年にはじめて貿易赤字になるまで，一貫して大きな貿易黒字を続けた。こうした世界貿易の拡大は，各国の相互依存関

係を強めていくとともに、各国の経済成長を支え、世界経済の拡大に貢献した。

また、この体制は、国際的なケインズ体制ということもできる。つまり、アメリカのドルを基軸にした固定相場制であったため、アメリカが拡張的なケインズ政策を採用すれば、各国はそれに対応して金融政策を行う必要があった。固定相場制を維持するためには、アメリカのドルと同じインフレ率を維持しなければならなかったからである。もちろん、インフレ率が完全に一致する必要はないが、各国の金融政策はアメリカの金融政策の制約を受けており、対外均衡を優先する必要があったということである。こうした点では、アメリカにおけるケインズ政策は、固定相場制を通じて各国に波及し、世界経済全体の拡張政策として機能したということもできる。逆に、インフレに着目すれば、その世界的な波及メカニズムを形成したということもできる。

3.3 ドル危機の発生とドル防衛の限界

こうしたIMF＝GATT体制は、1960年代のドル危機のなかで次第に問題点を示しはじめた。西欧諸国や日本の復興が進み、各国のドル不足が克服されるにつれて、ドル過剰の問題が発生し、アメリカから金が流出しはじめたのである。

西欧諸国は、1958年に通貨の交換性を回復し、61年にIMF 8条国へと移行し、経常取引における為替管理を撤廃した。このことは、西欧諸国がドル不足の状態を脱したことを示している。また、この58年は、EECの発足の年としても重要で、EECは、アメリカ企業の活発な対欧州投資を引き起こした。その結果、ヨーロッパ諸国は、為替市場でドル買い介入を行い、外貨準備として必要と考えられる以上にドル準備を蓄積することとなった。この当時、アメリカは貿易収支で巨額の黒字を持ちつつも、活発な対外投資を反映して資本収支で赤字になり、国際収支は大幅な赤字を続けていた。つまり、各国に投資されたドルがヨーロッパの先進国に急激に蓄積しはじめたのである。

他方で、ロンドンで開設された金市場では、ドルのインフレーションを反映して金価格が上昇しはじめ、投機的な動きもあいまって、1960年10月には、一時的に金1オンス当たり41ドル弱にまで高騰した。この自由市場での金価格の上昇は、ドル不安を拡大させた。IMF体制のもとでは、各国通貨当局は

表1-1　アメリカの金ストック高

(単位：100万オンス)

	金ストック高		純販売・購入			
	年末高	増減高	外国通貨当局	金プール	IMF	国内生産者および消費者
1944年	589.5					
45	573.8	− 15.7	− 12.9	−	−	− 2.8
46	591.6	+ 17.8	+ 20.6	−	−	− 2.8
47	653.4	+ 61.8	+ 81.8	−	− 19.6	− 0.4
48	697.1	+ 43.7	+ 43.1	−	−	+ 0.6
49	701.8	+ 4.7	+ 5.5	−	−	− 0.8
1950	652.0	− 49.8	− 49.3	−	−	− 0.5
51	653.5	+ 1.5	+ 2.2	−	−	− 0.7
52	664.3	+ 10.8	+ 11.3	−	−	− 0.5
53	631.2	− 33.1	− 33.3	−	−	+ 0.2
54	622.7	− 8.5	− 9.3	−	−	+ 0.8
55	621.5	− 1.1	− 1.9	−	−	+ 0.8
56	630.2	+ 8.7	+ 2.3	−	+ 5.7	+ 0.7
57	653.1	+ 22.8	+ 4.9	−	+ 17.1	+ 0.8
58	588.1	− 65.0	− 65.5	−	−	+ 0.5
59	557.3	− 30.7	− 28.5	−	− 1.3	− 0.9
1960	508.7	− 48.7	− 56.3	−	+ 8.6	− 1.0
61	482.2	− 24.5	− 27.5	− 0.3	+ 4.3	− 1.0
62	458.8	− 25.4	− 21.3	− 2.5	−	− 1.6
63	445.6	− 13.2	− 19.2	+ 8.0	−	− 2.0
64	442.0	− 3.6	− 12.3	+ 11.2	−	− 2.5
65	394.5	− 47.6	− 37.8	−	− 6.4	− 3.4
66	378.1	− 16.3	− 13.9	− 3.4	+ 5.1	− 4.1
67	344.7	− 33.4	+ 2.9	− 32.3	+ 0.6	− 4.6
68	311.2	− 33.5	− 6.0	− 25.9	− 0.1	− 1.5
69	338.8	+ 27.6	+ 27.3	−	+ 0.3	−
1970	316.3	− 22.5	− 18.0	−	− 4.5	−
71	291.6	− 24.7	− 24.1	−	− 0.6	−

出所：山本［1997］，110頁より。なお，原資料は，*Report to Congress of Commission on the Role of Gold in the Domestic and International Monetary Systems*, 1982, Vol. II, p. 550.

アメリカに対して外貨準備の金への交換を要求することができるので，各国はドル資産の価値低下を未然に防ぐために，金への交換を拡大しはじめた。その結果，表1-1にあるように，大量の金がアメリカから流出しはじめる。アメ

リカの金準備の減少がドルの金交換性の保証に対する不安を拡大し，さらにまた各国による金交換を加速させるという状況を生みだすのである。

　こうした事態に対して，アメリカは単独でのドル防衛の措置に続いて各国の協力を求め，1961年に欧米8カ国の参加のもとで金プール協定を結んだ。この協定は，ロンドンの金市場における金価格の上昇を阻止するために，金売却を行う制度を作ったもので，金売却の半分をヨーロッパ諸国に負担させたものであった。しかし，この金プール協定も68年には崩壊したため，金価格は市場価格と公定価格の二重に表示されるようになった。このことは，金1オンス＝35ドルという公定価格がいつ放棄されてもおかしくない状況にあることを示しており，固定相場体制としてのIMF＝GATT体制が大きな転機にあることを示すものであった。そして，この金交換は71年に停止され，固定相場体制は崩壊して変動相場体制へと移っていく。その結果，国際経済政策の枠組みも，ケインズ主義に基づくものから新自由主義に基づくものへと転換していくことになる。

◆ 参考文献

岩城博司［1989］『現代世界体制と資本蓄積』東洋経済新報社。
内田宏・堀太郎［1959］『ガット──分析と展望』日本関税協会。
奥村茂次ほか編［1990］『データ世界経済』東京大学出版会。
ガードナー，R. N.（村野孝・加瀬正一訳）［1973］『国際通貨体制成立史』上・下，東洋経済新報社。
上川孝夫・藤田誠一・向壽一編［2003］『現代国際金融論（新版）』有斐閣。
ソロモン，R.［1990］『国際通貨制度研究　1945-1987』千倉書房。
堀江薫雄［1962］『国際通貨基金の研究』岩波書店。
山本栄治［1997］『国際通貨システム』岩波書店。

資料1 ◇ 国際通貨基金協定

国際通貨基金協定をここに公布する。

国際通貨基金協定

この協定の署名政府は，次のとおり協定する。

序

国際通貨基金は，次の規定に従って設立し，且つ，運営する。

第1条 目　的

国際通貨基金の目的は，次のとおりである。
(ⅰ) 国際通貨問題に関する協議及び協力のための機構となる常設機関を通じて，通貨に関する国際協力を促進すること。
(ⅱ) 国際貿易の拡大及び均衡のとれた増大を助長し，もって経済政策の第一義的目標たる全加盟国の高水準の雇用及び実質所得の促進及び維持並びに生産資源の開発に寄与すること。
(ⅲ) 為替の安定を促進し，加盟国間の秩序ある為替取極を維持し，及び競争的為替減価を防止すること。
(ⅳ) 加盟国間の経常取引に関する多角的支払制度の樹立と世界貿易の増大を妨げる外国為替制限の除去とを援助すること。
(ⅴ) 適当な保障の下に基金の資金を加盟国に利用させ，こうして国内的又は国際的の繁栄を破壊するような措置に訴えることなしに国際収支の失調を是正する機会を供することにより加盟国に安心感を与えること。
(ⅵ) 前諸号に従って，加盟国の国際収支の不均衡の持続期間を短縮し，且つ，その程度を軽減すること。

基金は，いかなる決定をするについても，本条に掲げる目的を指針としなければならない。

第2条 加盟国の地位

第1項 原加盟国

基金の原加盟国とは，連合国通貨金融会議に代表された国でその政府が第20条第2項 (e) に明記する日の前に加盟国の地位を受諾するものをいう。

第2項 略

第4条 通貨の平価

第1項 平価の表示

(a) 各加盟国の通貨の平価は，共通尺度たる金により，又は1944年7月1日現在の量目及び純分を有する合衆国ドルにより表示する。

(b) この協定の規定の適用上，加盟国通貨に関するすべての計算は，その平価を基礎として行う。

出所：堀江 [1962]，より一部抜粋。

資料2◇ ホワイト案（連合国国際安定基金案予備草案）

1943年7月10日修正

前　文

1　戦後における円滑な民主主義的世界の確立への前進は自由な諸国民がその経済問題の解決につき協力し得る能力如何に懸ることは次第に認められつつある。この経済問題中重要なものの1つは広汎な通貨崩壊とそれに伴う国際経済混乱とを防止するにはいかにすべきかの問題である。われわれは混乱せる世界に対して自由な諸国がこれらの困難な問題を解決すべきことを保証し、また諸国が競争的為替引下、多元的通貨措置、差別的二国間清算その他の破壊的外国為替方策に頼らないことを保証しなければならない。

2　これらは単に二三の国に関連するにすぎない戦争直後期の過渡的問題ではない。過去二十年の歴史はそれらがすべての国に重要な利害関係のある継続的問題であることを示している。世界の繁栄は世界の平和と同様不可分のものであることは一般に認められなければならない。諸国は多角的国際貿易を回復し、かつ均衡ある経済的発展維持に対する整然たる手続を設けるため協力しなければならない。国際協力を通じてのみ諸国が、経済政策の主要目標たるべき雇用と所得の高水準の達成維持のための諸措置の実施に成功することができるであろう。

3　連合国国際安定基金は国際通貨協力のための常設施設として提案される。本基金の資金は適当な保全手段を講じた上通貨安定の維持に使用さるべく、同時に加盟国に対し国際繁栄に有害な極端な措置に頼ることなしにその国際収支の不均衡を是正する時間を与えようとするものである。基金の資金は基礎的に不均衡な国際ポジションを延期するため使用してはならない。逆に基金は諸国をして秩序的な均衡復帰に資する方策を執らしめるために力を致すものである。

4　基金は加盟政府およびその財務機関とのみ取引し、国際通商および金融運営の慣行の径路に介入するものではない。基金は既設の外国為替諸施設の円滑な機能のため補足的便宜を供し、かつ国際通商を有害な制限から免れしめることを目的とする。

5　基金の成功は窮極において、諸国がその共通問題につき協力しようとする意欲に懸っている。国際通貨協力は寛容の問題と看做すべきではない。すべての国は国際通貨安定の維持と多角的国際貿易の均衡ある成長に重大な利害を有する。

出所：堀江［1962］，より一部抜粋。

第2章 援助政策と経済復興

Keywords
対外援助，トルーマン・ドクトリン，マーシャル・プラン，相互安全保障法，ガリオア・エロア援助，ドッジ・ライン，朝鮮特需，日米安全保障条約
---

1 欧州経済の復興と冷戦

1.1 戦後体制の起点

　第2次世界大戦後の資本主義はアメリカを中心とする国際体制であり，そこにおける経済政策はアメリカ政府の指導のもとに編成され，各国の利害はアメリカの政策的主導権のもとに組み入れられた。ゆえに大戦後から今日に至るまでの世界経済の特徴は，アメリカ資本主義の支配的地位とそのもとでの各国資本主義の競争的共存にある。

　世界資本主義は貿易や投資，労働力移動，さらに金融面で相互に開かれた市場をその活動基盤としている。この活動基盤はそれ以前の資本主義国同士が経済的・政治的・軍事的な力で世界を分割していた時代に比べると，各国の大企業に大きな利潤獲得の機会を提供している。また，世界資本主義はアメリカの国民通貨ドルを国際通貨としており，先進資本主義国の政策協調やIMF・GATTのような国際機関によって開放的な世界市場の経済政策的調整が行われている。

　この国際秩序は，第2次世界大戦中にアメリカによって構想されたものであ

る。1941年8月，アメリカ大統領ルーズベルト（F. Roosevelt）は，イギリス首相チャーチル（W. Churchill）とともに大戦の目的と戦後国際秩序を定める大西洋憲章を発表した。この憲章は8項目よりなっており，領土不拡大・各国自決権の尊重・生活向上のための国際協力・国際平和機構の確立など7項目に関しては，米英双方が完全に合意した。しかし，開放的な国際経済体制の実現に関しては，イギリスが植民地保持権を主張して反発したため，既得権益を尊重するということが併記されることとなった。

しかしアメリカ政府は，イギリスの帝国特恵関税制度や植民地ブロック政策がアメリカの戦後構想に適合しないことを意識していた。アメリカは参戦前からイギリスなどに軍事物資の売却・貸与を行っていたが，大戦の激化にともない，イギリスは手持ちのドル残高を払底し，支払に支障をきたした。そこでアメリカは帝国特恵関税制度などイギリスのポンド・ブロック経済をドルに対しても開放させることを条件に，イギリスに軍需品購入用のドルの貸与を継続した。こうしてイギリスの経済ブロックは解体され，開放的な国際経済体制の基礎ができあがったのである。最終的には，ブレトン・ウッズ協定によって，アメリカの主張は具体化されることとなる。

戦後秩序の形成に大きな影響を与えたもう1つの要因は，米ソの関係であった。大戦中の米英ソ・ヤルタ会談後にルーズベルトが死去し，その後，アメリカはソ連と協調的関係を失い，次第に対立した。ナチス・ドイツ敗戦後，日本に対してポツダム宣言が出されたが，もはやアメリカ政府はソ連の対日参戦を望まず，原子爆弾を使用して日本に破滅的打撃を与え，単独での日本占領をめざした。大戦後に表面化する米ソ冷戦の構図，すなわち核兵器を世界での覇権の力の機軸とする構造はここに生まれた。

戦後世界は，一方で世界の人々の自由で民主主義的な生活を保障しようとする国際体制と，核軍事力を頂点とする支配体制の二重構造のなかで編成されることになる。国際経済政策もこの二重性を反映して展開される。

1.2　冷戦とマーシャル・プラン

大戦後の世界の復興は，新設された国際連合秩序のもとで行われることはなく，アメリカの対外援助のもとで行われた。**対外援助**（foreign aid, foreign assistance）とは，国家が公的資金を用いて外国に与える援助のことであり，それは経済援助と軍事援助よりなる。アメリカの対外援助の嚆矢は，トルコ・ギリシャ援助，マーシャル・プラン，そしてポイント・フォア援助であるが，これらの援助の基本戦略はトルーマン・ドクトリンによって規定されていた。この点について詳しく見てみよう。

　ヨーロッパでの大戦終結後，米英仏ソなど連合国の大国は自国および占領地域の復興を目指したが，その際米英仏とソ連との対立が表面化した。ドイツは4大連合国によって占領され，当初は連合国管理委員会のもと，各地域で非ナチ化・民主化政策が推進された。たとえば1946年初頭の連合国管理委員会工業計画案では，ドイツ重工業の解体とトラスト・カルテルの解消を狙いとしており，ドイツの生産力を38年水準の約50％に落とすこと，ガソリン・ゴム・放射性物質など，戦略物資の生産禁止を定めていた。ドイツの産業人は戦犯として逮捕され，クルップやIGファルベンなどの大企業は連合国に接収されていた。

　ヨーロッパの他の地域では，ファシズムから解放された人々と再びヨーロッパの勢力分割を試みようとするイギリス，ソ連の軋轢(あつれき)が高まっていた。東欧ではソ連軍の影響下で，大戦前の政権の復活が阻止され，共産党を中心とする人民民主主義政権が多数登場しており，アメリカはソ連占領地域である東欧の動向に不信感をつのらせていた。

　イギリスはギリシャに王制を復活させるために軍隊を派遣していたが，ナチスと抗争してきた現地パルチザンと対立し，ギリシャは内戦状態になった。1947年2月までイギリスは海外派遣を続けることが財政的に困難になり，アメリカ政府にギリシャからの撤退を通告した。これを受けてトルーマンは3月12日に議会で演説し，ギリシャやトルコをはじめ，世界を共産化から防御するための援助を行うことを明らかにし，当面4億ドルの援助実施を議会に求めた。この演説の趣旨は世界が自由世界と抑圧された世界に二分されており，アメリカは抑圧された世界の解放を外交目標にし，恒常的な対外関与を行う，というものであり，これは**トルーマン・ドクトリン**と呼ばれている。

　同月10日からドイツ復興をめぐってモスクワで米英仏ソの4カ国外相会談が行われていたが，トルーマン・ドクトリンの公表を受けて会談は決裂した。

第2章 援助政策と経済復興　25

　この後，米英仏のドイツ占領地域とソ連占領地域とが東西に分裂し，米ソを頂点とする国際政治経済ブロックが長く対峙する，冷戦が開始された。
　またトルーマン・ドクトリンの公表と前後して，アメリカ政府は新しい世界戦略を打ち出した。ソ連の勢力の膨張を食い止めるためには断固たる力で対抗することが必要であり，共産主義の脅威を封じ込めなくてはならないという，封じ込め政策（Containment Policy）が，戦略の基幹となった。その封じ込めの第一の手段は経済援助であった。大規模な経済援助は戦災で疲弊した西欧の経済復興をもたらし，これを基礎にした政治的安定が，共産主義に対する最大の防御力を保障するとアメリカは考えたのである。
　この構想をもとにアメリカ政府は西欧に対する大規模な経済復興計画を立て，1947年6月にマーシャル国務長官（G. Marshall）が計画を発表した。それは欧州復興計画（European Recovery Program：ERP）ないしは発表者の名をとってマーシャル・プランと呼ばれている。表2-1が示しているように，マーシャル・プランは1948年から51年6月までに西欧16カ国に対して約103億ドルを援助した。このうち90億ドル超が贈与で行われ，残余が借款であった。国別では，イギリス・フランス・ドイツ・イタリア・オランダが多くの援助を受け，この5カ国で援助全体の75％を占めている。
　マーシャル・プランは，1952年までに西欧経済の復興をはかり，西欧諸国の貿易赤字とドル不足を解消することが目標とされた。戦災で復興のための生産能力を失ったヨーロッパは同時に資材を調達するための資金，すなわち供給能力を持つアメリカの通貨ドルも戦争で使い果たしていた。アメリカ政府首脳部はヨーロッパ諸国のドル不足はヨーロッパだけの問題ではなく，アメリカ経済に跳ね返る経済問題として理解していた。ヨーロッパのドル不足はアメリカからの輸入減少をもたらし，その結果アメリカは過剰生産と失業に苦しみ，さらには不況に陥るというものである。アメリカ政府はこの事態をアメリカ政府からのドル撒布で解決しようと図ったのである。
　アメリカは，マーシャル・プラン実施のために西欧諸国が共同の援助受入機関を作ることを要請し，西欧諸国は欧州経済協力機構（Organization for European Economic Cooperation：OEEC）を設置した。OEECを通じて西欧諸国の貿易・通貨交換の制限が緩和され，西欧諸国経済の統合が図られた。大戦前

表2-1 マーシャル・プラン援助（1948年4月～51年6月）

(単位：100万ドル)

	総　額	贈　与	借　款
オーストリア	492	492	-
ベルギー・ルクセンブルク	537	484	52
イギリス	2,675	2,329	346
デンマーク	231	200	31
フランス	2,060	1,869	191
ドイツ	1,174	1,172	2
ギリシャ	387	386	1
アイスランド	17	13	3
アイルランド	139	11	128
イタリア	1,034	959	74
オランダ	809	659	151
ノルウェー	199	164	35
ポルトガル	33	8	25
スウェーデン	103	82	20
トリエステ	30	30	-
トルコ	89	17	71
EPU	51	51	-
その他	200	200	-
総　額	10,260	9,128	1,132

原資料：United States Department of Commerce. A Suppliment to the Survey of Current Business, "Foreign Aid 1940-1951,"『東京銀行調査月報』(1957年9月号)。
出所：永田［1990］，128頁より，一部修正。

のような経済ブロックをヨーロッパ内に再構築することはこれで阻止されることになった。マーシャル・プランの政治・経済的意義は次の点に要約できよう。

　第1に，マーシャル・プランはアメリカ商品にヨーロッパの市場を保障することを意味していた。これは小麦・綿花などの当時の過剰農産物にとって重要な意味を持った。援助による輸出拡大はアメリカ経済を大きく拡大させた。多くの物資がアメリカからヨーロッパへと輸出され，アメリカ国内の生産水準の上昇に寄与した。対外援助による輸出の国内生産に占める比率は1949年がもっとも大きく，実に46％に達した。46年以降の10年間の動きを見ても，この比率は30％前後の高い比率になっている。商品別に見ると，この比率の高い商品は，航空機（52％），小麦（40％），綿花（42％），車両（36.4％），肥

表2-2 アメリカの対外援助と国内経済諸指標との関係

	1946年	47	48	49	50	51	52	53	54	55	56年1-3月
対外援助（10億ドル）	5.5	6.2	5.5	6.1	4.6	5	5.6	6	5.3	4.7	1.1
連邦支出に対する比率（％）	9	17	14.9	14.3	11	8.6	7.7	7.3	7.6	6.5	6.4
GNPに対する比率（％）	2.6	2.7	2.1	2.4	1.6	1.5	1.6	1.7	1.5	1.2	1.1
1人当たり対外援助（ドル）	38.89	43.03	37.51	40.88	30.32	32.38	35.67	37.59	32.64	28.43	26.31

出所：The National Planning Association, "The Foreign Aid Programs and the United States Economy 1957"；『東京銀行調査月報』1957年10月号；永田［1990］, 156-57頁。

料（33.5％），たばこ（32.8％）などとなっている。

第2に，マーシャル・プランは商品だけでなく，アメリカ資本の西欧進出の基盤をも作り出すことになった。OEECを通じて援助を受け入れる国は投資保証協定を締結し，アメリカ資本の進出を認め，営利活動や本国への送金にともなう現地通貨とドルとの交換性リスクについてその支払保証を与えることを約束した。また，特許のロイヤルティなどにも同じような保証を与えた。援助は民間資本の活動と結びつくべきであるとするものである。開かれた欧州市場におけるアメリカ資本のイニシアチブが保証されることも意味した。

第3に，マーシャル・プランは西欧各国の産業の高度化・合理化をうながす措置と引換えに行使された。1950年以降，イギリス，フランス，イタリアなどの主要国で各国民間企業の施設高度化が進み，企業主導の経済復興が進む。イタリアは60年代に向けて，オリベッティなど事務機器や自動車，電子機器などの分野で，フランスは国営産業の効率化を通じて，鉄鋼，運輸，電力など基礎産業の近代化に成功する，といった按配である。

この産業高度化は同時にエネルギー供給構造の転換をともなっていた。すなわち石炭から石油へのエネルギー源転換（エネルギー革命）である。マーシャル・プラン下でヨーロッパ諸国全体に製油を供給できる施設建設が進み，これによってアメリカの多国籍石油資本による西欧のエネルギー支配が確立した。これらの製油施設は過剰能力になった場合はマーシャル・プランからの援助が停止されるという仕組みを含んでおり，石油資本の利潤獲得を保証するものとなった。

第4に，労働運動・左翼政党対策である。大戦後，フランスやイタリアでは

戦時中の反ファシズム運動・パルチザン活動で国民の信頼を得た共産党が議会で躍進し、政権の一端を担っていた。また、戦後直後の経済混乱、物資不足やインフレのなかで、各国国民の不満は高まり、労働運動の激化として現れた。マーシャル・プランは、援助を受け入れる国々に対して、その国の政権から共産党など左翼勢力を追放することを条件とした。このため、イタリア、フランスなどで共産党が政権から追われ、同時に労働運動に対する弾圧も強められることになった。

以上のようなマーシャル・プランの政治経済的役割は、その後の経済成長政策と密接な関連を持っていた。そのことを指摘しておく必要がある。つまり「マーシャル・プランによる援助は、共産党と労働組合を生産の敵対者として孤立させ、分配をめぐる社会対立を緩和し、パイの成長に対する社会的合意を促進するという、より一般的な政策の一部を構成していたのである」（S. マーグリン／J. ショアー編〔磯谷明徳・植村博恭・海老塚明監訳〕『資本主義の黄金時代』東洋経済新報社、1993年、77頁）。

その後、西欧への経済援助は軍事援助と結びついていく。アメリカは、1949年4月カナダおよび西欧諸国と北大西洋条約を結び、西欧への攻撃には武力をもって対抗することを約束した。この北大西洋条約機構（NATO）は、アメリカがヨーロッパの国と結んだ平時における政府の最初の軍事同盟であった。これとともにマーシャル・プランも次第に軍事援助色を強めた。マーシャル・プランは52年からは**相互安全保障法**（Mutual Security Act）に継承され、アメリカとの間で相互防衛義務を負い、集団的自衛に参加する国に援助が与えられることになった。また、兵器生産に関する特許を欧州企業に付与するなどして、NATO内での兵器の互換性・共通化を進めた。そして各国の防衛政策は、アメリカの核軍事政策に従属するものとなり、核兵器とその運搬手段を豊富に所有するアメリカが同盟の盟主になった。この過程で、アメリカの航空機産業や兵器製造関連産業が大戦後の過剰生産能力を再び活かす場を見いだしたことは言をまたない。

1.3 欧州経済統合

冷戦の進行とともに、アメリカや西欧諸国は、ドイツを敗戦国として扱うよ

り，資本主義陣営（西側）の対等のパートナーとして扱うことに利点を見いだすようになる。米英仏占領地区のマーシャル・プラン受入れを決めた際，フランスは自国の安全保障のために必要であるとしてきた，石炭・鉄鋼産地であるザール地帯・ルール地帯をドイツから政治的に分離することを断念した。ソ連に対する防壁として米英仏によるドイツ占領地域を経済的に自立させることを優先させたわけである。

1949年に米英仏占領地域はドイツ連邦共和国（西ドイツ）として，ソ連占領地域はドイツ民主共和国（東ドイツ）として独立した。50年6月から極東アジアで朝鮮戦争が始まると，冷戦の緊張は一気に高まった。西ドイツはOEECに加盟し，さらに52年の米英仏と西ドイツとの間のドイツ条約でドイツ防衛軍の設置が提示された。55年のパリ条約で西ドイツは50万の陸軍兵力をNATOの域内でのみ保有することが認められた。また，ドイツ国内へのアメリカ軍をはじめとするNATO軍の駐留を認めた。

西ドイツ再軍備・NATOへの参加は，それだけの軍備を支える西ドイツの生産力回復を認めることであった。民主化で制限されていた産業活動は制限を緩められ，生産施設の接収も停止された。さらにマーシャル・プランによって生産施設の更新が進められ，西ドイツは急速な経済発展を見せはじめた。

フランスは，ザール地帯・ルール地帯をドイツから分離することを断念したが，そのかわりにフランスと西ドイツ，イタリアとベネルックス3国による石炭と鉄鋼の国際共同市場創設を提唱し，1952年に欧州石炭鉄鋼共同体（ECSC）を実現させた。西ドイツの潜在的軍事資源を国際管理下に置いて脅威を取り除くとともに，その資源を西ヨーロッパの戦後復興に役立てるのがねらいであった。共同市場は復興需要もあって大きな成果をあげ，ECSC参加6カ国は58年に経済統合を進展させ，欧州経済共同体（EEC）を発足させた。このECSC，EECは域内の関税撤廃を目指す自由貿易地域の創設，さらに，域外に共通関税を課す関税同盟の創設であった。

もっともこのような共同市場や関税同盟は経済ブロックになりかねず，原理的にはGATTが定めた貿易上の無差別待遇原則に抵触するものであった。しかし，冷戦の激化が西ドイツ・フランス間協調による西側体制の強化，欧州統合を必要としていた。そこで無差別待遇原則の例外を定めたGATT 24条の措

置として，EECは承認されたのである。

　開放的な国際経済体制の設立は第2次世界大戦中から目されていた戦後秩序計画であったが，各国産業を一定程度保護する措置は復興まもない脆弱な産業・企業にとって必須であった。これは国内政治秩序や労資関係を安定させるうえでもはずせない措置であった。このような外からの影響に対するクッションが認められたことで西欧諸国や日本は後の経済自由化措置に対応しうる経済力を備えることができたのである。

2　対日政策の転換と経済復興

2.1　対日援助

　終戦後におけるアメリカの対日政策の中心は，財閥解体・農地改革・労働民主化に代表される民主化・非軍事化にあった。これは日本が再び世界の平和と安全に対する脅威とならないようにするための措置であった。しかし冷戦と封じ込め政策は，当初の政策に変更を迫り，政策の中心は日本経済の復興にシフトする。1948年2月のチェコスロバキアにおける共産党のクーデター，同年4月のベルリン封鎖（～49年5月）などを契機とする東西対立の先鋭化のなかで，アメリカ政府は日本を「自由陣営」の重要な一員として復興させるために日本経済の安定化を急ぐという基本方向を強く打ち出したのである。そこでまず，アメリカの対日援助政策の推移を見てみよう。

　戦後アメリカの対日援助は，**ガリオア・エロア援助**として知られている。ガリオア援助（Government Appropriation for Relief in Occupied Area：GARIOA）とは，占領地統治を円滑にし，疾病や社会不安の防止を目的としたアメリカ陸軍省の予算である。その後，冷戦によって日本の経済復興が政策課題となるや，エロア援助（Economic Rehabilitation in Occupied Area：EROA）が追加された。これらは，総額20億ドル近い対日援助となったが，その約9割はガリオア資金によるものである。ガリオア資金によってアメリカの余剰農産物である小麦・小麦粉・大麦・脱脂粉乳などが食料不足にあえぐ日本に援助されたのであり，1945年度から51年度までに日本が受け取った食糧援助は小麦換算分で500万トンを超えた。また，49年米会計年度からは食料だけではなく，経済復

興のために石油・肥料など工業用原材料の輸入資金にも援助が拡大された。これもガリオア資金の一部であるが，これはエロア援助ともよばれている。ガリオア・エロア援助とは，この2つの内容を持った援助のことである。

　この対日援助の売上は，当初貿易資金特別会計に繰り入れられていたが，1949年4月以降には対日援助見返資金特別会計に繰り入れられることになる。これは日本経済の自立のためには，アメリカの対日援助と日本政府の補給金からの脱却が必要であるとするドッジ・ラインの要請に従ったものである。そこで経済復興の政策であったドッジ・ラインについて見てみよう。

2.2　ドッジ・ライン

　ドッジ・ラインとは，戦後復興期のインフレーションの収束のために，1949年春に実施された一連の政策であり，連合国最高司令部（GHQ）の経済顧問としてアメリカ本国から派遣されたドッジ公使（J. Dodge）が日本政府に指示して実行させたものである。結論を先取りして言えば，ドッジ・ラインにより，日本経済は戦後初期の財政インフレを克服，外国為替の単一固定レートを設定して貿易の正常化と国際社会への復帰を推進することができるようになったのである。

　1945年8月の終戦以来約3年半，日本は財政支出の拡大による激しいインフレーションに見舞われていた。表2-3が示しているように，卸売物価の対前年比倍率は46年（昭和21年）で4.64倍，47年・48年も各々2.96倍，2.66倍であり，消費者物価も47年（昭和22年）に2.16倍といった状況にあった。

　このインフレは，終戦直後には臨時軍事費特別会計の放漫な支出によって引き起こされ，その後は経済復興を目的とする財政資金の撒布，とくに復興金融公庫の融資がインフレの最大の原因となった。復興金融公庫の資金の主要部分は復金債の日銀による引受でまかなわれ，通貨が大量に増発されたためである。

　価格差補給金や復金融資などによる傾斜生産方式で経済は再建されつつあったが，激しいインフレは国民の不満と不安を増大させ，労働運動や反体制的な社会主義運動も激化した。そこでGHQはインフレ抑制を繰り返し政府に要求したが，物価と賃金の統制の強化を求めるにすぎず，インフレの原因である通貨の増発をやめるように要求するものではなかったため，実効はあがらなかっ

表2-3 インフレーションの動向

(単位:1934-36年平均を1)

	卸売物価	同対前年比倍率	消費者物価	同対前年比倍率	自由およびヤミ価格の対公定価格倍率	
					生産財	消費財
1945年	3.5	1.51	-	-	-	-
46	16.3	4.64	50.6	-	7.2	8.3
47	48.2	2.96	109.1	2.16	5.3	5.1
48	127.9	2.66	189.0	1.73	2.9	2.9
49	208.8	1.63	236.9	1.25	1.7	1.8
50	246.8	1.18	219.9	0.93	1.2	1.3
51	342.5	1.39	255.5	1.16	1.1	1.1

注:卸売物価は日本銀行,消費者物価は総理府統計局,自由およびヤミ価格の対公定価格倍率は日本銀行調べ。
出所:中村隆英『昭和経済史』岩波書店,1986年,より。

た。

当時経済安定本部を中心に,日本の政策担当者のあいだでは「財政面の通貨膨張要因を断つことによって一挙にインフレを抑制せよ」とする「一挙安定論」と「物資の過少生産がある以上,通貨抑制だけでインフレは収束できないし,安定恐慌による失業の増大の危険がある」として通貨安定は段階的・漸進的に実施すべきだと主張する「中間安定論」が対立し,後者が有力であったため,インフレ収束の決断はなされなかった。

しかし,工業生産が回復するにつれて,原燃料を輸入して工業製品を輸出するという貿易構造の正常化をはからないと日本経済の再建を本格的に軌道に乗せることが不可能であることがますます明らかになっていった。

政策転換の決断は,日本政府ではなく占領者であるアメリカ政府によって行われた。1948年10月7日,ワシントンの国家安全保障会議は国務省政策企画部長ケナン(G. Kennan)や陸軍次官ドレーパー(W. Draper)などがまとめた新しい対日政策の骨子を決定した。そこには治安確保のための日本の警察力の強化,GHQの権限の縮小と日本政府への権限の委譲,改革の停止,公職追放の解除,戦犯裁判の終結などの政治的課題とともに,対日援助の縮小(ただし継続すること),労働争議の減少,私企業活動の障害の除去,インフレ抑制と均衡予算の実施などの経済的課題が示された。

経済面の政策は経済安定9原則にまとめられ，1948年12月18日GHQから日本政府に指令された。9原則とは，①総予算の均衡，②徴税計画の促進強化，③信用拡張の厳重な制限，④賃金安定計画の立案，⑤物価統制の強化，⑥貿易と為替統制の強化，⑦輸出向け資材配給制度の効率化，⑧国産原料・製品の増産，⑨食糧集荷の効率化，である。ここには当時の日本経済が解決しなければならない問題が集約されている。とりわけ財政インフレ克服のために「総合予算の真の均衡をはかること」が第一目標に掲げられ，単一為替レートの設定が当面の目標であることが明らかにされた。ドッジは49年2月に来日，日本経済はアメリカの対日援助と日本政府の補給金という「竹馬」に乗っていると述べ，この竹馬の脚を短くしなければならないと説いたのである。

超均衡予算は次のようにして実行された。ドッジの指示に基づいて編成された1949年度政府予算は一般会計・特別会計・政府関係機関会計の純計で1569億円の黒字（歳入超過）という超均衡予算になった。黒字のうち1300億円は国債や復金債の償還にあてられることになった。国債や復金債の多くは日銀が所有しており，その償還は通貨の大幅な縮小を意味した。それまでの政府予算の純計は復金債を含め46年度923億円，47年度1039億円，48年度1419億円の赤字（歳出超過）であったから，インフレ財政からデフレ財政への大きな転換が起こった。復金融資は49年3月末をもって停止された。

単一為替レート実現の経緯は次のようであった。ドッジの指示により米国対日援助見返資金特別会計が新設された。これまで対日援助物資の売上金は貿易資金特別会計におさめられ，対外為替レートは商品ごとに個々に設定され，輸出品については輸出奨励の目的で円安に，輸入品については原燃料価格の抑制の目的で円高になっていた。そのため貿易資金特別会計が輸出業者に支払う円貨は相対的に大きく，輸入業者から受け取る円貨は相対的に小さくなっていた。貿易資金特別会計の輸出入関係の収支は赤字で，対日援助物資の売上金はその赤字を埋める補助金の役割を演じていた。ドッジはそうした目にみえぬ補助金も停止するため，対日援助物資売上金を見返資金特別会計に積み立てさせ，復金債の償還などに充当させた。

1949年4月23日，1ドル＝360円の単一為替レートがGHQによって示され，4月25日から実施された。それまでの商品ごとの個別為替レートに比較

して輸出品に関しては大幅な円の切上げ，輸入品に関しては大幅な円の切下げになった。輸出品はこれまでと同じ円建て価格ではドル建て価格が値上がりするため，円建て価格を引き下げるよう努力しなければならなかった。輸入原燃料などに関しては円建て価格が値上がりした。そのため「製品安の原料高」と呼ばれた。

2.3 朝鮮特需と政治的・経済的「自立」

ドッジ・ラインの影響は甚大だった。財政面の通貨増発要因が解消したため，インフレは一挙に収束した。日銀は超均衡予算のデフレ効果を懸念し，国債の買いオペレーション（市中の国債買上げ）や対民間貸し出しによって資金を民間に還元する「ディスインフレ」政策を用意し，「安定恐慌」の防止に努めた。

しかし国内需要は収縮し輸出も困難になるなかで，原燃料価格が上昇し，全般的な不況の発生は避けられなかった。これがいわゆる「ドッジ不況」である。復金融資などに依存していた重要産業の設備投資の沈滞やラジオ・ミシン・時計などの耐久消費財の売れ行き不振のため，機械工業の生産が低下して倒産や大量の人員整理が発生し，労使の対立が先鋭化した。1949年4月に公社化された国鉄でも大量の人員整理が発表され，労使の紛争が激化するなかで，下山事件・三鷹事件・松川事件があいついで起こった。しかし，心配された「安定恐慌」には陥らず，全体としての生産の低下は軽微であった。「ドッジ不況」は復興から自立・成長への転換期の「踊り場」になった。

ドッジ・ラインを契機に日本経済は国際社会への復帰の道を見いだした。しかし自立と成長への基盤を確かなものとしたのは，**朝鮮特需**によってであった。以下においてそのことを検討してみよう。

朝鮮戦争（1950年6月～53年7月）は，北朝鮮（朝鮮民主主義人民共和国）の韓国（大韓民国）侵攻で開始され，日本の政治と経済にも衝撃を与えた。日本はアメリカ軍を中心とする国連軍の基地となり，物資の調達や兵器の修理なども日本で行われた。この調達は，日本占領のために必要な経費ではないため，日本側が支出していた終戦処理費ではなく，アメリカの軍事予算からドルで支払われた。そのことによって多額のドルが日本のものとなる。

この特需のピークは1952年6月～53年5月で，年間4億9000万ドルであ

表2-4 朝鮮戦争前後の貿易と生産

	1949年	50	51	52	53	54
輸　出（百万ドル）	510	820	1,355	1,273	1,275	1,629
特需収入（百万ドル）	-	592		824	809	597
輸　入（百万ドル）	905	975	1,995	2,028	2,410	2,399
鉱工業生産指数（1949年=100）	100	123	169	181	221	240

注：輸出入は大蔵省，特需収入は日銀，鉱工業生産指数は通産省調べ。
出所：表2-3と同じ。

り，総額で16億1873万6000ドルに達した。50年6月～55年5月の主要な特需契約は，物資が兵器・石炭・麻袋・自動車部品・綿布など，サービスが建物建設・自動車修理・荷役・機械修理などである。53年の特需収入は同年の輸出の63.5％に相当する規模であった。

戦後初期の日本は貿易の赤字をアメリカの対日援助で埋め，1950年代前半には朝鮮特需で埋めた（表2-4参照）。世界的動乱ブームによる輸出の増加と特需は，日本経済がドッジ・ラインの実施にともなう不況を克服して成長の軌道に乗るきっかけになった。

マーシャル・プランがヨーロッパのドル不足を補う役割を果たしたとすれば，日本の場合は，対日援助と朝鮮特需がそれと同じような役割を果たしたといえよう。

最後に日本の国際社会への復帰過程を見ることにしよう。日本は1951年4月にサンフランシスコ講和条約を締結し，独立を回復することになる。他方，講和条約制定交渉過程でアメリカ政府特使のダレス（J. F. Dulles）からの強い圧力もあり，吉田茂首相は秘密裏に**日米安全保障条約**を締結した。アメリカ軍の駐留継続・全土基地方式・内乱条項を含むきわめて従属性の高い条約であり，同時に日本は事実上の再軍備を公約されることになり，54年には自衛隊を設立した。

講和条約はソ連が調印せず，中華人民共和国や朝鮮民主主義人民共和国は相手にされず，大韓民国は日本政府からアメリカへの依頼によって，講和の対象から外されることになった。この後の50年代の試行錯誤はあるが，日本は中国大陸市場から西側諸国と等しく切り離され，アメリカ側陣営として国を経営

していくことになった。

　また日本はアメリカの相互安全保障法に基づいて54年に相互防衛援助協定と3つの附属協定に調印し，兵器や資材の提供，防衛産業振興の支援を受けることになった。日本側の受け皿としては，日本企業によって日米防衛生産委員会が構成され，積極的な技術取得が行われるようになり，同時に日本はアメリカの兵器市場としても位置づけられた。

　朝鮮特需で一息ついた日本産業界であったが，生産設備等の老朽化が著しく，51年頃からは合理化投資が急速に進められた。産業技術の欧米からの導入も大幅に進められ，産業合理化が進展した。アメリカの援助と再編されつつあった日本財界の支援を受けて日本生産性本部が55年に設立され，官民協力と労使協議体制が準備された。独占禁止法は緩和され，旧財閥系銀行を中心に六大企業集団の編成が進んだ。

　対外的には，1952年8月にIMFと世界銀行へ加盟，55年9月GATT加盟，56年12月に国際連合に加盟する。他方で「国境」を接する国と国交を正常化することができない，「反共防波堤」として「独立」することになった。以上のように，日本はアメリカの支配下で，1950年代中頃までに経済復興を遂げ，高度経済成長を実現することになるのである。

◆ 参考文献

有賀貞・大下尚一編［1990］『概説アメリカ史（新版）』有斐閣。
有賀貞・宮里政玄編［1983］『概説アメリカ外交史』有斐閣。
有沢広巳監修・安藤良雄ほか編［1994］『昭和経済史（中）』日本経済新聞社。
有沢広巳監修・山口和雄ほか編［1994］『日本産業史 2』日本経済新聞社。
小椋広勝・島恭彦編［1968］『戦争と経済』末川博編『戦争と平和』第3巻，雄渾社。
河村哲二［2003］『現代アメリカ経済』有斐閣。
坂井昭夫［1976］『国際財政論』有斐閣。
佐々木卓也編［2002］『戦後アメリカ外交史』有斐閣。
関下稔［1986］『現代世界経済論』有斐閣。
永田実［1990］『マーシャル・プラン』中央公論社（中公新書）。

資料3◇ マーシャル米国務長官演説（1947年6月5日）

…（前略）…

　真相を言えば，欧州において今後3，4年間の外国産の食糧と必需品――主に米国からの――に対する需要が支払い能力をはるかに上回っているので，相当の援助が追加されなければ欧州は大変深刻な経済的・社会的・政治的な崩壊に当面するしかない。救済の道は，このような悪循環を破り，欧州全体並びに各国の経済の先行きに対する自信を回復させることである。広い地域において工業製品のメーカーも農家も，彼らの商品を疑いもなく安定した価値を持つ通貨と交換でき，かつ交換したがるようにならなければいけない。

　関係諸国民が絶望的な気持ちに陥る結果，広く世界で人心が沈滞し，混乱が起こる可能性があるが，これを別として，米国経済への影響が明白にされなければならない。世界に正常で健康的な経済状況を取り戻させるために，理の当然ながら米国はできるかぎりの援助をしなければならない。正常で健康な経済がなければ，政治的安定も平和も保障されないからである。

　米国の政策は，いずれの一国あるいは政治思想をも対象としているものでもなく，飢餓，貧困，絶望，混乱といったことを対象にしているのである。その目的は，自由な諸制度が存在できる政治的，社会的諸条件の出現を許すような能動的な経済を世界に復活させることである。この場合の援助は，危機が発生するその都度断片的に与えられるような援助であってはならないと，私は確信している。米国が供与しうる援助は，鎮痛剤でなく全治の効果を持つものでなければならない。

　この復興事業に手を貸す意欲のある政府は，米国の完全な協力を得られるものと確信する。他の国の復興を妨害しようとする政府は，米国の援助を期待できないだろう。さらに，政治的あるいはその他の理由で漁夫の利を得るために人類の悲惨な状態を長引かせようとする政府，政党，グループなどは，米国の反対に会うことになろう。

　事態を緩和し，欧州世界が回復の軌道に乗るのを援助するために米国がさらに一段の努力を傾ける前に，まず欧州諸国で現在何が必要か，米国の行動を効果的にするために欧州各国がどのような役割を果たすべきかについて，欧州側でなんらかの意見の一致を見なければならないことは明白である。欧州の経済的自立を計る計画を米国が一方的に立案することは，適当でもなければ，効果あるものともいえない。思うに，イニシアチブは欧州側から出なければいけない。

…（後略）…

出所：永田［1990］，249-53頁，より一部抜粋。

第3章 経済成長政策と内外経済

Keywords

完全雇用，有効需要，経済成長政策，ニュー・エコノミクス，所得政策，インフレーション

1 完全雇用と政府機能

1.1 「黄金時代」とは何か

　1950年から73年までの時期は，しばしば「黄金時代」(The Golden Age) と呼ばれている。経済学者マーグリン (S. A. Marglin) らは『資本主義の黄金時代』なる著作において，この時期の経済分析を行っている。また歴史家ホブズボーム (E. Hobsbawm) も『20世紀の歴史』のなかで，「黄金の歳月」なる章を設けてこの時代の特徴を詳論している。

　この黄金時代なる用語は，資本主義の歴史のなかで「高度経済成長」が実現した時代を指している。経済成長の統計的研究の第一人者であるマディソン (A. Maddison) は，1900年以降の経済発展を次のような4つの局面に区分している。彼によれば，第1局面は1900～13年であり，これは第1次世界大戦開始までの期間で，自由世界秩序の時期である。第2局面は，1913～50年の2つの大戦と世界大恐慌を含む時期であり，紛争とアウタルキー（自給自足）の時期である。そして第3局面が黄金時代であり，1950～73年の高度経済成長の時期である。最後の第4局面は1973～87年の時期であり，成長の減速とイ

表3-1 局面区分の統計的根拠（年平均伸び率）

(単位：%)

	1900〜13年	1913〜50年	1950〜73年	1973〜87年
GDP				
OECD 16カ国	2.9	2.0	4.9	2.4
発展途上国15カ国	2.6	2.1	5.3	4.7
32カ国計	2.8	2.1	5.1	3.4
1人当たりGDP				
OECD16カ国	1.6	1.2	3.8	1.9
発展途上国15カ国	1.2	0.7	2.7	2.5
32カ国計	1.4	1.0	3.2	2.2
輸出数量				
OECD16カ国	4.8	1.0	8.6	4.2
発展途上国15カ国	4.8	1.1	5.9	6.9
32カ国計	4.8	1.1	7.4	5.5
物価水準の変化				
OECD16カ国	1.4	−0.7	4.1	8.2
発展途上国15カ国	3.0	−0.5	17.5	38.8
31カ国計	2.0	−0.6	10.6	23.0

注：いずれの数値も算術平均。
出所：マディソン［1990］, 34頁。

ンフレ加速の時期としている。

　表3-1は各時期のGDPの平均伸び率等を見たものである。この表から明らかなように，1950〜73年の32カ国（OECD加盟16カ国，発展途上国15カ国とソ連）GDPの年平均伸び率は，約5％とそれ以前の2％台の伸び率を大きく上回っている。また1人当たりGDPの伸び率も3％台とそれ以前の1％台を大きく上回っている。それに加えて輸出数量も物価上昇も高い伸びを示しており，これは黄金時代における貿易拡大とインフレの昂進を示している。

　それでは1950〜73年の時期は，なぜこのような異例ともいえる高い経済成長が実現したのか。それは国際面ではアメリカ主導のもとで，GATTとIMFによって自由貿易の促進とそれを支える通貨システムが整備されたこと，またアメリカによるヨーロッパと日本への経済援助によって親米的政治システムが確立したことによる（1章・2章）。そのことを前提としたうえで，以下においては，どのような経済理論・経済政策が，黄金時代の背後に存在したのか見てみよう。

1.2 完全雇用政策と経済成長政策

1950~73年の経済成長の特徴は，それが政府の完全雇用政策と結びついていたことにある。この時代は，ケインズ主義経済政策の導入によって「政府による有効需要創出→経済成長＝完全雇用」が政策目標とされた時代であった。

まず，第2次世界大戦後に政府の関心が完全雇用の達成に向けられた経緯を見てみよう。歴史的には1929年以降の大恐慌と第2次世界大戦の経験，そして理論的にはケインズ経済学が完全雇用政策に決定的な影響を与えた。悲惨な経済的経験をした資本主義は，恐慌と失業を回避する役割を政府に与え，政府の仕事の第一優先順位を完全雇用の達成にあるとした。そしてその経済理論を提供したのがケインズ（J. M. Keynes）であり，これは政府による経済への介入を認める新たな経済思想の登場を意味した。

完全雇用とは，摩擦的な失業を除いたうえで，現行の賃金で働きたいと思っている労働者がすべて雇用されている状態のことを指す。ケインズは自由放任経済のもとでは，不完全雇用が一般的状況であることを理論的に明らかにし，政府は経済への介入によって財・サービスに対する需要を創出し，経済を完全雇用状態まで引き上げるべきであると主張した。そのような貨幣支出の裏づけのある需要を**有効需要**（購買力）と呼ぶ。このことによって，失業は個人の責任から政府の責任となったのである。

それでは第2次世界大戦後，各国において完全雇用政策がどのように追求されてきたかを見てみよう。欧米は早い時期から完全雇用に高い政策順位を与えていた。

イギリス政府は1944年5月に『雇用政策白書』を発表し，「政府は，戦後における高くかつ安定せる雇用水準の維持が，その主要目標と責任の1つであることを承認するものである」と明言した。また戦後社会保障制度の基礎を提供したとされるベバリッジ（W. H. Beveridge）は，44年に『自由社会における完全雇用』なる著作を発表し，積極的な雇用政策＝完全雇用政策の採用とそのための手段を提案した。彼はそこで3％程度の失業率を完全雇用と想定していた。またカナダ，オーストラリア，スウェーデンでも完全雇用政策に関する政府文書の発表が45~46年にあいついでいる。

国際機関においても完全雇用は政策目標として位置づけられた。「国際連合

憲章」（1945年）第55条では，「諸国間の平和的且つ友好的関係に必要な安定及び福祉の条件を創造するために」，「一層高い生活水準，完全雇用並びに経済的及び社会的の進歩及び発展の条件」を促進しなければならないと明記している。

アメリカでは雇用に関して独自の法律が制定され，注目を浴びた。それは1946年雇用法（Employment Act of 1946）である。政治的抵抗によって当初の法案から「完全雇用」なる文言は削除されたものの，「この法律は，政府に雇用の創出と維持，持続した経済成長，物価の安定に最大限の努力をするよう義務付けている」。

日本でも政府が1955年に「経済自立5ヵ年計画」を策定し，「雇用の増大」をその政策目標のなかに掲げた。総理大臣の経済審議会への諮問文書には「完全雇用の達成」なる文言があったが，日本においても「完全雇用」なる用語は採用されなかった。

この「雇用の創出」や「雇用の増大」という政策目標は，1960年代における各国の**経済成長政策**によって実現されることになる。次にこの点を見てみよう。

アメリカでは1960年の大統領選挙において，ケネディ（J. F. Kennedy）が経済成長率5％を政策目標に掲げ，その後，政権に就いてからは「ニュー・エコノミクス」なる経済成長政策を採用した。日本政府は60年に「所得倍増計画」を策定し，10年間でGNPの倍増を目標に掲げた。またイギリスでは62年に「国民経済発展会議」がつくられ，経済成長は政府の公式の目標となり，64年の総選挙では与野党とも4％の経済成長を公約に掲げた。西ドイツは67年の「経済の安定と成長を促進するための法律」によって経済成長と完全雇用を前面に打ち出し，68年から71年までの中期経済計画として実質4％の経済成長を目標とした。

このように先進各国においては，戦後とりわけ60年代に，（完全）雇用を実現するために経済成長を政府の政策目標とするスタンスが確立されたのである。イギリスの経済学者ロビンソン（J. Robinson）は，「国家の経済政策の目的は『成長』という概念の中に結晶されていった」（J. ロビンソン／J. イートウェル〔宇沢弘文訳〕『ロビンソン現代経済学』岩波書店，1976年，376頁）と第2次世界大戦後の経済を特徴づけている。このようにして，経済成長は雇用拡大の手段であるとともに，それ自体が目的ともなっていったのである。

1.3 ニュー・エコノミクス

　完全雇用政策＝経済成長政策がもっとも明瞭なかたちをとったのがアメリカであり，その政策はニュー・エコノミクスと呼ばれた。この経済学は，雇用法において拒否された完全雇用なる概念を政策目標のなかに積極的に取り入れている。

　1946年雇用法の目的が，政府によって意識的に追求されるようになったのは60年代からとみなすことができる。終戦から50年代の時期は，戦時期に抑制されていた民需が解放されたこと，またアメリカ自身の援助も手伝って経済復興による世界市場の拡大があったこと，さらに冷戦の勃発によって軍事費が増大したことなどによって経済成長が可能となっていた。

　このような要因によって戦後不況は回避されたものの，1950年代のアメリカの経済成長率は，各国の成長率に比較して低いものであった。50〜59年のGNP伸び率を見ると，日本6.1％，イタリア4.7％，西ドイツ4.5％，フランス3.6％，オランダ3.4％，スウェーデン2.8％であった。これに対してアメリカのGNPは2.2％の伸びにすぎなかった。さらに冷戦の相手国であるソ連とアメリカを比較をしてみると，51年から61年の間にアメリカの伸びは2.1％に過ぎなかったのに対して，冷戦相手であるソ連は6.4％という高い伸びを達成していた。このような状況を背景に，ニュー・エコノミクスなる経済成長政策は登場したのである。

　この新しい経済学の特徴は，完全雇用＝失業率4％＝潜在GNPとし，この潜在GNPの水準にまで実際のGNPを引き上げるために，財政政策を中心に景気刺激策を講じるというものであった。そのために，ニュー・エコノミクスは「財政均衡論」と決別し，「完全雇用予算」（経済が完全雇用状態に達し，財政収入が財政支出を超過する額）なる概念を導入し，不完全雇用時の財政赤字拡大を正当化したのである。このようにしてケインズ的有効需要の創出は可能となった。

　ここで失業率を4％としたのは，理論的数値というよりも政治的社会的分裂を小さくするうえでの歴史的・政治的判断であった。図3-1は潜在GNPと実際のGNP（アメリカでGDP統計が使われるのは，92年以降である）の推移を見たものである。ここから明らかなように完全雇用＝失業率4％は1950年代

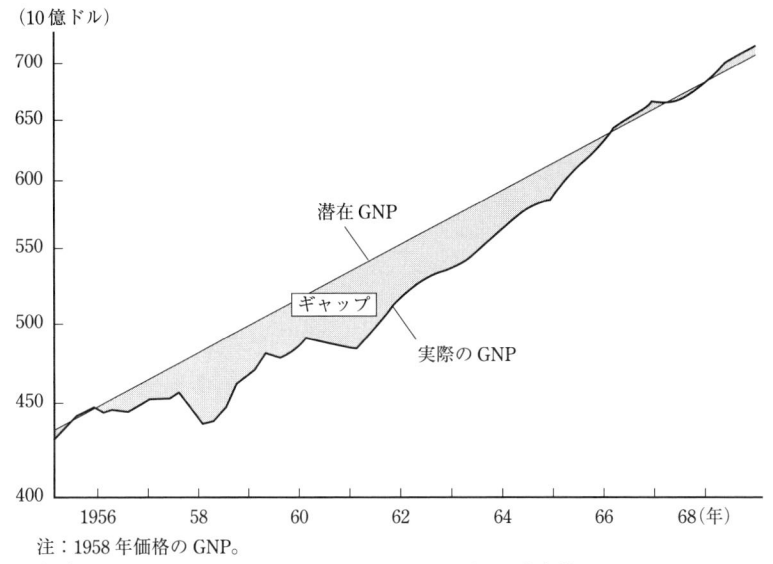

図3-1 潜在GNPと実際のGNP

注：1958年価格のGNP。
出所：*Economic Report of the President*, 1969, p. 65 より，一部加筆。

中頃の経済状況を基準につくられたものである。そしてその後の景気刺激策によって，66年頃には経済は完全雇用状態に達していたことがわかる。

有効需要の創出による完全雇用の具体化には，大きく2つの政策手段がある。1つは政府の「歳出増」による公共支出増であり，もう1つは「減税」による民間支出増である。完全雇用を追求したケネディの景気刺激策（1964年減税法）は後者を採用した。前者を選択するか，後者を選択するか，これは現実政治のプロセスにおいて各国ごとに，そして時代ごとに異なっている。

1964年減税法における所得減税と法人減税によって個人消費と民間設備投資が急増し，それがGNPの増加に大きく寄与した。すなわちGNP＝個人消費＋住宅投資＋民間設備投資＋在庫投資＋政府支出＋純輸出（海外純所得を含む）のなかの2つが増大し，さらにはベトナム戦争への介入によって軍事費が増加し（政府支出増），結果としてGNPは押し上げられたのである。

このようにして，実質成長率は1965年，66年とも6％の高い伸びとなり，失業率も4％以下となった。その後も経済は拡大を続け，61年2月〜69年12

月までの 106 カ月間に及ぶ長期の景気拡大となったのである。これは戦後アメリカの景気拡大期間では 2 番目の長さである。ちなみに戦後最長の景気拡大は，91 年 3 月から 2001 年 3 月までの 120 カ月である。以上が 60 年代アメリカの完全雇用＝経済成長政策の内容であった。

2　成長政策と社会的合意

2.1　政府・企業・労働の関係

　なぜ黄金時代が可能となったのかという問いに対して，政府が完全雇用＝経済成長に対して高い政策的優先順位を与えたからであると答えるならば，それは単なる同義反復に過ぎない。政府が経済資源の投入量を増加させ，その結果，産出量が増加したとするのでは，明らかにされなければならない問題はブラック・ボックスとして放置されたままである。明らかにされるべきは，どのような社会編成＝社会構造が，政府の政策優先順位と結びつき，黄金時代を可能としたのかということである。

　ある国の社会構造は国際関係と国内関係によって決定づけられる。戦後体制における国際関係の枠組みとは，アメリカが覇権国として君臨し，ドルを基軸とした通貨システムのもとで自由貿易を拡大しようというものであった。また国内関係の枠組みは，政府と企業と労働のあり方によって規定されていた。政府は完全雇用を実現するために成長政策を行使するとともに，福祉国家的政策を導入した。また企業と労働との関係では，資本家の経営権（投資の決定等）を侵害しない限りにおいて，組織労働者は賃金と労働に関して大きな交渉力を獲得していた。

　政治学者のなかには，パクス・ブリタニカ時代における内外の自由主義と対比させて，第 2 次世界大戦後の国際関係における自由主義と，国内におけるこのような介入主義の結合をさして「埋め込まれた自由主義」という概念を使う者もいる。また企業と労働の上記のような戦後的関係を「戦後和解体制」と表現する者もいる。

　また経済学者，とりわけ制度的アプローチを重視する経済学者は，このような社会構造を「戦後体制の歴史的枠組み」（マーグリン），「戦後コーポレート・

システム」（ボールズ〔S. Bowles〕），「フォーディズム」（ボワイエ〔R. Boyer〕）とも呼んでいる。概念は共通化されていないが，分析の焦点は，パクス・アメリカーナのもとでの完全雇用＝経済成長をめぐる「政府と企業と労働」関係における社会的合意と対立と調整のプロセスにある。

　メイヤー（C. S. Maier）は経済成長政策に関して次のように述べている。「重要な社会集団のすべてを調和的に和解させようとして経済成長が追求され，それが，戦後の各国政府の目的となったのである」（ハーシュ／ゴールドソープ編〔1982〕，80 頁）。政府は経済成長＝完全雇用によって自らも含めた三者（政府・企業・労働）の利害対立を回避し，統治＝社会の安定化を実現しようとした。すなわち経済成長によって政府内の資源配分をめぐる対立が緩和され，企業は高度経済成長によって市場の拡大と利潤確保が可能となり，また労働者は賃金の上昇と福祉国家から恩恵を受けることができたのである。この経済成長をめぐる三者の社会的合意は，黄金時代の社会的基盤であった。

　先進資本主義国の社会構造は，この三者の力関係と覇権国との関係によって規定されているが，ヨーロッパの一部の国では，労働側の政治力も強く，そこで形成された三者の関係は，「コーポラティズム」といわれていた。

　ここではアメリカの場合を具体的に見てみよう。政府の経済成長への積極的関与は 1960 年代以降であったことはすでに述べたが，企業と労働の関係，すなわち労使関係の枠組みの確定は 40 年代後半の時期にさかのぼる。

　戦後アメリカの労使関係の基軸は，大企業と大労組の交渉によって形成された。それは労働協約という具体的なかたちをとったが，そのモデルとなったのは，1948 年に締結された GM と UAW（全米自動車労組）の労働協約であり，これが戦後アメリカの労使関係を規定することとなった。この協約は，物価上昇率を考慮したうえで，生産性の範囲内に実質賃金の上昇を抑えるというものであるが，物価上昇率を考慮するということは，インフレに見合った賃金引上げを認めるということであり，また生産性上昇率の範囲内であれば賃金上昇を認めるというものである。労働組合が強力な交渉力を持つ場合は，これは「賃金の下方硬直性」という事態となる。もっともこのような協約が可能となったのは，労働側に強い交渉力があったからだけでなく，アメリカ企業が国際競争力を持ち，管理価格を設定できたからでもある。

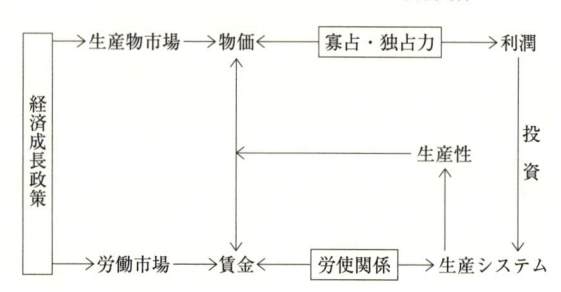

図3-2 経済成長政策と企業・労働関係

```
                    →生産物市場→物価←─ 寡占・独占力 →利潤
                  ↗                    ↕              │
        経済成長政策                    生産性         投資
                  ↘                    ↕              │
                    →労働市場→賃金←── 労使関係 →生産システム←
```

2.2　成長政策と所得政策

　それではこのような三者の社会関係が形成されているなかで，経済成長政策は物価と賃金にどのような影響を与えたのか，そのことを見てみよう。図3-2は，三者の社会関係が物価と賃金に与える影響を示したものである。

　一方に政府の経済成長政策があり，他方に企業の寡占・独占力と強力な労働側の交渉力＝労使関係があるとき，物価も賃金もともに上昇圧力を受けざるをえない。すなわち図3-2のような社会関係のもとでは，経済成長を追求すればするほど，物価と賃金が上昇せざるをえないのである。それゆえ物価と賃金を上昇させることなく，いかにして経済成長を実現するか，そのことは当初から政府の課題であった。経済成長と物価・賃金の安定，この相矛盾する目的を達成するために導入されたのが所得政策である。

　所得政策とは，賃金，利子，地代，利潤などの諸所得や価格の形成に対して，政府が関与することにより，物価水準の安定をはかろうとする政策である。一言で言えば賃金・物価抑制策である。これは政府による企業の価格設定と労働者の賃金水準への抑制要請の場合もあるし，また法的強制力のある政策の場合もある。所得政策は，第2次世界大戦中に経済総動員の一部として導入され，また戦後のヨーロッパ復興計画において資源を有効活用する手段としても利用されてきた。そして黄金時代には，ヨーロッパとアメリカにおいて経済成長を継続するための手段として利用されたのである。

　この時期の所得政策の基本的枠組みは，労使の分配関係に手を触れることなく，生産性上昇の範囲内に賃金と物価の上昇を押さえ込む「指針」を政府が提出する，というものであった。

アメリカの場合を具体的に見てみよう。アメリカでは所得政策がケネディ政権時に「ガイドポスト」(1962年) という名称で導入された。政府は当初，上記のような基本的枠組みだけを提示していた。しかし，65年から66年にかけて経済は完全雇用状態に入り，消費者物価は持続的上昇過程にあり，政府は景気過熱を心配せざるをえない状況に立ち至った。この事態に対して政府は産業界との対立を避け，物価対策として労働側にのみ賃金引上げ率3.2％という上限を提示した。すなわち政府は，インフレの解決を賃金抑制にのみ求めたのである。これは労働側からの強い反発を招き，結果として所得政策は66年に機能不全に陥ったのである。

政府主導による賃金と物価に関する社会的合意は崩壊し，政府・企業・労働の関係は，物価安定のための関係を維持できなくなった。しかしながら，経済成長に関する三者の社会的合意は存続しつづけ，このことがアメリカ経済を困難な状況へと導くことになった。

2.3　ファイン・チューニングの限界

所得政策が機能不全に陥ったならば，さらなる経済成長を追求することはインフレを加速化させ，社会を不安定化させることになる。それゆえに政府は景気の過熱を微調整する政策の採用をせまられる。これはファイン・チューニングと呼ばれている。そしてニュー・エコノミクスはもともとこのファイン・チューニングが可能であるという前提のもとで理論が組み立てられていた。

果たしてこのファイン・チューニングは機能したのであろうか。所得政策が機能しなくなり，企業と労働側から協力を得ることができない状況下では，政府のインフレ対策は直接のコントロール下にある財政政策と，間接的な影響下にある金融政策に限られる。具体的には①増税，②歳出削減，③金融引締め政策の導入である。経済成長によってそれまで「和解」させられてきた利害関係者は，ここに至り「負担」をめぐって対立することになった。

しかし，政府は既存の分配関係に手をつけることはできず，上記3つの政策はいずれも部分的・一時的な採用にとどまり，ファイン・チューニングは失敗する。

その後も政府は引き続き経済成長政策を選択し，その政策の限界は政府の肥

大化・インフレの激化・国際収支の不均衡として現れることになった。

3 成長政策と内外不均衡

3.1 政府の肥大化

　高度経済成長に随伴していたのは，大きな政府あるいは政府の肥大化である。先進諸国における政府支出の対 GDP 比の推移を見ると，OECD 全体では60年の28.4％から65年の29.8％，そして70年には32.6％にまで上昇している。このように政府部門の拡大が可能となったのは，1つは経済成長とそこから得られた税収増によるものであった。この政府部門の拡大は，景気循環に対して自動安定化作用をもたらすと考えられていた。つまり，ケインズ的政策の採用いかんにかかわらず，政府部門の肥大化は，総需要への安定的要因として積極的に受け止められたのである。

　この政府部門肥大化の中心は，移転支出の増大にあった。移転所得とは生産に直接寄与しないにもかかわらず，個人が政府や企業から受け取る所得であり，これは支払う側から見ると移転支出となる。具体的には，社会保険給付，生活保護費，恩給などの社会保障費をさす。それゆえに移転支出の増大は「福祉国家」の登場ということをも意味する。

　EU15カ国をみると，移転支出の GDP に対する比率は60年に9.7％，68年に12.4％，74年には13.3％と上昇し続けている。これら移転支出が賃金とともに上昇すれば，総需要の増加に対する期待はいっそう高まることとなる。

　ケインズ主義が有効に機能していた限りは，このような政府の肥大化も「混合経済」の有効性として肯定的にとらえられていた。しかし財政赤字やインフレが問題となるにつれて，混合経済なる用語は後景に退き，それに代わって「大きな政府」批判が登場したのである。

　ブキャナン（J. M. Buchanan）らの公共選択論によれば，この政府部門の肥大化＝「大きな政府」は，ケインズが予算均衡原則を破ったために生じた現象であり，そのことによってインフレが引き起こされたのだという。この主張は，移転支出による労働意欲の喪失論＝生産性伸び率の停滞論とともに，1970年代末から発言力を増すこととなった。

3.2 インフレーション

インフレ率と失業率の合計を**悲惨指数**（discomfort index. 不快指数ともいう）なる用語で呼び，これによって経済の健全度を測る場合がある。図3-3は，主要7カ国における悲惨指数を見たものであり，1965年以降にこの指数が上昇している。とりわけ，70年代には一挙に悪化を示している。

インフレーションとは現象的には，特定の商品の価格上昇ではなく，物価水準の全般的・継続的な上昇であり，統計的には，消費者物価の上昇率によって測定される。インフレーションの経済学的規定は，不換制下で流通紙幣が流通必要量を超えて増加することによって生じる貨幣価値の減少＝物価の上昇である。しかしこの規定が物価の全般的・継続的上昇となって表れるには，デマンドプルやコストプッシュや管理価格や生産性格差などいくつかの経路に依存する。そしてそこでは，政府と企業と労働の力関係が重要な役割を果たしている。

政府は景気後退と失業率上昇を望まず，企業は利潤の減少を拒否し，労働は賃金の下落と社会保障の削減を受け入れない。このように三者の力関係が拮抗している状況では，インフレーションは常態化せざるをえない。

ここでインフレ理論について言及すると，それは実物面を重視する立場と，貨幣面を重視する立場に分けることができる。前者の立場をとるローソン（B. Rowthorn）は，労使関係を中心にインフレを分析した。彼はインフレの主因は所得分配をめぐる労使の対抗関係であるとし，これを「コンフリクト理論」と呼んだ。これに対して，インフレはあくまで貨幣的な現象であるとし，後者の立場からケインズの有効需要とインフレの関係を批判したのがマネタリストであった。

1965～69年の時期を見てみよう。「GNPギャップ」（経済資源を完全利用したときに生産可能なGNPと実際のGNPの差額）で見てみると，65年にはこのギャップが2％弱であったが，68年の下期には生産活動の水準は完全稼動状態を0.5％上回っていた。そして，69年のインフレ率は4.9％と60年代前半のほぼ2倍の水準に達していた。

1960年代末期には，アメリカは需要抑制を渋り，日本は持続的景気拡大のまっただなかにあり，西ドイツは67～68年に戦後はじめて赤字財政を採用し，フランスも68年に政策姿勢を同様に変化させた。

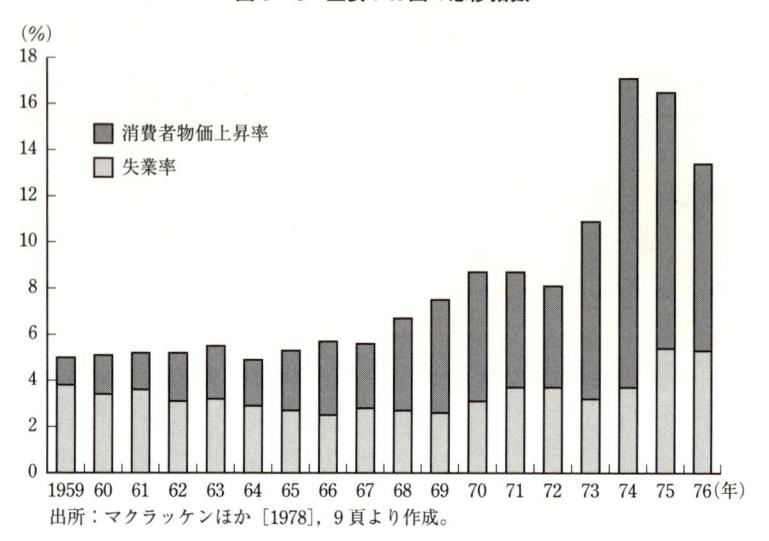

図3-3　主要7カ国の悲惨指数

(消費者物価上昇率／失業率の積み上げ棒グラフ、1959〜76年)

出所：マクラッケンほか［1978］，9頁より作成。

　このようにして1960年代の経済成長によって，60年代末期のヨーロッパでは労働市場が逼迫し，ストライキが多発した。またアメリカでも同様に労働騒動が拡大し，長期化した。そしてどちらにおいても，「賃金爆発」が生じた（マクラッケンほか［1978］，第14図参照）。この時期，労働市場の圧力がそれほど厳しくなかった日本だけが，比較的無傷に難を逃れたのである。コンフリクト理論の有効性を示す事例である。

3.3　対外不均衡の調整

　最後に経済成長政策が国際経済政策にどのような影響を及ぼしたのかを見てみよう。経済成長によって国際収支が悪化するならば，外貨準備に制限のある国は，成長抑制策を採用せざるをえない。しかし基軸通貨国アメリカのみは，国際流動性＝外貨準備の制約から自由であるため，国際収支を悪化させつつも成長政策を追求することが可能であった。

　もっともアメリカといえども，経済成長政策が，ドルの信認を脅かす水準にまで国際収支を悪化させたとき，問題は深刻となる。そこでは基軸通貨国の特権も無制限でないことが明らかとなるからである。

第3章 経済成長政策と内外経済　51

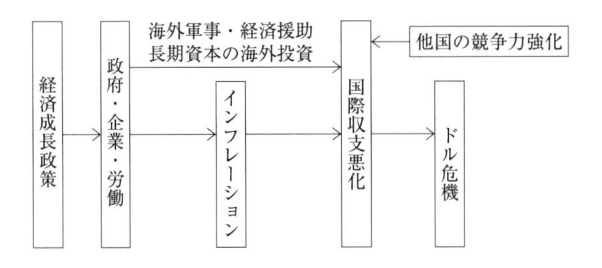

図3-4　経済成長政策とドル危機

経済成長政策 → 政府・企業・労働 → 海外軍事・経済援助／長期資本の海外投資 → インフレーション → 国際収支悪化 → ドル危機
　　　↑
　　他国の競争力強化

　図3-4は1960年代末におけるアメリカの経済成長政策とドル危機の関係を示している。アメリカは戦後における大量の金保有と国際競争力の優位を背景に，基軸通貨国としての特権を享受してきた。それは海外軍事援助・海外経済援助・長期資本の海外投資などの資本流出を，貿易収支黒字が相殺するというかたちで維持されてきた。しかし西ドイツや日本などの戦後復興と国際競争力の上昇，アメリカの過度の経済成長追求によるインフレの昂進および輸入増加は国際収支を悪化させ，先の循環メカニズムの持続に警鐘を鳴らした。それはアメリカからの金流出およびドル危機として現れたのである。

　先進工業国の為替相場は固定しておくべきである，というのが当時の大蔵省・財務省・中央銀行高官の一般的な見解であった。しかし上記のような経緯を経て，1968年頃には為替相場の弾力性拡大に関する議論が始められていた。アメリカでは国際収支の赤字が「一時的な」ものではなく，それゆえに国際収支赤字を調整するには為替相場の再調整が必要であると考えられるようになっていた。

　もしドルの調整によって経常収支の改善を行うならば，アメリカの経済運営における「規律喪失」の「つけ」は他国に押し付けられることになる。次の指摘はこの時代のアメリカの課題を明瞭に要約している。

　「現在われわれが直面している難問の一つは，他の諸国に対して，為替相場調整のためのよりよい制度へのアメリカの関心は，国内インフレの諸結果を回避する道を探すという考えが動機となっているのではないということを理解させる点にある。他の諸国にこのことを納得させる最善の方法は，インフレ阻止を目指した粘り強い財政・金融抑制計画をやりぬくことである」（ソロモン

[1990］，240頁)。

　アメリカにおける過度の経済成長の追求＝規律の喪失は，国内ではインフレを引き起こし，対外的には経常収支を悪化させた。アメリカはこれを国内の緊縮的財政金融政策によって調整すべきなのであるが，政府も企業も労働もこのような方向への合意を形成できず，三者の力関係は拮抗したまま，基本的にはインフレをともなう経済成長を引き続き追い求めたのである。ちなみに，この三者の力関係に変化が生じ，インフレが沈静化したのは，1980年代の新自由主義下でのことである。

　アメリカは国内経済運営に規律を取り戻すことなく，最終的に金とドルの交換停止による他国通貨の切上げという国際的調整策を選択した。これが1971年8月15日のニクソン・ショックである。

　その後，1973年のオイル・ショックによって，黄金時代のエネルギー的基盤であった安価な原油の獲得が不可能となり，資本主義はその黄金時代を終えたのである。

◆ 参考文献
宇仁宏幸ほか［2004］『入門社会経済学——資本主義を理解する』ナカニシヤ出版。
河村哲二［2003］『現代アメリカ経済』有斐閣。
新川敏光ほか［2004］『比較政治経済学』有斐閣。
ソロモン, R.（山中豊国監訳）［1990］『国際通貨制度研究 1945-1987』千倉書房。
新岡智［2002］『戦後アメリカ政府と経済変動』日本経済評論社。
野林健ほか［1996］『国際政治経済学・入門』有斐閣。
萩原伸次郎［1996］『アメリカ経済政策史』有斐閣。
ハーシュ, F./J. H. ゴールドソープ編（都留重人監訳）［1982］『インフレーションの政治経済学』日本経済新聞社。
ボールズ, S./D. M. ゴードン／T. E. ワイスコフ（都留康・磯谷明徳訳）［1986］『アメリカ衰退の経済学——スタグフレーションの解剖と克服』東洋経済新報社。
マクラッケン, P.ほか（小宮隆太郎・赤尾信敏訳）［1978］『世界インフレと失業の克服』日本経済新聞社。
マーグリン, S./J. ショアー編（磯谷明徳・植村博恭・海老塚明監訳）［1993］『資本主義の黄金時代——マルクスとケインズを超えて』東洋経済新報社。
マディソン, A.（金森久雄監訳）［1990］『20世紀の世界経済』東洋経済新報社。

資料4 ◇ 1946年雇用法

法　　令

　雇用，生産，および購買力その他の目的に関する国家の政策を布告する。

　…（中略）…

政令の布告

第2節

　産業，農業，労働，および州と地方政府の援助と協力のもとに，連邦政府の必要性と義務および国家政策の他の重要な諸考慮に矛盾せぬすべての実行し得る方法を用い，自由競争組織および一般の福祉を助成し奨励するために計画された方法により，能力と意欲を持ち，労働の機会を求める者に有用な雇用が与えられ得る状態を創造し維持する目的のために，すべての計画，機能，および資源を整合的に利用し，最大の雇用，生産，および購買力の促進を，連邦政府の継続的政策および責任とすることを議会はここに布告する。

大統領の経済報告

第3節

　(a)　大統領は，各通常会期開始（1947年より開始）より60日以内に経済報告（これより「経済報告」と呼ぶ）を議会に提出し，(1)合衆国における現行の雇用，生産，および購買力の水準，および，第2節にて布告された政策の遂行に必要なそれらの水準，(2)雇用，生産，および購買力の現状および予知し得る趨勢，(3)連邦政府の経済政策の査閲および，前年度における合衆国もしくはその重要な地域における雇用に影響を与えた経済情勢およびそれらの雇用，生産，および購買力に対する影響の調査，および，(4)第2節において布告された政策を遂行するための計画および大統領が必要もしくは望ましいと考える法令の推薦案を明らかにすべきこと。

　…（中略）…

大統領の経済諮問委員会

第4節

　(a)　大統領府の中に経済諮問委員会（これより「委員会」と呼ぶ）を設立する。

　…（中略）…

経済報告のための合同委員会

第5節　略

出所：アメリカ学会訳編『原典　アメリカ史　第6巻』岩波書店，1981年，より一部抜粋。

第Ⅱ部
国際経済政策の対立と協調

　1971年8月15日,戦後ブレトン・ウッズ体制に大きな風穴が開けられた。1950年代末から進行してきた国際収支赤字の結果,アメリカの金保有量が徐々に減少し,ついに金とドルの交換を停止するに至ったのである。同年12月にはワシントンでスミソニアン合意が結ばれて,いったん固定相場制に復帰するかにみえたが,翌72年から73年にかけて先進諸国は次々に変動相場制へと移行していった。これに対してEC諸国では,イギリス・ポンドの凋落を尻目に,関税同盟と共通農業政策を維持発展させるために共同フロート制の導入に踏み切り,79年3月には欧州通貨制度を発足させた。

　通貨体制の動揺は,世界がインフレというパンドラの箱を開けてしまったことを意味した。この結果,発展途上諸国の資源ナショナリズムと新経済秩序の要求ともあいまって,パクス・アメリカーナを支えるもう1つの柱である「安い中東原油」の維持を不可能にした。1973年と79年の2度にわたるオイル・ショックの勃発である。導火線となった第4次中東戦争とイラン革命は,その後に続くパクス・アメリカーナのアキレス腱がどこにあるかを広く知らしめることとなった。

　オイル・ショックに続く1974～75年世界同時不況は,政治的にも経済的にも先進諸国の戦後体制を揺り動かすものであった。75年11月にフランスのランブイエで開催された初のサミット(主要先進国首脳会議)は,このような危機感の端的な現れである。インフレと不況が並存するというこれまで経験したことのない未曾有の事態は,アメリカと日欧先進諸国に緊密な国際政策協調の実現を迫ることとなった。77年のロンドン・サミット,翌78年のボン・サミットで提起された「米日独＝機関車論」は,その初の試みであった。第Ⅱ部では,このような国際経済政策をめぐる対立と協調の関係が検討されることになる。

第4章 ブレトン・ウッズ体制の崩壊とドル

> Keywords
>
> ニクソン・ショック，スミソニアン体制，**SDR**本位制，ドル本位制，オイル・ダラー，スタグフレーション

1 ブレトン・ウッズ体制の崩壊

1.1 1970年代の国際通貨情勢

　1970年代の国際経済政策を考える場合の出発点となるのは，71年8月にアメリカが金ドル交換を停止したことであろう。いわゆる**ニクソン・ショック**である。この出来事は，戦後のブレトン・ウッズ体制の重要な柱が崩壊したことを意味するものであった。

　戦後のブレトン・ウッズ体制は，大きく2つの柱から成っていた。1つは，アメリカが，海外の通貨当局に対して，金1オンス＝35ドルの公定価格で，ドルの金交換に応じる約束をしていたことである。今ひとつは，固定相場制の取決めである。すなわち，国際通貨基金（IMF）の加盟国は，自国通貨の平価を金ないしドルに対して設定し，為替相場の変動幅を対ドル平価の上下各1％以内に維持することを義務づけられていたのである。

　だが，1960年代以降，アメリカの国際収支赤字が続くなかで，海外通貨当局の保有するドルが増加し，それが金に交換されることによって，アメリカ当局の保有する金は減少傾向をたどった。結局，71年8月にアメリカは金ドル

交換を停止せざるをえなかったのである。金ドル交換停止後，西欧主要国は外国為替市場を閉鎖し，市場再開後に変動相場制などに移行したが，日本は東京市場を閉鎖せず，ドル買い・円売り介入を2週間近く続けた後，変動相場制へ移行した。なお，このときの変動相場制への移行は為替相場の実勢水準を確かめるための一時的な措置と考えられていた。

1971年12月，先進10カ国蔵相会議（G10）において，固定相場制が再建されることになる。これは**スミソニアン体制**と呼ばれている。その主な内容は，第1に，再建の前提として，主要通貨の多角的調整が行われたことである。すなわち，ドルは金1オンス＝35ドルから同38ドルへ切り下げられる一方，円の対ドル中心相場（セントラル・レート）は1ドル＝308円へと切り上げられるなど，主要通貨の調整が実施された。第2は，主要通貨の許容変動幅が上下各1％から上下各2.25％へと拡大されたことである。この新しい変動幅は，ワイダー・バンドと呼ばれる。

だが，このスミソニアン体制は短命だった。ドル売りが続くなかで，1973年2月にはドルが金1オンス＝38ドルから同42.22ドルへと再度切り下げられるとともに，日本とイタリアは変動相場制へと移行した。また翌3月にはEC（欧州共同体）6カ国，スウェーデン，ノルウェーなども変動相場制へと移行するに至った。こうして固定相場制も崩壊し，変動相場制が定着するのである。

かくて，1970年代初頭に国際通貨体制は大きく変化した。すなわち，戦後ブレトン・ウッズ体制の主要な柱であった金ドル交換と固定相場制が崩壊し，それに代わって，金交換を有しないドルと変動相場制によって特徴づけられる新しい段階へと移行したのである。当時，このブレトン・ウッズ体制の崩壊，さらにはアメリカの貿易収支が71年に戦後はじめて赤字に転落したことをもって，アメリカ経済の「衰退」と指摘されることが多かった。オイル・ショックに見られるOPEC産油国の発言権の増大，ベトナム戦争でのアメリカの敗北といった政治的出来事も，こうした評価を支えていたとみられる。だが見方を変えれば，アメリカは，金ドル交換停止と変動相場制移行によって，その経済政策上の自由度を拡大し，また国際収支調整を市場に委ねる手段を手に入れたとみることもできるのである。

1.2 国際通貨制度改革の試み

　1970年代初頭のブレトン・ウッズ体制の崩壊を受けて，国際通貨制度改革をめぐる議論が再燃した。IMFにおいても検討が開始され，72年2月には20カ国委員会（C20）を設置したのであるが，同委員会は74年6月に『国際通貨制度改革概要』を最終報告書として提出した。この報告書では，将来の国際通貨制度の目標として，調整可能な平価に基礎をおく固定相場制を原則とし，変動相場制は特殊な状況のもとで容認されるという立場が示されていた。また，SDRを主要な準備資産として育成し，金や準備通貨（ドルなど）の役割を縮小するという方向が示されていた。これは，いわゆる**SDR本位制**といわれるものである。

　ところで，SDRとは，特別引出権（Special Drawing Rights）の略語である。1969年のIMF協定第1次改正によって創出されたもので，1960年にトリフィン（R. Triffin）が主張した「流動性ジレンマ論」の影響によるところが大きかった。流動性ジレンマ論とは，国際流動性供給のためには，アメリカが国際収支赤字を出す必要があるが，金交換が疑われると，ドル危機が発生する。逆に，アメリカが国際収支黒字を維持すると，ドルの信認は確保されるが，国際流動性供給が滞ってしまう。これが流動性ジレンマ論の核心であった。

　この流動性ジレンマ論には理論的な誤解があり，また多分にアメリカの国際収支赤字を弁護する面をもっていたのであるが，1960年代の国際通貨制度改革の焦点の1つとなり，最終的にSDRの創出につながった。SDRは，加盟国が出資を行うことなく，配分を受ける準備資産で，加盟国はそれと引き換えに，外貨準備の豊富な国から外貨を取得することができる。すなわち，アメリカの国際収支に依存することなく創出される新しい準備資産とみなされたのである。

　1974年10月，上記の20カ国委員会の後身としてIMF暫定委員会が創設され，最終報告書の結論をIMF協定の改正案としてまとめる作業が進められた。76年1月，ジャマイカのキングストンで開催された同暫定委員会において，協定改正案について大筋の合意が得られ，同年4月のIMF総会での承認を経て，78年4月にIMF協定第2次改正が発効した。これが「キングストン体制」とも呼ばれるものである。

　この協定改正の特徴は，第1に，旧IMF協定における金に関する規定が削

除され，SDR を育成する方向が示されたことである。すなわち，金の公定価格を廃止する，金による価値表示をやめる，さらに IMF 増資の際に金で払い込む義務をなくす，などの措置がとられる一方，SDR を価値表示基準としてだけでなく，中心的な準備資産として育成する規定が置かれた。第 2 は，為替相場制度を加盟国の権利で選択できるようにしたことで，加盟国はその選択した制度を IMF に通告するだけでよいこととなった。この場合に注目すべきは，変動相場制が，例外的な制度ではなく，固定相場制とならぶ通常の制度として認められたことである。ただし，IMF は，85％の多数決が得られれば，平価制度への移行を決定できるものとされた。

　このような IMF 協定の改正をめぐる議論の背後には，主要国間の鋭い利害対立が存在していた。欧州主要国（とくにフランス）は，ドルを SDR に代替させることを考え，また固定相場制を再建することを意図していた。これに対して，アメリカは，いわゆる「金廃貨」という名目のもとに，ドルにとって厄介な存在である金を SDR に代替し，ドルの信認を強化しようとした。さらに，変動相場制についても，これを例外扱いとはせず，通常の制度として認めさせることによって，国際収支不均衡の調節弁として利用しようとしたのである。

2　国際通貨ドルの新段階

2.1　金ドル交換停止後のドル

　1970 年代の国際通貨制度改革論議においては，いわゆる「SDR 本位制」の考え方に示されるように，国際通貨制度を対称的に運営するという方向も出されたのであるが，実際には，金交換性を失ったドルが，その後も国際通貨としての地位を維持することになった。これを**ドル本位制**と呼ぶことがある。

　世界の外貨準備高の通貨別シェアをみると，1975 年から 80 年の間に，ドルは 75.7％から 55.1％へと低下したのに対して，マルクと円は，それぞれ 6.0％から 13.0％へ，0.5％から 3.8％へと上昇している。つまり，70 年代においては，西ドイツと日本の貿易収支黒字を背景に，マルクと円が台頭しはじめ，国際通貨の「多様化」傾向とか，世界経済の「分極化」のはじまりとも言われたのであるが，それでもドルはなお過半のシェアを占めており，70 年代

にその地位が脅かされることはなかった。その背景としては，次のような点もみておく必要があろう。

　まず，かつて国際通貨の地位にあった英ポンドは，戦後もスターリング地域の中心通貨としての地位を維持していたのであるが，1970年代に入って，その地位を完全に失うことになった。その理由は，スターリング地域の維持コストが大きくなり，国内の政策課題と両立しなくなったからである。72年6月，イギリスは，スターリング地域（法律上は「指定地域」と呼ばれていた）を，イギリス本国とアイルランドに限定する措置をとった。また，対欧州との関係においても，イギリスはECに対抗すべく，60年5月に欧州自由貿易連合（EFTA）を創設していたのであるが，73年1月，ECに加盟するとともに，EFTAを離脱した。これらの結果，ポンドの凋落は決定的なものになった。

　一方，独仏枢軸により進められていた欧州通貨統合も，1970年代には，大きな困難にぶつかっていた。ヨーロッパでは，関税同盟や共通農業政策（CAP）の推進のため，ドル危機が激化する60年代から，域内の為替安定が強く求められるようになっていたが，そのような状況のもとで，72年4月，EC6カ国は，縮小為替変動幅制度（いわゆる「スネーク制度」）を導入する。これは当時のスミソニアン体制の変動幅よりも狭い範囲に域内の変動幅を抑えようとするものであった。そして73年3月のスミソニアン体制崩壊後も，この狭い変動幅での対ドル・フロート制は継続された。いわゆる「EC共同フロート制」である。だが，スタグフレーションが進展するなかで，域内格差が拡大し，フランスなど離脱国が相次いだため，同制度は頓挫せざるをえなかった。欧州通貨統合の取組みが再開されるのは，79年3月にEMS（欧州通貨制度）が創設されたときであった。

　これに対して，金については，どうだったのだろうか。すでに述べたように，戦後ブレトン・ウッズ体制の1つの柱は，アメリカが金1オンス＝35ドルの公定価格で，ドルの金交換に応じる約束をしていたことにあった。だが，ドル危機の激化により，金の市場価格が高騰したため，アメリカは欧州主要国とともに1961年10月に金プールを結成し，公的金を市場に放出することによって，金の市場価格の維持に努めたが，結局失敗した。68年3月のワシントン会議では金プールが解体され，金の二重価格制に移行していく。金の二重価格制と

表4-1 世界の公的対外準備

(単位:100万米ドル,1972年以降は100万SDR)

	1950年	1960年	1964年	1968年	1970年	1972年	1974年	1976年	1978年	1980年
金	33,755	38,030	40,840	38,935	36,992	35,608	35,644	35,442	35,766	33,262
うちアメリカ	22,820	17,804	15,471	10,892	11,072	9,659	9,659	9,615	9,675	9,251
イギリス	2,862	2,801	2,136	1,474	1,349	737	736	736	778	659
西ドイツ	-	2,971	4,248	4,539	3,980	4,107	4,116	4,116	4,152	3,331
フランス	662	1,641	3,729	3,877	3,532	3,524	3,533	3,536	3,570	2,865
日本	7	247	304	356	532	739	739	739	839	848
IMF準備ポジション	1,671	3,570	4,155	6,488	7,697	6,325	8,845	17,736	14,839	16,835
SDR	-	-	-	-	3,124	8,686	8,858	8,655	8,110	11,808
外貨	13,290	18,670	23,850	32,000	45,434	95,939	126,458	160,330	221,134	294,908
合計	48,716	60,270	68,845	77,423	93,247	146,558	179,805	222,163	279,849	356,813

注:金は1オンス=35ドル,1972年以降は1オンス=35SDRの計算による。
出所:IMF, *International Financial Statistics,* 各号より作成。

は,アメリカは引き続き金の公定価格で外国通貨当局と金取引を続けるが,金の市場価格は自由にするというものであった。

だが,ワシントン会議には,今ひとつの重要な取決めがあった。それはSDRが近く創出されることから,世界の通貨当局の金保有量は,当時の水準で十分であるということに合意したことである。当時すでに西ドイツや日本などはドルを金に交換することを自粛していた。また,フランスも1960年代末に国際収支危機に陥り,ドルを金に交換する余力はなくなっていた。そのうえ,71年8月には金ドル交換が停止される。その結果,68年3月以降,とくに70年代に入って,金の公的取引は低迷し,代わって外国通貨当局の保有ドルが急増していくのである(表4-1)。

最後に,新しい中心的な準備資産として期待されたSDRは,どうだったのだろうか。すでに述べたように,SDRは1969年のIMF協定第1次改正によって創出された。翌70年1月,SDRの第1回配分が行われ,続いて71年1月と72年1月に,それぞれ第2回と第3回の配分が行われた。その後,しばらく配分はなく,79年1月になってようやく第4回(再開第1回)の配分が行われた。このようにSDRの配分もまた低調だったのであるが,これは70年代以降ドルが急増し,国際流動性問題が後退したとみられたためであった。アメ

リカもSDRの創出がドルの信認強化に役立つわけでないことを認識し，SDRの創出に次第に難色を示すようになった。

2.2 変動相場制の現実

すでに述べたように，IMF協定第2次改正において，変動相場制は固定相場制とならぶ通常の制度として容認されたのであるが，当時，固定相場制の再建を困難にする事情が存在していたこともまた事実であった。すなわち，第1に，1973年10月の第1次オイル・ショックの発生によって，産油国と非産油国との間の経常収支不均衡が一挙に拡大し，世界の国際収支パターンが一変したことである。その後78年12月にも第2次のオイル・ショックが発生し，同様のパターンが生み出された。第2に，主要資本主義国においては，経済成長率の鈍化と物価の上昇が併存するスタグフレーションという新しい問題に直面して，国内均衡を重視する政策志向が一段と強まったことである。そして第3に，投機的な短資移動が一段と活発化したことである。

一方，理論的に見ても，変動相場制が固定相場制よりもメリットを有するという議論が1960年代から台頭していた。その代表的論者はフリードマン（M. Friedman）を中心とするマネタリストであった。変動相場制の擁護論によれば，次のようなメリットが指摘されていた。すなわち，第1に，経常収支の不均衡が，為替相場の変動によって自動的に調整される（たとえば，経常収支の悪化→為替相場の下落→経常収支の改善→為替相場の上昇，というサイクルが存在するとみられていた），第2に，その結果として，金融政策を国内経済のために配当できるため，金融政策の自律性が確保される，第3に，当局の為替介入も必要でなくなるため，外貨準備の保有が最小限に抑えられる，そして第4に，投機も為替相場を安定化させる方向で機能する，などであった。

では，1970年代の変動相場制の現実は，どうだったのだろうか。図4-1は，主要通貨の対ドル相場を示したものである。ここに示されているように，70年代においては，スイス・フランやマルク，円が強い通貨であり，逆に英・ポンドやイタリア・リラは弱い通貨であった。さらに，これら主要通貨の変動は，それぞれの国の経常収支の動向と密接な関係にあったように思われる。たとえば，マルクや円は，2度のオイル・ショックの際には，下落するか，弱含みと

図4-1 主要通貨の対ドル相場変化率の推移

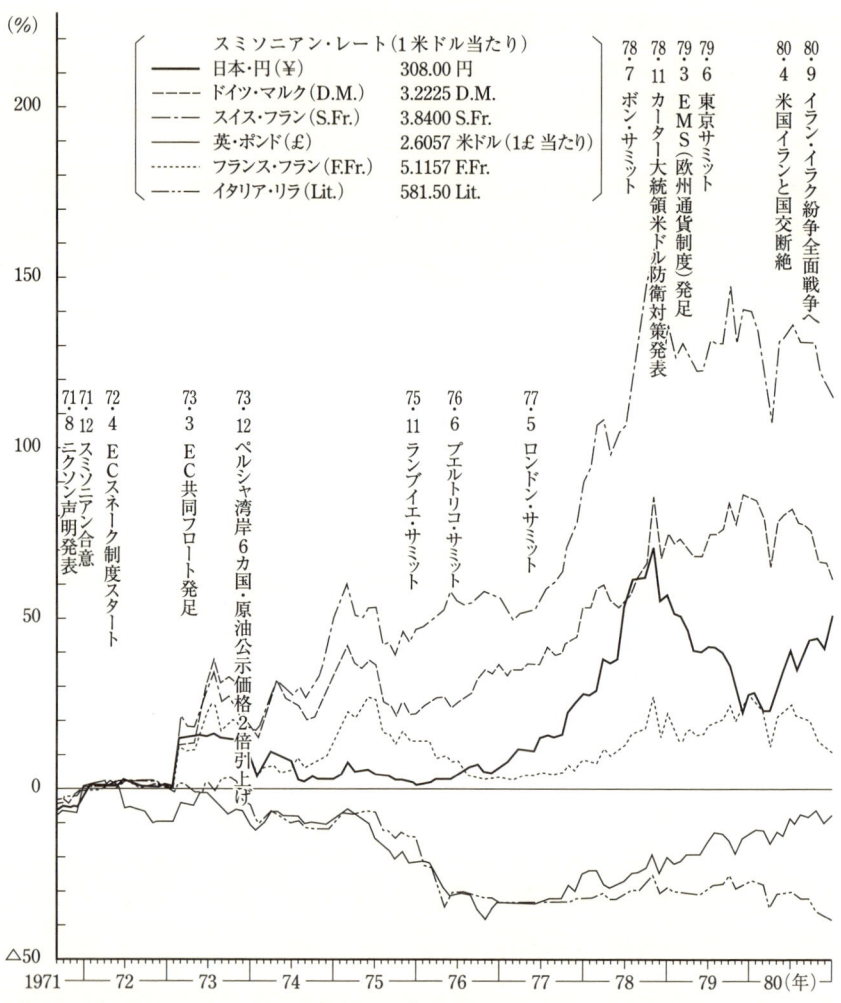

スミソニアン・レート（1米ドル当たり）
- 日本・円（¥）　　　　　308.00 円
- ドイツ・マルク（D.M.）　3.2225 D.M.
- スイス・フラン（S.Fr.）　3.8400 S.Fr.
- 英・ポンド（£）　　　　2.6057 米ドル（1£ 当たり）
- フランス・フラン（F.Fr.）　5.1157 F.Fr.
- イタリア・リラ（Lit.）　581.50 Lit.

主なイベント：
- 71.8 ニクソン声明発表
- 71.12 スミソニアン合意
- 72.4 ECスネーク制度スタート
- 73.3 EC共同フロート発足
- 73.12 ペルシャ湾岸6カ国・原油公示価格2倍引上げ
- 75.11 ランブイエ・サミット
- 76.6 プエルトリコ・サミット
- 77.5 ロンドン・サミット
- 78.7 ボン・サミット
- 79.3 EMS（欧州通貨制度）発足
- 79.6 東京サミット
- 79.11 カーター大統領米ドル防衛対策発表
- 80.4 米国イランと国交断絶
- 80.9 イラン・イラク紛争全面戦争へ

注：1971年12月のスミソニアン協定における各通貨の対ドル中心レートを基準としたもの。月末終値ベース。
出所：『大蔵省国際金融局年報』平成2年版より，一部修正。

なったが，経常収支が黒字になると，上昇に転じた。このような動きは，為替相場の変動が資本収支の動向によって大きく左右されるようになった80年代

以降との大きな相違である。

　このように，経常収支の不均衡が為替相場の変動によって調整された面があったとみられるのであるが，しかし為替市場には全面的な調整能力がなかった点にも注意しなければならない。なぜなら，経常収支の不均衡に対しては，後述するように，緊縮的なマクロ政策や，国際金融市場を通じたファイナンスも重要な役割を果たしていたからである。そのうえ，変動相場制移行後の為替市場は，投機的な短資移動がいっそう活発となったため，為替相場が短期的に乱高下しやすくなった。このような事情を反映して，1970年代の変動相場制は，各国通貨当局がまったく介入を行わない「クリーン」フロートではなく，必要に応じて介入するという「管理」フロートが一般化したのである。

　実際，1975年11月にフランスのランブイエで開催された第1回目のサミット（主要先進国首脳会議）では，為替相場が乱高下する際における通貨当局の為替介入が容認されることとなった。これは管理フロートを公式に追認した最初のものだったといわれている。また，77年5月のロンドン・サミットでは，アメリカ，西ドイツ，日本の3国がともに内需刺激策をとり，他の国の景気を支えるべきだという，いわゆる「機関車論」が提唱された。さらに，78年11月には，投機筋によるドル売りが殺到するなかで，カーター大統領（J. Carter）は，それまでのビナイン・ネグレクト政策を一時放棄して，ドル防衛策へと転換した。つまり，介入資金を調達する目的でカーター・ボンド（外貨建て）を発行するとともに，他国に為替市場への協調介入などを求めたのである。

　かくて，変動相場制の理論と現実の間には大きな乖離が存在していた。アメリカは，変動相場制を国際収支調整の1つの手段として利用しながら，それが行き詰まると，黒字国に負担と協調を求めた。一方，黒字国の側も，ドル安による自国通貨高を避けるために，ドル買い介入を余儀なくされ，それによってドル準備を増加させることとなった。しかも，この黒字国による外貨準備の増加は，アメリカへの外国公的資金の流入を意味し，ひいてはアメリカがその経常収支赤字を自国通貨でファイナンスできる効果を持つものであった。そこに「ドル本位制」の非対称性が明瞭に示されていたといえる。

2.3　国際金融市場の拡大

　1970年代の重要な特徴は，国際金融市場が急速に拡大したことであり，そのことがまた米ドルの優位性を維持させる重要な基盤となっていた。一般に，国際金融市場には，伝統的市場，ユーロ市場，そしてデリバティブ市場があるが，70年代の特徴は，ユーロ市場が成長したことと，デリバティブ市場が発達したことであろう。なお，ここにいうユーロは，99年に誕生した欧州単一通貨のユーロとは異なる概念であるので，注意する必要がある。

　国際金融市場のうち，伝統的市場というのは，海外の主体が，ある国において銀行融資を受けたり，債券を発行したりすることによって，その国の通貨を取得するというものである。たとえば，19世紀末においては，海外の政府や企業などが，イギリスのロンドン市場において，貸出や債券発行を通じて，国際通貨ポンドを入手し，貿易決済や海外投資などに充当していた。その後20年代にはニューヨーク市場が台頭し，国際金融市場の仲間入りをした。

　これに対して，ユーロ市場は，戦後1950年代半ばに発生した市場であり，伝統的市場とは異なって，当該国以外で当該国通貨の取引が行われる点に特徴がある。とくに重要なのは，ロンドン市場においてドル取引が出現したことであった。この場合のドルは，アメリカにある本来のドルとは区別する意味で「ユーロ・ダラー」と呼ばれる。このユーロ・ダラー市場が発達したのは，アメリカ本国には対外投融資規制や預金金利規制などさまざまな規制があったのに対して，ロンドン市場では，この取引にイギリス当局が干渉することはなく，資金の調達と運用の両面で有利な取引を行うことができたからである。

　ユーロ取引には預金，債券，貸出などがあるが，1970年代に注目を集めたのは，貸出市場であった。すでに述べたように，第1次オイル・ショックは世界の国際収支パターンを一変させたが，非産油国の経常収支赤字をファイナンスするうえで重要なルートになったのが，このユーロ市場であった。すなわち，ロンドン所在の多国籍銀行などが，産油国からドルの短期預金を受け入れ，それを更新しながら，中長期のシンジケート・ローン（変動金利）として貸し出したのである。その貸出先となったのは，当時NICs（新興工業国群）と呼ばれたブラジル，メキシコ，韓国などの中所得国であった。産油国はユーロ市場に対する放出のほか，アメリカの預金や国債などにも投資したが，こうした産油

国のドルは**オイル・ダラー**と呼ばれた。

　なお，この時期には，IMFも，産油国などから借り入れた資金で，オイル・マネーの還流を図ろうとした。1974年6月と75年6月の2回にわたって創設されたオイル・ファシリティ制度がそれである。たとえば，イギリスは，75年12月にIMFの同制度を利用して10億SDRを引き出している。このように，オイル・ショックにともなう経常収支不均衡は，為替市場で全面的に調整されたのでなく，国際金融市場を通じたファイナンスも重要な役割を果たしていたのである。

　1970年代の国際金融市場における今ひとつの特徴は，デリバティブ市場が発達したことである。すなわち，72年5月，アメリカのシカゴ・マーカンタイル取引所（CME）において，通貨先物取引（ここで通貨とは外貨のことを指す）が開始されたが，これは取引所におけるデリバティブ取引の最初であった。デリバティブ市場は，外貨，債券，株式，金利などを原資産として，先物，オプション，スワップなどの取引を行うものであり，リスク・ヘッジ，投機，裁定などの目的がある。こうした市場が発達したのは，70年代以降，為替相場，利子率，証券価格などが激しく変動するようになったからである。ただし，デリバティブ市場が本格的に拡大するのは，80年代以降，とくに90年代に入ってからのことである。

3　スタグフレーションと政策転換圧力

3.1　スタグフレーションの発生

　1970年代の国際経済政策の動向を考える場合，国際通貨問題とならんで重要なのは，主要国におけるスタグフレーションの発生という問題であろう。**スタグフレーション**（stagflation）とは，スタグネーション（stagnation. 停滞）とインフレーション（inflation. 物価上昇）の合成語であり，両者が併存する現象を指している。第2次世界大戦後の主要資本主義国では，程度の差はあれ，国家の経済に対する介入を特色としながら，比較的に高度な経済成長が達成されたが，60年代末以降，とくに70年代に入ってから，経済成長率が低下する反面，物価が上昇するという，新しい現象がみられるようになった。これがスタグフ

表4-2 主要4カ

年	アメリカ					イギリス				
	実質GDP成長率	失業率	消費者物価上昇率	公定歩合	経常収支	実質GDP成長率	失業率	消費者物価上昇率	公定歩合	経常収支
1970	0.1	4.9	5.7	5.50	2,331	2.0	2.6	6.5	7.00	1,975
71	3.3	5.9	4.4	4.50	−1,431	1.7	2.6	9.2	5.00	2,736
72	5.5	5.6	3.2	4.50	−5,795	2.8	2.9	7.5	9.00	618
73	5.8	4.9	6.2	7.50	7,140	7.5	2.0	9.1	13.00	−2,406
74	−0.6	5.6	11.0	7.75	2,124	−1.5	2.0	15.9	11.50	−7,656
75	−0.4	8.5	9.1	6.00	18,280	−0.7	3.1	24.2	11.25	−3,379
76	5.4	7.7	5.8	5.25	4,384	2.7	4.2	16.5	14.25	−1,591
77	4.7	7.1	6.5	6.00	−14,068	2.6	4.4	15.9	7.00	−72
78	5.4	6.1	7.6	9.50	−14,773	2.6	4.3	8.2	12.50	1,814
79	2.8	5.8	11.3	12.00	−466	2.7	4.0	13.5	17.00	−1,986
80	−0.3	7.1	13.5	13.00	1,520	−2.1	5.1	18.0	14.00	7,288

注：公定歩合は年末。イギリスの公定歩合のうち1972年以降は最低貸出歩合。
出所：IMF, *International Financial Statistics*, 各号：(旧) 総務庁『経済統計要覧』各年版より作成。

レーションである。

　1970年代にスタグフレーションが明確なかたちで現れたのは，74〜75年の第1次オイル・ショックの際であった。表4-2に示されるように，アメリカとイギリスでは両年ともに，また西ドイツでは75年，日本でも74年に，それぞれ実質GDP成長率がマイナスに転じ，失業率も上昇したにもかかわらず，消費者物価上昇率は高水準で推移している。これと同じような現象は，第2次オイル・ショック発生直後の80年にもみられた。アメリカとイギリスでは実質GDP成長率がマイナスになり，失業率が上昇したにもかかわらず，消費者物価上昇率は急伸した。また，スタグフレーションの程度が比較的軽かった西ドイツと日本でも，経常収支の大幅赤字に見舞われた。

　スタグフレーションを説明するのに，しばしば利用されたのが，失業率と名目賃金上昇率との間にマイナスの相関関係（トレードオフの関係）が存在するという「フィリップス・カーブ（曲線）」である。すなわち，失業率を低くしようとすれば，名目賃金上昇率が高まり，逆に名目賃金上昇率を抑制しようとすれば，失業率が高まるという関係である。ここで，名目賃金上昇率を物価上

第4章 ブレトン・ウッズ体制の崩壊とドル　69

国の経済指標

(単位：経常収支以外は％，経常収支は100万米ドル)

西ドイツ					日　本				
実質GDP成長率	失業率	消費者物価上昇率	公定歩合	経常収支	実質GDP成長率	失業率	消費者物価上昇率	公定歩合	経常収支
5.0	0.6	3.4	6.00	873	10.3	1.1	7.7	6.00	1,970
3.1	0.7	5.3	4.00	827	4.4	1.2	6.3	4.75	5,797
4.3	0.9	5.5	4.50	803	8.4	1.4	4.9	4.25	6,624
4.8	1.0	7.0	7.00	4,598	8.0	1.3	11.7	9.00	−136
0.2	2.1	7.0	6.00	10,271	−1.2	1.4	23.2	9.00	−4,693
−1.3	4.0	5.9	3.50	4,037	3.1	1.9	11.7	6.50	−682
5.3	3.9	4.2	3.50	3,938	4.0	2.0	9.4	6.50	3,680
2.8	3.8	3.7	3.00	4,090	4.4	2.0	8.1	4.25	10,918
3.0	3.6	2.7	3.00	9,017	5.3	2.2	4.2	3.50	16,534
4.2	3.2	4.0	6.00	−5,981	5.5	2.1	3.7	6.25	−8,754
1.0	3.2	5.4	7.50	−16,250	2.8	2.0	7.7	7.25	−10,746

昇率に置き換えた場合には，これは失業率と物価上昇率との間のトレードオフ関係として見ることができる。ところで，スタグフレーションとは，失業率の増大と物価の上昇が併存する現象を意味するのであるから，その場合には，このようなトレードオフ関係はもはや検出されないことになる。この新しい現象をめぐって，ケインズ派と反ケインズ派の論争が展開されたのであるが，両者はスタグフレーションの原因と対策をどのように考えていたのであろうか。

　ケインズ派によれば，経済停滞・失業の原因は，あくまでも「有効需要の不足」にあると考えられていたから，その対策としては，総需要を刺激する金融財政政策にあるとみられていた。また，物価上昇の原因については，それを名目賃金の下方硬直性，寡占価格の存在，あるいは原油価格という外的ショックなどに求める「コスト・プッシュ」の考え方が有力であった。そのためそこでは所得政策や価格統制などが，その処方箋として示されることになったのである。

　これに対して，反ケインズ派にとっては，経済停滞・失業の原因は，労働（力）と資本という「生産要素の相対価格の歪み」にあるとされていたから，

その対策は，生産性の向上，労働市場の自律的作用（これは実質賃金の抑制や労働組合の弱体化などを含意する），国有企業の民営化，規制緩和，といった処方箋であった。つまり，ケインズ派が需要側（デマンドサイド）を問題としていたのに対して，反ケインズ派は供給側（サプライサイド）に焦点をあてていたのである。また，物価上昇の要因については，とくに反ケインズ派のマネタリストは，これをマネー・サプライの増発によるものとして，いわゆる「貨幣数量説」に基づく議論を展開した。さらに，そのような立場から，有効需要政策による雇用対策には長期的に限界があるとし，その限界点では失業率は減少せず，物価上昇のみがもたらされるとする「自然失業率仮説」を展開したのである。これはフィリップス曲線が長期的には垂直になることを想定した議論であった。

3.2 政策転換圧力の増大

　経済の停滞や失業者の増大にもかかわらず，物価の上昇が併存するというスタグフレーションに直面して，主要資本主義国では，国内均衡をいっそう重視する政策運営が志向されるようになった。概していえば，そこではケインズ派政策が展開されたのであるが，他方では反ケインズ派の影響力も強まり，さまざまな政策転換圧力が生み出されることとなった。

　まず，アメリカの場合，1960年代後半から，ベトナム戦争が泥沼化し，ドル危機も頻発するなかで，対外政策と完全雇用政策を両立させることが次第に困難となった。それゆえ，71年8月のニクソン声明には，金ドル交換停止に加えて，雇用対策や物価政策が含まれており，対外的にビナイン・ネグレクト政策をとりながら，国内均衡をいちだんと重視する方向が示されていた。実際にその後，ドル安容認と拡張政策がとられていくが，折からのオイル・ショックや農産物価格の上昇とあいまって，インフレを加速することになった。そこで74年には緊縮政策へと転換するものの，74～75年にかけて深刻なスタグフレーションが発生する。ここで再び拡大政策に転じるが，今度は経常収支の大幅赤字に見舞われ，78年末にはドル危機が再燃する。その結果，ビナイン・ネグレクト政策を一時放棄して，ドル防衛策へと転換せざるをえなかったのである。なお，この間，74年1月には金利平衡税と対外投融資規制が撤廃され

ている。

　一方，この時期には，国内金融の自由化も進展した。1970年には，連邦抵当金庫が住宅モーゲージ担保証券をはじめて発行し，「証券化」（セキュリタイゼーション）の口火が切って落とされる。75年5月には，証券取引の委託売買手数料が自由化されるに至った（これは「メーデー」と呼ばれる）。また77年9月には，証券会社が証券総合口座（決済機能をそなえた投資家向け口座）を導入する一方，78年6月には，銀行がMMC（市場金利連動型の定期預金証書）の取扱いを認可されるなど，銀行と証券の競争も激化した。このような状況のもとで，金融政策については，それまでの金利を重視した運営が困難になり，79年10月には連邦準備制度理事会（FRB）が「新金融調節方式」を導入する。これはマネタリズムの影響のもとで，マネー・サプライを重視した運営を目指したものだったが，その副作用として金利の高騰と景気の後退が生じ，80年には再びスタグフレーションに陥ったのである。

　イギリスにおいても，ほぼ同様の事態が進行した。まずイングランド銀行は，1971年9月に「新金融調節方式」を導入して，金利の自由化に乗りだした（これは「競争と信用調節」と呼ばれる）。そのうえに，72年6月のポンドの変動相場制移行後には，低成長経済からの脱出のために拡張政策がとられたのであるが，財政赤字と経常収支赤字を拡大させてしまう。そのため，76年9月と77年1月にはIMFや主要国中央銀行から巨額の融資を受けざるをえなかったのである。

　このような状況下で，1976年12月，イングランド銀行ははじめてマネー・サプライの目標値を導入する。また，78年度予算からは，公共部門借入必要額（PSBR）という概念が導入されて，財政赤字の削減が目指されることとなった。なお，この間，73年から75年にかけては，金融の自由化の行き過ぎから，金融危機が引き起こされている（これは「セカンダリー・バンクスの危機」といわれた）。これを受けて，79年4月にはイギリスではじめての「銀行法」が制定され，金融自由化のもとでの監督体制が整備されることとなった。また同年10月には，為替管理が廃止されている。

　一方，日本においては，1973年2月の変動相場制移行後，オイル・ショックの一時期を除いて，経常収支黒字が拡大したことから，基調として円高が進

行した。まず72年7月には，田中内閣が「日本列島改造構想」を打ち上げたが，これはその翌年秋のオイル・ショックとあいまって，「狂乱物価」を招くこととなった。これに対しては総需要抑制政策がとられ，74年には戦後はじめてのマイナス成長を記録する。そこで75年から国債の大量発行が始まり，ケインズ政策が本格的に展開されていくが，国債残高が累増しただけでなく，79～80年には，第2次オイル・ショックの影響で，経常収支は大幅な赤字となった。

この間，日本銀行は，新規国債を安定消化するために，既発国債の買いオペを行っていたが，国債の大量発行が続くもとでは，それは財政インフレをもたらす懸念があった。そこで当局は，1977年4月，銀行の保有国債の市中売却を容認するなど，国債流通市場を育成する方針を打ちだした。また日銀は，78年7月から，マネー・サプライの見通しを公表するようになった。さらに79年5月には，銀行がCD（譲渡性定期預金）という自由金利預金を発売したのに対して，80年1月には証券会社が中期国債投信（中国ファンド）の取扱いを認可されるなど，金融の自由化もスタートした。また80年12月には，改正「外為法」の施行により，対外資本取引が原則自由とされていくのである。

このように，1970年代においては，主要資本主義国では，スタグフレーションという新しい経済危機に直面したのであるが，問題の解決には至らず，また他方では，さまざまな政策転換圧力が生み出されることとなった。そして，そうした状況のなかから，上記の先進3カ国においては，79年のサッチャー政権，81年のレーガン政権，82年の中曾根政権と，新自由主義的政策を志向した政権が相次いで誕生することになる。80年代以降は金融グローバリゼーションの動きも本格化するのであるが，これもまた70年代との関連が見失われてはならないであろう。

◆ 参考文献

伊賀隆・菊本義治・藤原秀夫［1983］『マネタリストとケインジアン』有斐閣。
上川孝夫・藤田誠一・向壽一編［2003］『現代国際金融論（新版）』有斐閣。
カルドア，N.（原正彦・高川清明訳）［1984］『マネタリズム——その罪過』日本

経済評論社。
川波洋一・上川孝夫編［2004］『現代金融論』有斐閣。
呉文二・島謹三［1984］『金利自由化』有斐閣。
現代インフレ研究会編［1981］『現代世界のインフレーション』有斐閣。
ソロモン，R.（山中豊国監訳）［1990］『国際通貨制度研究 1945-1987』千倉書房。
ボルカー，P. / 行天豊雄（江澤雄一監訳）［1992］『富の興亡』東洋経済新報社。

資料5 ◇ ニクソン大統領の新経済政策演説（1971年8月15日）

アメリカは今日，2つの理想を達成する今世紀最良の機会に恵まれています。即ちまるまる一世代におよぶ平和，ならびに戦争なしに繁栄を作り出すことです。…（中略）…

戦争なき繁栄には3つの面での行動が必要です。まずより多くの，よりよい雇用を創出しなくてはなりません。つぎに生活コストの上昇を止めなければなりません。最後にドルを国際通貨投機筋の攻撃から守らなくてはなりません。…（中略）…

アメリカ産業システムに強力な刺激を与えるために私は議会が夏期休暇を終え再開されたら，1971年雇用促進法の可決を最優先して審議するよう求める積もりです。

私は新しい雇用を生む新しい機械，設備への投資を促す史上最も強力な短期の刺激を提案します。つまり1年間の10％雇用促進（投資税）控除を本日から実行し，1972年8月15日以降は5％を控除します。…（中略）…

新しい繁栄を作り出す上で欠く事のできない第3の要素は雇用創出とインフレの停止に密接に関わっています。われわれは世界的な通貨安定の支柱としてドルの地位を守らなければなりません。…（中略）…

私はコナリー財務長官に，通貨安定ならびに米国の利益である金額と条件がある場合を除いて，ドルの金その他の準備資産への兌換を一時的に停止するよう指示しました。…（中略）…

私はドルを守り，国際収支を改善し，雇用を増やすためにさらにもうひとつの措置をとります。一時的措置として，私は本日米国への輸入品に10％の課徴金を課すことにしました。これは国際貿易にとって輸入量の直接規制よりもましな解決策です。…（中略）…

第二次世界大戦が終わった時，欧州とアジアの主要工業国の経済は疲弊していました。彼等が自立し，自由を守るのを助けるためにアメリカは過去25年間にわたり1430億ドルの対外援助を行いました。それは正しいことでした。

今日，彼等はわれわれの援助に大きく助けられて活気を取り戻しました。彼等はわれわれの強力な競争相手となり，われわれは彼等の成功を歓迎しています。しかし他国の経済が強力になった今，彼等が世界の自由を守るための負担を公平に分担すべき時期がきたのです。為替レートを是正し，主要国は対等に競争する時です。もはやアメリカが片手を背中に縛られたまま競争する必要はないのです。

…（後略）…

原典：J. Mayall and C. Navari, eds., *The End of the Post-War Era : Documents on Great Power Relations, 1968-1975*, Cambridge：Cambridge University Press, 1980, pp. 569-70.（納家政嗣訳）
出所：細谷千博監修『国際政治経済資料集』第2版，有信堂，2003年，より一部抜粋。

第5章　石油をめぐる国際政治と経済

―Keywords―
セブン・シスターズ，エネルギー革命，消費地精製方式，外国課税控除制度，OPEC，IEA，オイル・ダラー還流

1 石油時代の到来

1.1 中東石油の台頭と戦後型への転換

　20世紀は「石油の世紀」といっても過言ではない。1920年代，30年代の超巨大な中東油田の発見・開発は，石油産業に「ビッグ・バン」をもたらした。これら油田に対する利権をテコにアメリカ系5社，イギリス系1社，イギリス＝オランダ系1社のいわゆる**セブン・シスターズ**（イギリス系のアングロ・イラニアン石油会社，イギリス＝オランダ系のロイヤル・ダッチ・シェル，アメリカ系のスタンダード石油ニュージャージー，スタンダード石油カリフォルニア，ソコニー・ヴァキューム，テキサコ，ガルフの計7社を指す）と呼ばれた国際石油資本（メジャーズ。産油から精製，販売にいたる「上流から下流まで」一貫操業を行う石油会社）が台頭しはじめ，国際石油カルテルの基礎が築かれた。とはいえ，第2次世界大戦以前の世界では，高度に発達した石油産業を有する国は唯一アメリカのみであり，最大の原油供給地はアメリカやカリブ海の西半球であった。中東地域を供給基地にしながら石油利用が世界に広がる本格的な石油時代は，戦後までその到来を待たねばならなかった。

戦後から1970年代にかけて，アメリカ以外の世界における石油産業は，年率10％の成長を続け，およそ9倍の拡大を遂げた。石油産業の急成長は，石炭から石油への転換，いわゆる**エネルギー革命**をもたらし，25億台以上の自動車を走らせ，石油化学による新素材を生み出した。世界石油需要は，50年の1日当たり1100万バレルから70年の5700万バレルへと，5倍の伸びを示すに至った。市場規模は，すでにかなりの規模に達していたアメリカでさえ倍以上，西欧と共産主義圏はともに9倍，日本においては100倍，発展途上国では4倍の拡大を遂げた。

このような本格的な石油時代は，供給地としてのアメリカの地位低下と中東地域の目覚ましい台頭を特徴としながら進んだ。大規模な供給地の転換により，アメリカの高生産費原油から中東地域の低生産費原油の供給が可能になった。膨大な石油資源を有し，驚異的な速度と規模で開発された中東地域の台頭は，世界に対する低廉かつ安定的な石油供給を実現させ，戦前までの産油地精製方式から消費地精製方式の戦後型への急速な転換を促進した。戦後直後の中東やカリブ海地域の産油地型の精製能力は，世界精製能力の約50％を占めていたが，1960年代半ばには16％まで落ち込み，その一方で，西欧を中心とする消費地精製能力は40％から80％へと増大した。

精製方式転換の基本的要因は，精製コストを含む割高な石油製品に比べて低廉な原油を輸入し，国内に製油所を建設し精製をするほうが経済的だということにある。戦後超大型タンカーによる長距離輸送が可能になったことにより，石油製品輸送費に比べ原油輸送費のほうが圧倒的に安くなり，消費地精製の経済性をいっそう高めた。そして，戦後復興期の西欧においては，マーシャル・プランのもと，製品輸入から中東原油輸入への転換促進によるドル節約が図られながら，同時に精製を通じたナフサなど原料確保によって石油化学の発展が目指された。西欧と同じように中東原油輸入と消費地精製方式を戦後的特徴とする日本の場合は，中国と朝鮮情勢の急変による連合軍の対日占領政策の転換をともないながら，総司令部によって編成され，メジャーズのメンバーによって構成されていた石油顧問団（Petroleum Advisory Group：PAG）が対日石油政策の策定にあたっていたことからも，マーシャル・プラン下にあった西欧と同程度かそれ以上に，アメリカやメジャーズの利害に沿った展開であったことは

疑いの余地がない。かくて本格的な石油時代は，供給地と精製方式の戦前型から戦後型への転換によって，その幕を開けたのである。

1.2 エネルギー革命——石炭から石油へ

　第2次世界大戦後の西欧と日本の高度経済成長は，大量生産型重化学工業技術と大量消費型生活様式の浸透を通じて実現し，戦前を大きく凌駕する生産性上昇を経験した。歴史的な高成長と生産性上昇は，パイの拡大による労使間の分配問題の解決，つまり個人所得の増大と社会保障の拡大を通じて，冷戦対抗のもとでの国内の政治的軋轢を回避させる国民的統合をもたらした。「生産性の政治学」とも呼ばれる，この体制維持の機能は，石炭から石油への大規模なエネルギー転換，いわゆる「エネルギー革命」をともなってはじめて可能となったのである。

　戦後の**消費地精製方式**の定着は，輸入原油の安定供給を前提として，第1に消費地における市場が少なくとも製油所操業に経済的に見合う規模に達していること，第2にはその市場で需要される石油製品の種類が多様であり製油所で生産される各種製品がその市場で消化されることであり，各種石油製品の消費構成と各種製品の生産得率（原油に対する各製品生産量の割合）との近似を条件とする。なぜならば，石油製品は同じ原油から，ある比率をもって同時に多種の製品が生産される連産品（joint products）だからである。したがって，ある種の製品がその市場で消化されても，他の製品が需要されなければ，輸出する以外には製油所が消費地に存在する経済的合理性はない。つまり，ガソリンのような軽質系製品から重油のような重質系にいたる性質を異にする石油製品の国内市場での消化が条件となる。

　戦後復興期の西欧や日本においては，戦前と同じく石炭が燃料資源の主軸を担っていたが，その後の急速な重化学工業の発展は，産業燃料としての重油需要や石油化学の原料としてのナフサ需要の拡大をもたらし，石炭から石油への転換を進めた。モータリゼーション先進国アメリカの石油市場を基準とする国際石油産業において，精製量の水準を決定する主製品は，世界的にガソリンとされ，重油の生産量は短期的にはガソリン需要に沿って決定されるのが準則であった。また，輸送部門の燃料として他に代替品のない独占的商品であるガソ

リン需要の価格弾力性は小さく，他方，競合燃料の石炭がある重油はガソリンとはまったく別個の市場を形成し，価格弾力性は大きくなる。したがって，ガソリンとの連産品である重油の価格は，それが市場で販売されることのできる水準で形成される傾向をもち，重油は石炭に対して常に価格競争力をもつことを意味している。国際的な価格形成と消費地精製方式とに立脚した重化学工業化の過程は，石炭駆逐の論理を内包し，かつそのような方向をたどることが合理的な選択にならざるをえないのである。

しかし，西欧や日本における重油やナフサ需要の急速な拡大は，モータリゼーションの遅れによって伸び悩むガソリン需要とのあいだに不均衡を生じさせ，国際石油産業の価格形成と乖離しながら進展した。国ごとに差異はあるものの，石油市場の後進性は，国内石炭保護政策とあいまって，石炭駆逐の論理の貫徹と「エネルギー革命」の進行を遅らせた。だが，紆余曲折しながらも，1950年には一次エネルギー消費の80％以上が石炭で占められていた西欧と日本はともに，70年代初頭には石油が前者では61％，後者では77％を占めるに至り，石油依存型経済への転換を遂げるのであった。このような石油市場の後進性の打破，そして石油依存型経済への転換は，重化学工業やモータリゼーションの進展によって相互促進的に進むのだが，それは60年代を通じた世界的な原油供給過剰と価格下落によって決定的となった。

「エネルギー革命」の進展は，経済的には西欧と日本に生産性上昇と自動車や電化製品などの耐久消費財に体現された「豊かさ」をもたらし，一方，政治的には冷戦対抗のもとで国内的に体制維持機能を発揮させた。この生産性上昇と「豊かさ」の実現と持続には，低廉かつ安定的な石油供給が不可欠の条件であった。かくて，戦後復興以来中東原油への依存が方向づけられ，独自のエネルギー供給基盤を喪失した西欧と日本にとって，アメリカの中東政策支持こそが，高成長の実現と持続のための政治選択になるのであった。

1.3 中東石油とアメリカの中東政策

中東地域，とくにサウジアラビアに対するアメリカの関心は，1938年のサウジアラビアでの有力な油田発見から，47年のアメリカ系メジャーズ4社＝アラムコ（Arabian American Oil Company：ARAMCO）によるサウジアラビア石

油利権の独占的な支配権確立にいたる過程で高まってきた。第2次世界大戦中の43年には、サウジアラビア利権を有するメジャーズの強い働きかけで武器貸与法（Lend Lease Act）による援助がサウジアラビアに供与され、伝統的にイギリス勢力圏であった中東地域でのイギリスの影響力排除とアメリカの進出拠点としてサウジアラビアは位置づけられた。戦後の米ソ冷戦時代に入ると、膨大な埋蔵石油を擁するだけでなく3大陸の結節点かつソビエトと隣接する中東地域の地政学的重要性が高まり、アメリカはサウジアラビアとの関係をさらに強化する必要に迫られた。一方のサウジアラビアは、32年の建国の翌年のスタンダード石油カリフォルニアへの石油開発独占権の売却以来、アメリカと経済的・軍事的な関係を発展させた。国境紛争や領土問題を抱え、戦後にはとくにソビエトの中東進出への警戒を強めたサウジアラビアにとって、アメリカとの「特別な関係」は安全保障政策の要となった。

イスラエルが1948年に建国されて以来、アメリカは、国内の強力なイスラエル支持勢力に配慮しながら中東政策を展開せざるをえず、対サウジアラビア政策のみならず対アラブ外交は必然的にジレンマに陥った。アメリカは対イスラエル、対アラブの相矛盾する二元外交の展開を余儀なくされ、対アラブ外交に関しては**外国課税控除制度**をその具体的な政策手段として実質的にメジャーズの手に委ねたのである。「控除制度」とは、外国で事業を営むアメリカ法人・私人が外国および本国の両政府からの二重課税の回避を規定するアメリカ所得税法のことである。

1940年代後半のサウジアラビアの原油生産は、前年比で47年に50％、48年に59％、そして49年には22％の増加率を示し、生産コストはバレル当たり20セント程度まで急速に低下した。急速な増産の一方で、原油価格は47年末のバレル当たり2.22ドルから下落し続け、49年7月には1.75ドルまで落ち込んだ。原油価格の下落は、原油価格の12％に固定されたサウジアラビアの政府収入の減少を意味し、サウジアラビアは石油収入の増額をアラムコに要求しはじめた。このサウジアラビアの政府収入増額の強い要求の背景には、48年のベネズエラによって勝ち取られた石油会社との利益折半原則（Principle of 50-50 profit sharing）があった。ベネズエラ政府から所得税を増額されたアメリカ系石油会社は、「控除制度」の規定により、アメリカでの所得税納税額か

らベネズエラ政府への納税額の控除を受け，実質的な負担をすることなく，ベネズエラの石油収入の増額要求に応えることができたのである。

アメリカ国務省は，国有化措置によるサウジアラビアでの石油利権喪失の可能性や共産主義勢力の台頭を懸念し，サウジアラビアによる政府収入増額要求に理解を示した。1950年末にアラムコは，産油部門で生じる利益の50％をサウジアラビアに所得税として納めることに合意し，「控除制度」適用によってアラムコのアメリカ国内での納税額からサウジアラビアへの支払分は控除されることになった。ちなみに，アラムコのサウジアラビアへの支払は，「控除制度」適用前の50年には6600万ドル，適用後の51年には1億1000万ドルへと倍増したが，アメリカ国内での所得税支払額は同期間に5000万ドルから600万ドルへとサウジアラビアへの支払増分と同額の控除が適用された。その後，他の多くの産油国もこの制度の適用を受け，政府収入の増額を実現した。

「控除制度」の意義は，産油国の石油収入増額要求による石油会社の経済的負担の軽減にあっただけでなく，親イスラエル・ロビーの圧力下にあるアメリカ議会に諮ることなく，サウジアラビア等のアラブ産油国に対する実質的な財政援助を可能にしたことである。このようにアメリカは，表向きはイスラエル支持の立場を堅持しながらも，同時にメジャーズを通じてアラブ産油国の利害を満たし，サウジアラビアとの「特別な関係」を構築するのであった。

2　激動の中東石油

2.1　OPECの創設

石油輸出国機構（Organization of the Petroleum Exporting Countries：**OPEC**）は，イラン，イラク，クウェート，サウジアラビア，ベネズエラの5カ国によって，1960年9月に創設された産油国カルテルのことである。創設の直接の契機は，メジャーズによる一方的な中東原油（アラビアンライト）の公示価格の相次ぐ引下げにあった。メジャーズは，59年2月に中東原油の1バレル当たり2.08ドルの公示価格を1.90ドルへ，さらに60年8月には1.80ドルへと引き下げた。公示価格（posted price）とは，産油国が石油会社から受け取る利権料および所得税を計算する際に基準となる価格である。石油価格は，公示

価格のほかに，産油会社と消費国間の実際の取引に際して形成される実勢価格があり，二重価格制と呼ばれる。総輸出に占める石油輸出シェアが90％以上あるこれら5つの産油国にとって，公示価格引下げはただちに輸出収入の減少，すなわち国家歳入の減少につながることから，メジャーズの寡占支配に対する生産国の対抗手段としてカルテルが結成された。

　OPEC創設の契機となった公示価格引下げは，原油過剰時代の到来を意味していた。1960年代はソ連原油の新規参入や中東地域における新規油田が続々と発見された時代で，このため国際石油市場は慢性的な供給過剰に陥っていた。OPECは，生産の実権をメジャーズの手から奪取し，産油国の協調的な生産調整による原油価格の安定化，つまり加盟国の石油収入の維持を目指した。OPEC創設の大会となったバグダッド会議では，以下の決議が採択された。

・加盟国は，1960年8月の公示価格引下げ撤回に努め，事前協議なしでの価格変更の禁止を確実にする。
・加盟国は，生産調整による価格安定のシステムを検討する。
・加盟国は，石油輸出国機構と名づけた恒久的組織を設立し，事務局の設置と年2回の会議の開催を行う。

　世界で最強のカルテルとも呼ばれるOPECの創設決議にしては，かなり控えめの感がある。その理由を，パラ（F. Parra）元OPEC事務局長は，1953年のイラン石油国有化を堅持するモサデグ政権倒壊をもたらしたクーデターに関与したとされるメジャーズ，CIA，イギリスの存在が，産油国に「長く暗い影」を投げかけていたからだと述べている（Parra［2004］p. 99）。

　OPEC結成以降，産油国は1つのグループとしてメジャーズに対する交渉力を強め，石油会社は公示価格の変更に対する自由を失うことになった。その後1960年代末までに，OPEC加盟国は新たに5カ国（カタール，インドネシア，リビア，アラブ首長国連邦，アルジェリア）増え，世界の原油輸出の80％以上を占めるようになった。だが，OPEC加盟国の国際石油市場における優位性にもかかわらず，60年代を通してメジャーズとの交渉においてほとんど見るべき成果を上げることはできなかった。事実，原油公示価格は1バレル当たり1.80ドルに固定されたままであり，実勢価格は下落の一途をたどり約1.30ドルにまで低下していた。OPECが石油価格や石油収入の引上げに成功するかどうか

は，加盟国間での協調的な減産に合意できるかどうかに依存していた。減産は産油国の減収を意味し，多くの加盟国の生産調整参加への合意を得ることは困難であり，OPECの影響力は限定的なものにとどまらざるをえなかった。

OPEC加盟国の結束力の弱さは，1967年6月に勃発した第3次中東戦争の時にも露呈してしまった。イスラエルによるエジプト侵攻に対して石油の政治的武器化の発動がアラブ外相会議において合意され，イスラエル支持国に対する石油禁輸が試みられた。だが，非アラブ諸国のイラン，ベネズエラは供給停止への参加の意志どころか，むしろこの機会に乗じた増産による自らのシェア拡大を図ったのである。結果として，石油の政治的武器化は失敗に終わってしまった。サウジアラビア石油相のヤマニ（Sheikh Ahmed Zaki Yamani）は，「この武器は適切に使わなければ，まるで空に向かって鉄砲を撃つようなものである。敵に当らないばかりか，弾が自分に落ちてくることもある」と語っている。

OPECがその威力を発揮するようになるのは，その創設から10年を経た1970年代に入ってからのことであった。

2.2 OPEC支配の時代へ

1960年代を通した原油過剰と原油価格の低位安定は，西欧や日本における「エネルギー革命」促進と石油依存型経済化をもたらし，中東原油への依存度を高めた。表5-1に示されるように，西欧も日本もともにほぼすべての石油を輸入に依存し，さらには中東地域と北アフリカからの輸入依存度を高めた。世界最大の産油国であり最大の石油消費国のアメリカも需要を増大させたが，58年に設けられた国内石油業者の保護のための石油輸入量規制によって，国内油田開発に弾みがつき生産余力を失っていた。石油消費の約3割を輸入に依存するようになったアメリカは，西欧や日本に対するショック・アブソーバーとしての地位どころか，アメリカ自身が海外の石油供給に対し脆弱性を高めるのであった。ついに60年代末には，誰の目にも近い将来のエネルギー危機の到来が現実味を帯び，日米欧の各国は産油国による供給削減と途絶の脅威にさらされるようになってしまった。さらに72年には，ローマ・クラブによって石油資源の枯渇を警告する『成長の限界』レポートが発表され，消費国の危機感はいっそう高まった。

表5-1　アメリカ，西欧，日本におけるエネルギー消費，石油消費，石油輸入

	1962年			1972年		
	アメリカ	西欧	日本	アメリカ	西欧	日本
エネルギー消費（100万バレル／日）						
エネルギー消費（石油換算）	23.27	13.96	2.25	35.05	23.84	6.58
石油消費	10.23	5.24	0.96	15.98	14.20	4.80
石油輸入	2.12	5.19	0.98	4.74	14.06	4.78
中東・北アフリカ	0.34	3.80	0.72	0.70	11.30	3.78
その他	1.78	1.39	0.26	4.04	2.76	1.00
エネルギー消費に占める石油の割合（％）						
石油消費	44.0	37.5	42.7	45.6	59.6	73.0
石油輸入	9.1	37.2	43.6	13.5	59.0	72.6
中東・北アフリカ	1.5	27.2	32.0	2.0	47.4	57.4
その他	7.6	10.0	11.6	11.5	11.6	15.2
石油消費に占める石油輸入の割合（％）						
石油輸入	20.7	99.0	102.1	29.7	99.0	99.6
中東・北アフリカ	3.3	72.5	75.0	4.4	79.5	78.6
その他	17.4	26.5	27.1	25.3	19.4	20.9
石油輸入に占める産油地の割合（％）						
中東・北アフリカ	16.0	73.2	73.5	14.9	80.4	78.9
その他	84.0	26.8	26.5	85.1	19.6	21.1

出所：Joel Darmstadter and Hans H. Landsberg, "The Economic Background," in "The Oil Crisis : In Perspective," *Daedalus*, Vol. 104, No. 4, 1975, p. 21.

　こうした買い手市場から売り手市場への転換を背景に，石油を取り巻く情勢は変化しはじめた。1970年代に入ると，OPEC諸国は，原油価格引上げと資源主権の確立を主張し，メジャーズへの攻勢を強めたのである。その機運を高めた背景には，国連を中心とする「開発途上国の天然資源に対する恒久主権」論が60年代を通じて徐々に高まりを見せ，南北問題が当時の国際問題として大きくクローズアップされてきたことがある。その先陣を切ったのは，69年に軍事政権を樹立したリビアのカダフィー大佐（Muammar Qadhafi）であった。70年にリビアは，アメリカ独立系石油会社でリビア以外に有力な油田を持たないオクシデンタル社を狙い撃ちし，税率を50％から58％へと引き上げ，公示価格のバレル当たり30セント引上げと毎年5年間2セントずつの引上げに成功した。そして，リビアで操業するメジャーズを含む他社もこれに従うこと

になった。

リビアの功績は，1970年末のOPEC総会（第21回カラカス総会）における最低税率55％，公示価格引上げ決議へと波及し，メジャーズとの交渉が開始された。需給関係の好転とOPEC諸国への供給力集中という状況に支えられた産油国は，メジャーズの抵抗に対し，石油禁輸や国有化などの制裁をちらつかせながら強い姿勢で交渉に挑んだ。71年2月に，「OPEC革命の起点」とも呼ばれるテヘラン協定が結ばれた。この協定では，課税率の50％から55％への引上げ，公示価格の1バレル当たり35セント引上げ，5年間の公示価格の2.5％プラス5セントのインフレ調整値上げ，などが規定された。さらに，72年には，イラクによるIPC（イラク石油会社）国有化とリビアによるBP（ブリティッシュ・ペトロリウム）国有化が進み，そして同年12月に結ばれたリヤド協定では，サウジアラビア，アブダビなど湾岸産油国による石油会社の経営参加（25％から段階的に引上げ）が決定された。また，71年8月の金ドル交換停止，73年1月のドル切下げにともない，OPECは第1次ジュネーブ協定（72年1月），第2次ジュネーブ協定（73年6月）によって，ドル減価補償の原油値上げと四半期ごとの通貨変動調整の実施を決定した。

矢継ぎ早に交渉を勝ち取ってきたOPECは，テヘラン協定で取り決めたインフレ調整値上げではインフレへの対応には不十分であるとの認識を示し，1973年9月のOPEC総会（第35回ウィーン総会）で石油会社との交渉を通じた価格決定方式を一方的に放棄し，OPECが独自に原油価格を決定する方針を打ち出した。その結果，生産と価格に関する決定権はメジャーズから産油国へとシフトし，さらに石油投資の事実上の経営権の奪取に成功した。OPEC支配の時代の到来である。メジャーズのOPEC諸国における原油生産に対する支配は大幅に後退し，メジャーズのシェアは，70年の約80％から74年には33％，さらに80年には8％へと急減するのであった。

2.3　第1次オイル・ショックとIEA設立

1973年10月6日，エジプトとシリアのイスラエル攻撃によって，第4次中東戦争が勃発した。その10日後，OPEC湾岸6カ国（サウジアラビア，イラク，クウェート，アブダビ，カタール，イラン）は，公示価格の一斉引上げを決定し，

中東の標準原油アラビアンライトの公示価格を 1 バレル当たり 3.011 ドルから 5.119 ドルへと約 70 ％上昇させた。さらにその翌 17 日には，アラブ産油国 10 カ国（サウジアラビア，クウェート，イラク，リビア，アルジェリア，エジプト，シリア，アブダビ，バーレーン，カタール）で構成されるアラブ石油輸出国機構（Organization of Arab Petroleum Exporting Countries：OAPEC）によって，石油が政治的武器として発動された。オイル・パワーの発揮である。OAPEC の決定は，第 3 次中東戦争以来の占領地（シナイ半島，ヨルダン川西岸，ゴラン高原）からのイスラエル撤退と，パレスチナ人の合法的権利の回復が達成されるまで，①原油生産を毎月 5 ％ずつ削減，②イスラエル支持国に対する石油禁輸，を継続することを骨子とするものであった。67 年の第 3 次中東戦争では失敗に終わった石油の政治的武器化は，先の OPEC 湾岸 6 カ国による 70 ％原油価格引上げと相乗効果を発揮し，石油消費国に大きな衝撃を与えた。第 1 次オイル・ショックの発生である。さらに，1973 年末の OPEC 閣僚会議は，再び公示価格を 2.3 倍引き上げ，バレル当たり 5.119 ドルから 11.651 ドルへの値上げを決定した。同年秋以来，原油価格は約 4 倍引き上げられたのである。

　オイル・ショックの発生は，動揺する石油消費国をアメリカの親イスラエル政策から距離を置かせ，アラブ諸国との関係強化へと向かわせた。戦後世界において西欧と日本にアメリカの中東政策を政治選択させた中東石油が，今度は逆に同盟諸国のアメリカ離れをもたらすのであった。OAPEC による石油の政治的武器化の成功であった。すでにメジャーズの支配力は OPEC に対し大幅に後退し，アメリカの供給力はもはや動揺する石油消費国のショックを吸収するだけの余剰能力もなく，アメリカ単独では解決を見込めない状態に陥っていた。したがって，アメリカの供給拡大＝供給曲線の右シフトによる供給不安の解消と価格引下げは不可能であり，需要削減＝需要曲線の左シフトが，アメリカの採り得る唯一の対抗策となった。だが，「エネルギー革命」の進展は，アメリカ以外の地域・国での中東石油への需要増大を加速させており，アメリカ一国での中東石油依存の引下げでは，国際石油市場への影響力は限定的とならざるをえなかったのである。

　単独での影響力を発揮できないアメリカは，1974 年 2 月，主要石油消費国を召集し，ワシントン・エネルギー会議を開催し，省エネルギーと代替エネ

ギー化の促進による石油需要削減と，緊急時の相互間での石油融通計画の確立など，石油消費国間の「協調的枠組み」構築を提案した。アメリカの提案を受け，その後9月に「国際エネルギー計画」（International Energy Program：IEP）が政府間協定として結ばれた。さらに，IEPへの石油会社の参加と協力が要請され，政府とメジャーズなど石油会社による国際石油市場に関する情報の共有が規定された。そして11月には，IEPの実行組織として経済開発協力機構（OECD）のもと，日米欧を中心とする16カ国加盟による国際エネルギー機関（International Energy Agency：IEA）が設置された。IEAは，加盟国のエネルギー政策の審査・勧告を通じた石油輸入依存度引下げ，緊急用石油備蓄の拡大などを通じて，OPECに対する加盟国の政治的・経済的リスクの軽減を目標にした。

だが，その設立にいたる過程で，西欧諸国のアメリカ主導に対する強い反発がみられた。とくにフランスは，アメリカの国際協調の意図が「エネルギー危機を利用した支配権の確立」にあると批判し，IEAへの参加を見送った（1992年まで不参加）。OPECへの対抗措置として，国際協調と石油会社との関係強化がIEAによって具体化されたが，米欧間の対立は，アメリカの同盟国に対する影響力低下の現れでもあったのである。

3 オイル・ショック後の展開と変化

3.1 オイル・ダラー還流の構図

第1次オイル・ショックは，石油供給ショックをもたらしただけでなく，世界の資金循環も激変させた。オイル・ショック以前には，経常収支の黒字を背景とした先進国が世界の資金循環の源泉であったが，石油価格急騰は巨額の石油代金（オイル・ダラー）を発生させ，資金循環の源泉は先進国からOPEC諸国へ移行した。オイルパワーとマネーパワーのOPEC諸国への集中である。石油輸入国からOPEC諸国へ支払われたオイル・ダラーが，再びOPEC諸国から非産油国へと流出する資金循環を，**オイル・ダラー還流**と呼ぶ。オイル・ダラーは，3つのルートを通じて還流した。

第1のルートは，OPEC諸国による資本財，消費財，軍備・兵器などの輸入

拡大を通じた，オイル・ダラーをそれらの代金とする先進工業国への還流である。とくに，近代化と脱モノカルチュア経済を目指し，積極的な輸入拡大と工業化政策を採用し，石油収入に対して輸入代金が大きいイラン，ベネズエラ，インドネシアなどが，ハイ・アブソーバー国（High Absorbers）と呼ばれた。その一方，積極的な輸入拡大策を採用しないサウジアラビアやクウェートのような貯蓄国，いわゆるロー・アブソーバー国（Low Absorbers）による，先進国やユーロ市場でのオイル・ダラー投資を通じた還流が，第2ルートとなった。投資資金として還流したオイル・ダラーのうち約半分が銀行預金であったが，スタグフレーション下の先進国では資金需要は乏しく，資金需要の高い非産油発展途上国，とくに新興工業諸国への貸付として，オイル・ダラーは多国籍銀行を介して還流したのである。これが第3ルートであった。

3.2 オイル・ダラー還流の帰結

　積極的な輸入拡大を行ったハイ・アブソーバー国は，第1ルートを通じた輸入拡大によって1970年代後半には大幅な経常赤字国へと転落した。とくに，アメリカの同盟国イランは，「ワシントン・テヘラン・リヤド枢軸」の一翼をサウジアラビアとともに担い，資本財輸入に加え軍備・兵器輸入を急拡大させた。イランのアメリカからの軍備・兵器輸入は，オイル・ショック以前の72年の2億1500万ドルから77年には22億4600万ドルへ約11倍拡大させた。またロー・アブソーバー国であったサウジアラビアも，アメリカからの軍備・兵器輸入を同期間に6000万ドルから16億1750万ドルへと約27倍拡大させた。これら軍事拡大は，アメリカの中東地域におけるソビエトに対する防波堤の役割をイランとサウジアラビアに委ねる「2つの柱政策」（Twin Pillar Policy）を反映したものであった。第1ルートを通じて近代化と工業化，そして軍事大国化を進めたイランでは，急速な経済の近代化が激しいインフレを招き，そのインフレに反発した民衆がイスラム指導者と結びついて反パーレビ国王勢力となり，78年から79年のイラン革命の成功をもたらした。そして，アメリカの中東政策の下で増強された軍事力は，反米イスラム政権の手に渡り，80年代のイラン・イラク戦争へと発展し，中東情勢はいっそう複雑化するのであった。
　他方，ロー・アブソーバー国のサウジアラビアは，第2ルートを通じて対米

投資を急増させた。1974年12月に「サウジアラビア政府によるアメリカ政府証券購入に関する特別協定」(Special Arrangement for Purchase of U. S. Government Securities by the Saudi Arabian Government) が締結され，中央銀行のサウジアラビア通貨庁 (SAMA) が協定枠で購入した財務省証券を売却する場合，アメリカ財務省に対してその事前通告と直接売却が義務づけられた。76年9月末時点での SAMA 保有の対米投資総額 160 億ドルの 70 億ドルが財務省証券投資であり，そのうち 60 億ドルが「特別協定」枠での投資であった。サウジアラビア政府による対米投資全体の 37％，財務省証券投資の 85％をアメリカ財務省の直接的な管理下におき，投資戦略において流動性を重視するサウジアラビアの攪乱要因を封じ込めた。さらに特筆すべきことは，この「特別協定」が他の外国中央銀行によるアメリカ財務省証券購入にも適用されることが，財務省文書によって示されていることである (U. S. National Archives and Records Administration, From P. J. Fitzpatrick to Mr. Cox, "Foreign Purchase of Treasury Securities," March 26, 1976, File: Rosenthal Hearings in OPEC Investment in the U. S., RG 56, General Records of the Department of the Treasury, Office of the Assistant Secretary for Legislative Affairs, Records of Deputy Assistant Secretary for Legislative Affairs Colbert I. King, 1977-1979, Box 7)。かくして，サウジアラビアとアメリカとの「特別協定」は，その後の外国通貨当局によるアメリカ財務省証券投資を通じた対米金融協力の原型となるのであった。

　第3ルートにおいて非産油発展途上国への銀行貸付となったオイル・ダラーは，とりわけ新興工業国の開発政策と結びつき，先進工業国からの工業製品や資本財輸入の購入代金となった。多国籍銀行による貸付を通じた輸出ドライブは，石油価格高騰による先進工業国の経常収支ショックの非産油発展途上国への転嫁を可能にした。しかし，借入を急増させた非産油発展途上国は，その後1980年代の金利上昇にともなう利払い急増によって債務危機に陥った。82年のメキシコ債務危機を契機に，非産油発展途上国への貸付は急減し，資金流入から資金流出へと資金移動の逆転が起こり，「失われた10年」を余儀なくされるのであった。

3.3 第2次オイル・ショックから OPEC 支配の終焉へ

　イランにおける反パーレビ王制運動の急速な高揚は，1978年10月の石油産業労働者による石油輸出の全面停止措置をもたらした。翌年1月にはパーレビ国王は国外退去し，その2週間後には反体制勢力の最高指導者ホメイニ師（Ayatollah Khomeini）が亡命先から帰国し，イスラム共和制国家が樹立された。OPEC 総輸出の17%，1日当たり500万バレルを占めるイラン石油の市場からの消失は，サウジアラビアによる増産（800万バレル／日から950万バレル／日へ）をもってしても，その市場への影響を相殺することは不可能であった。

　石油市場の混乱は，スポットでの原油価格の上昇に現れた。OPEC によって決定される価格は，産油国と石油会社との長期契約向けであるが，長期契約によらない原油は市場条件によって価格が変動するスポット市場で売買される。イランでの革命は，スポット価格に激しい上昇圧力をかけ，78年9月の1バレル当たり12.80ドルから79年2月には21.80ドルへと急上昇し，年末にかけて40ドル近くまで達した。だが実際の原油供給は，79年3月のイランの輸出再開，サウジアラビアや他の OPEC 諸国，メキシコ，北海など非 OPEC 諸国による増産の継続によって対前年比では増加していた。市場の混乱は OPEC の価格引上げによってではなく，供給不安を恐れた市場の過剰な反応によってもたらされたのである。

　長期契約による OPEC 価格とそれを上回るスポット価格との差額は，長期契約で原油を購入する石油会社の利益となり，1979年にはメジャーズに前年比70%の増益をもたらした。このような状況に対し，79年6月に OPEC は「不当な利益を得る石油会社の無責任な行動」に警告を与えた。OPEC は，78年末の第52回アブダビ総会で5年ぶりの実質的な原油価格引上げを決定し，79年中に計4回の値上げ実施とスポット市場の状況に応じた長期契約価格へのプレミアム上乗せの自由を加盟国に認めた。イラン革命を契機とする石油市場の混乱は，OPEC 決定をともなって第2次オイル・ショックへと発展した。さらに，80年9月のイラン・イラク戦争勃発にともなう両国からの輸出停止と石油関連施設の爆撃による将来の供給不安の高まりを背景に，スポット価格は41ドルまで上昇した。

　しかし，1980年代に入ってからの著しい石油需要の低下によって，第2次

表5-2 主要国の石油消費量と原油輸入量の推移

(上段:消費量,下段:原油輸入量,単位:1,000バレル/日)

	1977年	1978年	1979年	1980年	1981年	1982年	1983年	1984年	1979～84年
アメリカ	18,431	18,847	18,513	17,006	16,058	15,296	15,184	15,708	▲15.2%
	6,615	6,356	6,519	5,220	4,406	3,488	3,329	3,402	▲47.8%
日 本	5,015	5,115	5,171	4,674	4,444	4,204	4,193	4,349	▲15.9%
	4,791	4,662	4,846	4,373	3,919	3,657	3,567	3,664	▲24.4%
イギリス	1,655	1,683	1,690	1,422	1,325	1,345	1,290	1,581	▲6.4%
	1,405	1,318	1,158	893	737	675	456	482	▲58.4%
西ドイツ	2,478	2,596	2,664	2,356	2,120	2,024	2,009	2,014	▲24.4%
	1,951	1,913	2,147	1,953	1,591	1,451	1,307	1,332	▲38.0%
フランス	1,973	2,077	2,107	1,965	1,744	1,632	1,594	1,531	▲27.3%
	2,350	2,302	2,520	2,182	1,804	1,596	1,429	1,395	▲44.6%
合 計	29,552	30,318	30,145	27,423	25,691	24,501	24,270	25,183	▲16.5%
	17,112	16,551	17,190	14,621	12,457	10,867	10,088	10,275	▲40.2%

出所:日本銀行調査統計局『日本を中心とする国際比較統計』1985年6月より作成。

オイル・ショックにともなう原油高価格は長くは続かなかった。70年代半ば以降の先進国の景気停滞にともなう石油需要の抑制,原油高価格時代における省エネルギーと節約の浸透,さらに天然ガスや石炭など非石油エネルギーへのシフトによって,表5-2が示すように,79年から84年にかけて主要5カ国の石油消費量は平均で16.5%,原油輸入量は平均40.2%と大幅に減少した。また,80年代には第1次オイル・ショック以降のメジャーズによる非OPEC原油開発が軌道に乗りはじめ,北海,メキシコ,アラスカなどの新たな供給源が登場し,供給不安から供給過剰へと状況は大きく変化しはじめた。それにともなって,プレミアム廃止,さらには値下げに踏み切るOPEC諸国も現れた。

1982年3月の第63回ウィーン総会では,OPEC全体の原油生産上限枠(日量1750万バレル)の設定と産油国別生産割当が決定された。しかし,外貨不足のナイジェリアや交戦中のイランやイラクなどによる値引きと増産,非OPEC産油国の生産量の増大(図5-1参照)によって,70年代前半に60%近くに達していたOPECの原油生産シェアは,80年代半ばには30%台に落ち込み,事実上OPECは生産カルテル機能を失い,スポット価格は下落の一途をたどった。7月の臨時総会は価格と生産量に関する審議が中断したまま閉会という事態に追い込まれた。ついに83年3月には,60年の創設以来はじめて原油価格

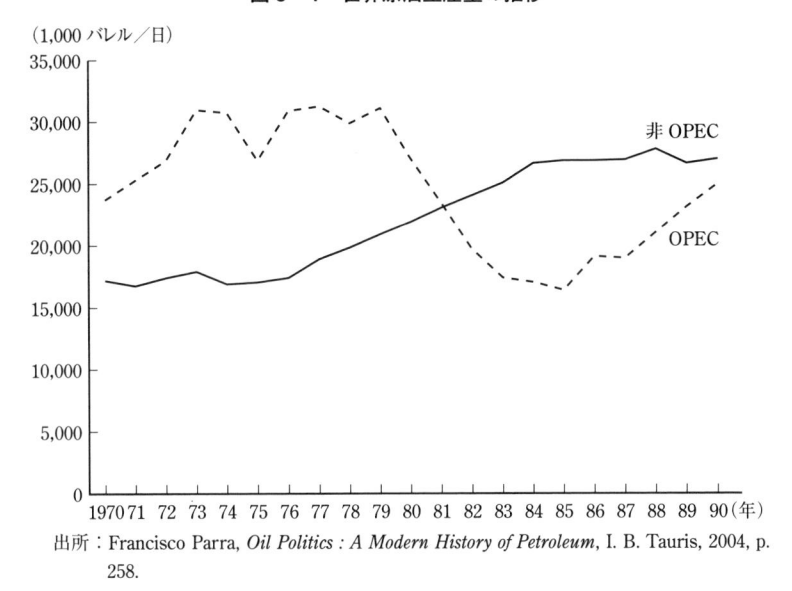

図5-1 世界原油生産量の推移

(1,000バレル／日)

出所：Francisco Parra, *Oil Politics : A Modern History of Petroleum*, I. B. Tauris, 2004, p. 258.

値下げがOPECによって決定された。その後，80年代を通して原油価格低迷の時代が続き，80年代半ばには逆オイル・ショックと呼ばれる状況が発生した。

3.4 カジノ化する石油市場

　OPECの市場支配力の低下にともない，原油は農産品や貴金属など他の一次産品と同じように，短期的な需給の不均衡や投機的要因によって価格が大幅に変動するようになった。1970年代までは，大部分の原油は長期契約に基づいた「固定制」価格で産油国からメジャーズを経て輸入国の精製業者に販売されるのが一般的であり，スポット取引はわずかであった。それが，80年代にはOPECによる公的価格は形骸化し，スポット価格連動の「変動制」による取引が大きな比率を占めるようになった。原油のスポット取引が重要性を増すなかで，ニューヨーク商品取引所（NYMEX）は，78年にヒーティングオイル，81年にガソリン，83年にはWTI（ウェスト・テキサス・インターミディエイト）原油の先物市場を開設し，またロンドン国際石油取引所（IPE）もその後に続き，

石油はマネー・ゲーム的色彩の強い金融商品化した。先物市場で取引される原油は，WTI原油やIPEのブレント原油など世界原油生産のうち数パーセントのシェアを占めるにすぎない油種だが，世界最大の生産量を誇るサウジアラビアのアラビアンライトさえも，これら先物価格に連動して価格が決定されるようになった。先進国における低成長経済への移行と貨幣資本の過剰化，変動相場制や金融自由化にともなう資産価格の不安定化，さらに急速なITの発達などを背景に，投機やさや取りを動機とする取引が急増し，従来の石油産業と石油市場とは異なる次元で原油価格は決定されるようになった。かつてプライス・メイカーの地位を奪い合ったメジャーズもOPECも，いまやその地位を先物市場に奪われ，単なるプライス・テイカーになってしまったのである。

先物市場にはメジャーズや石油販売会社による価格変動リスクのヘッジ目的の資金だけでなく，資金運用の機会としてのみ石油取引を見るヘッジ・ファンドなどの投機家の資金が流入し，実需の何倍もの原油や石油製品が取引されるようになった。投機的な取引の規模を厳密に把握することはできないが，たとえばNYMEXでは30～50％程度が投機的動機に基づく取引であると言われている。もちろん中長期的な石油価格は，世界の需給状況によって決定されるが，短期的には投機資金の流入が値動きを大きく左右し，価格の乱高下をもたらす傾向が強まってきた。1997年末から2000年初頭のおよそ2年の間に，原油価格はバレル当たり20ドルから10ドルまで下落し，その後の1年で30ドル以上にまで急上昇するという大波乱がみられた。また最近では，03年末のバレル当たり29ドルから05年4月には57ドルまで上昇し，名目価格では過去最高値を更新しつづけている。いずれの場合も，需給バランスの変化や需給逼迫懸念をきっかけに流入した投機資金によってもたらされたものである。

原油は，供給面では生産量増減に要する時間が長いだけでなく，政治的に不安定な中東地域への供給依存度が高く，また需要面では短期の価格弾力性が低いという性質を有するため，他の一次産品よりも価格変動がより大きくなる傾向を持っている。しかも投機家は，その市場のプレイヤーが向かっている方向に「札」を張る傾向が強く，市場の方向性が投機によって増幅され，場合によっては投機自体が方向性を作り出してしまうこともある。そもそも投機とは価格変動を「糧」としているため，原油先物市場によって決定される現在の石

油価格は，投機資金の激しい流出入にさらされ，その結果，ボラティリティは大きくならざるをえなくなってしまったのである。

◆ 参考文献

クレア．M.（柴田裕之訳）［2004］『血と油——アメリカの石油獲得戦争』日本放送出版協会。

総合研究開発機構編，中東経済研究所［1979］『中東石油と世界危機——エネルギー供給における中東石油の安定性と脆弱性』毎日新聞社。

藤和彦［2001］『石油神話——時代は天然ガスへ』文藝春秋（文春新書）。

村上勝敏［2001］『世界石油年表』オイル・リポート社。

Parra, F.［2004］, *Oil Politics: A Modern History of Petroleum,* I. B. Tauris.

Scott, R.［1994］, *Origins and Structure, The history of the International Energy Agency: the first twenty years,* Vol. 1, OECD/IEA.

資料6 ◇ OPEC 加盟ペルシャ湾岸6カ国閣僚会議・記者発表

情報部, No. 18-73
ウィーン, 1973年12月24日
OPEC 加盟ペルシャ湾岸6カ国閣僚会議

1973年12月23日, テヘラン——OPEC 加盟ペルシャ湾岸6カ国閣僚は, 1973年12月22日, 23日の両日, テヘランで会談した。会談には, アルジェリア, インドネシア, リビア, ナイジェリア, ベネズエラの他の OPEC 加盟国もオブザーバーとして参加した。

閣僚会議では, 同年12月17日から20日にかけてウィーンで開催された経済委員会で準備された報告書を検討した。

加盟国による直接販売価格がバレル当たり17ドルを上回ったことを考慮して, 閣僚会議は基準原油のアラビアンライト (34度) のバレル当たりの産油国政府取り分を7ドルにすることを決定した。公示価格では1バレル=11.651ドルとなる。1974年1月1日から実施される。この公示価格は, 第2次ジュネーブ協定の決定も織り込まれている。

また, 来年1月7日に臨時会議を開き, 長期の原油価格政策の基本と, 螺旋的な原油価格の上昇を避け, 原油の正当な価格を守ることを目的とする産油国と消費国の対話を打ち立てることの可能性について検討を行うことを決定した。

バレル当たり7ドルという産油国政府取り分は節度ある価格であることを考慮し, 消費国による輸出価格のこれ以上の引上げが回避されることを期待する。

出所:OPEC, *OPEC Official Resolutions and Press Releases 1960-1980*, Oxford : Pergamon Press, 1980, p. 143. (宮崎礼二訳)

第6章 対外不均衡と国際政策協調

Keywords

サーベイランス，サミット，新経済政策，スタグフレーション，トリレンマ，機関車論，国際政策協調

---

1 IMFと不均衡調整

1.1 固定相場制下の調整ルール

　経済成長と自由貿易の拡大を目指した先進資本主義国にとって，対外不均衡＝国際収支不均衡の調整は，一貫して重要な政策課題であった。とりわけ1970年代はスタグフレーションへの対応とともに，不均衡調整が世界的課題となり，その解決のために国際政策協調（International Policy Coordination）が試みられた時期であった。

　1944年のブレトン・ウッズ協定は，そのなかに対外不均衡調整ルールを組み込んでいた。IMF体制あるいはブレトン・ウッズ体制といわれた国際通貨システムは，通貨価値の安定をその目的としていたが，これは，30年代の世界大恐慌が各国の為替切下げ競争（為替ダンピング）を誘発し，国際貿易と各国経済の縮小を引き起こし，経済のブロック化を生み，そして第2次世界大戦へとつながっていったことの反省から生まれたものである。IMF体制は各国の恣意的な為替コントロールを排除し，固定相場制の維持を義務づけたのである。

　固定相場制下では，アメリカの通貨ドルが特別の地位を獲得していた。それ

はアメリカが大量の金保有を背景に金とドルの交換を確約したことから，各国は自国通貨をドルに対して固定し，そのことによってドルを基軸とする固定相場制が形成されたのである。

　この体制は，通貨価値の変動に影響を与える国際収支の不均衡を「基礎的不均衡」と「一時的不均衡」に区分していた。為替レートの変更は，国際収支が「基礎的不均衡」と判定された場合にのみ認められ，国際収支が「一時的不均衡」の場合には，為替レートの変更は認められず，不均衡是正措置の実施が求められていた。

　つまり，国際収支が「一時的不均衡」の場合には，各国は景気抑制策を採用して国際収支を改善するか，あるいはIMFから融資を受ける必要がある場合には，経済政策運営に対してIMFから勧告と指導を受けることになっていた。その場合，IMFは国際収支の赤字国に，財政金融政策の改善，実質賃金の抑制，生産性向上の実施を迫る。そのようにして「一時的不均衡」を改善し，固定相場制を維持しようとした。

　このようにIMFのメカニズムは，通貨価値維持を政策目標とすることによって，半強制的に対外不均衡の解消を実現するシステムであった。もっともアメリカは他国と異なり，基軸通貨国であるため，国際収支不均衡調整の制約から自由であった。

　しかしながらアメリカの国際収支悪化によるドル流出とそれに続く金流出によって，最終的にアメリカ政府は金ドル交換を継続することができなくなり（1971年のニクソン・ショック），このドル中心の固定相場制による政策協調ルールは崩壊することになったのである。

1.2　変動相場制とサーベイランス

　1973年以降には，変動相場制が不均衡を自動的に調整してくれるものと期待された。しかし，それは現実によって不可能であることが明らかになった。そこで変動相場制下において，経済成長および自由貿易の拡大を国際収支不均衡および国際通貨システムの安定といかに両立させるかが政策課題となった。この時代は「ノン・システム」と称されるごとく，不均衡の調整は制度化されていなかった。

1976年のキングストン合意において，どのような為替制度を採用するかは各国の自由となった。そこにおいては，為替相場制度の選択が自由になった一方で，為替レートの乱高下や切下げ競争等を防止するため，「サーベイランス」なる制度が導入された。**サーベイランス**とはIMF協定第2次改正（76年総務会承認，78年発効）において，国際金融システムの安定確保を目的に，協定第4条にその規定が設けられたものである。これは変動相場制の採用が認められたのを受けて，国際通貨安定のためにIMFが加盟国の経済政策を監視するというのがその内容である。協議は通常年1回行われ，協議対象は経済政策全般に及んでいる。そこでは「実質GDP成長率」「経常・貿易収支」「財政赤字」「通貨供給量」「外貨準備」「為替レート」など，国際通貨の安定に必要な経済指標が検討対象となっている。さらに年2回発表する『世界経済見通し』と年1回の『国際資本市場調査』に関する理事会・暫定委員会の討議を通じて，多角的なサーベイランスも行われている。

　第2次改正以前は，経常収支取引の決済に制限を残している国だけが，経済政策についてIMFとの定期協議を受け入れることになっていたが，改正後はアメリカも含めてすべての加盟国がIMFと定期協議を行うこととなった。

　金ドル交換停止以降もドルは依然として基軸通貨であり，それゆえにドルの動向を規定するアメリカ経済のサーベイランスがことのほか重要であるのは疑いない。しかしながら，経済成長を優先してきたアメリカの通貨政策は，ビナイン・ネグレクトと積極的介入の間を揺れ続けてきた。これに対してIMFのサーベイランスはまったく無力であったといってよい。

　サーベイランスは資金援助を必要とする「小国」には強制力を持っても，資金援助を必要としないアメリカ等の「大国」に対しては何の影響力も有していないのが現実である。つまりサーベイランスが先進国間の政策協調的機能を代替することができているのかと問われれば，それは否といわざるをえない。

　変動相場制下の国際収支調整が，固定相場制のような明示的ルールを持たず，またIMFによるサーベイランス機能も期待できないとするならば，それにかわるものは主要先進国間の政策協調である。そこで注目されるのが**サミット**（主要先進国首脳会議）や先進5カ国蔵相・中央銀行総裁会議（G5）／先進7カ国蔵相・中央銀行総裁会議（G7）である。

2 世界経済危機とサミット

2.1 世界同時好況とインフレ

　1970年代後半は国際政策協調が一躍脚光を浴びた時期である。その国際政策協調の登場を理解するうえで重要なのは，72〜73年の世界同時好況と74〜75年の世界同時不況の発生である。

　1972〜73年の世界同時好況は，50年代以降に生じたもっとも急速な景気拡大であった。OECD諸国の実質GNPあるいはGDPの伸び率は，71年には3.8％にすぎなかったが，72年には5.3％，そして73年には6.1％と高い伸びを示している（以下，OECDのデータは *Economic Outlook* による）。

　この先進工業国における同時的景気拡大は，工業原材料に対する需要を急増させた。1972年下半期には食料以外の工業原材料が年率約25％上昇し，73年6月までの上半期にはその価格は50％以上上昇した。これに加えて，ソ連を中心とする穀物の不作によって食料の供給不足が生じ，食料価格の上昇も生じた。

　このような事態を反映して，OECD諸国の消費者物価上昇率は図6-1に見るように，72年の4.7％から73年の7.8％へと急上昇している。ちなみにオイル・ショックの影響を受けていない73年上半期の消費者物価の上昇率は年率で7.9％であり，ここに同時好況による世界インフレの発生を確認できる。

　この世界インフレに関しては2つの経済学的理解がある。1つは実物的理解であり，もう1つは貨幣的理解である。実物的理解は各国の同時的景気刺激策による需要急増が，一次産品等の値上げを生み出し，世界的インフレの主因になったという。これに対して貨幣的理解によれば，世界インフレの主因は，世界的マネーの増加が世界的に産出を刺激するが，その際，物価上昇は貿易財から始まり，一般物価水準に及ぶというものである。

　実物的アプローチが主張するように，同時的需要増が工業原材料の価格を上昇させ，インフレを引き起こしたのは疑いない。しかし問題は，同時的需要増の発生が単なる不幸な偶然の出来事だったのか，それとも責任を負うべき国が存在したのか，ということである。また通貨的アプローチが主張するように，この時期に国際流動性が上昇したのも図6-1から明らかである。問題は，そ

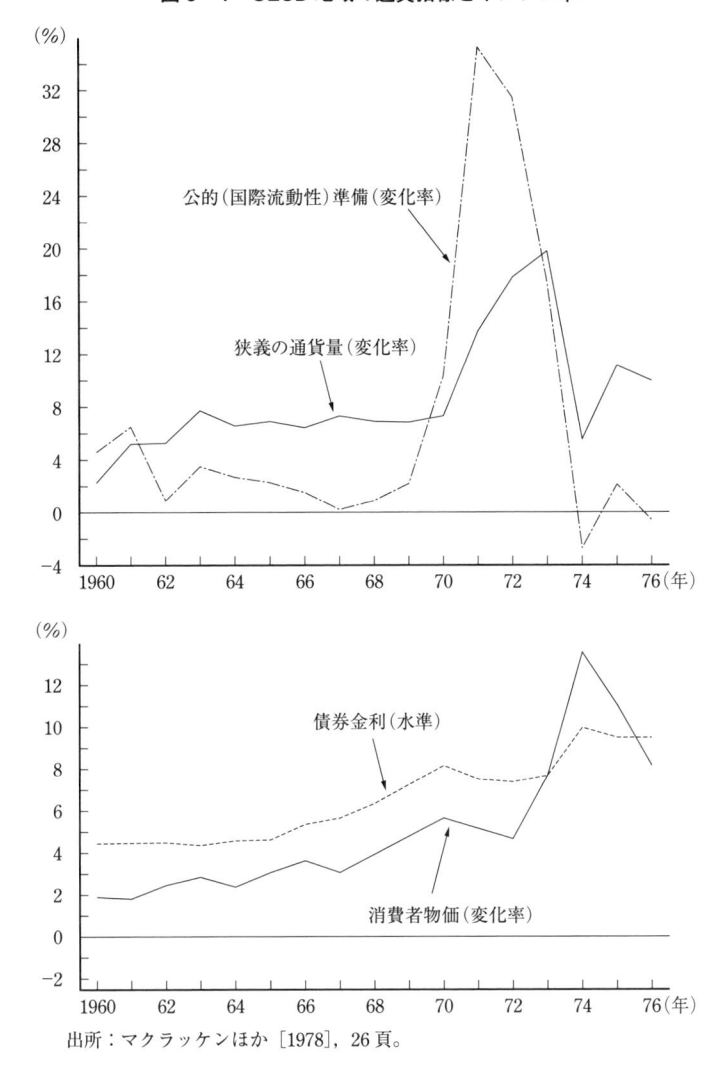

第6章 対外不均衡と国際政策協調　99

図6-1　OECD地域の通貨指標とインフレ率

出所：マクラッケンほか［1978］，26頁。

の流動性の上昇が，いかにしてもたらされたのかということである。そのどちらにもアメリカの政策が大きな責任を負っている，ということがここでの結論

である。この点を詳しく見てみよう。

1960年代末の景気引締め策の結果，70年の世界経済は不況に陥っていた。各国はこの景気後退から脱却すべく，景気刺激策を採用しはじめていたが，この時期，アメリカが採用した景気刺激策は，世界経済に構造的ともいえる変化を引き起こしたのである。その政策とは，ニクソン大統領（R. Nixon）による**新経済政策**（1971年8月15日）である。この政策は国内的には減税による景気刺激と「90日間の賃金・物価凍結」という所得政策を組み合わせたものであった。また対外的には金とドルの交換停止（ニクソン・ショック），および輸入課徴金の導入によって，アメリカの国際収支を改善しようとした。各国は，ニクソン・ショックとその後のドル切下げから生じる不況を回避しようとして景気刺激策を採用し，それが世界同時景気刺激策を生み出したのである。

このような事実経過を振り返ると，72〜73年の世界同時好況から生じた世界インフレを単なる偶然の不幸な出来事と見ることはできないのである。

新経済政策の導入によってアメリカの景気は回復したが，それと同時に，アメリカの経常収支はJカーブ効果をともないつつ悪化し，1970年の23億3000万ドルの黒字から，71年には14億3400万ドルの赤字へ，さらに72年には57億9500万ドルの赤字となった。アメリカは経常・資本収支とも大幅な赤字となり，そのことによって図6-1に見るように世界的通貨供給は増大した。これが各国の通貨供給増加を容易にし，世界同時好況とインフレの基盤となったと考えることができる。

ニクソンの採用した新経済政策（これによってニクソンは国民の支持を取りつけ大統領再選を手に入れたといわれている）によってアメリカの国際収支は悪化し，そのことによって国際流動性は高まり，それゆえに先進各国は金融面での緩和が容易となり，いっそう拡張的な景気刺激策を採用できるようになったのである。

このように実物・通貨どちらの側面から見ても，アメリカは世界同時好況と世界インフレに大きな責任を負っていたのである。

2.2　世界同時不況とトリレンマ

この世界同時好況による世界インフレ昂進中の1973年10月に，OPECによ

る石油価格の引上げが行われた。73年10月から74年1月までの間に、石油は1バレル3ドルから12ドルへと4倍に跳ね上がり、この上昇は各国に深刻な不況を引き起こした。失業率は3％台から5％台へ一挙に上昇した。またすでに発生していたインフレはさらに加速し、世界的インフレと戦後最大の不況が同時進行することとなった。この不況とインフレの並存は、**スタグフレーション**と呼ばれた。OECD諸国は74年中に急激な不況に見舞われるとともに、インフレ率は73年の7.8％から74年には13.4％となった。そしてOECD全体の経常収支は73年の101億3900万ドルの黒字から、74年には250億6100万ドルの赤字に一気に転落し、ここに産油国の黒字、非産油国の赤字という構造が形成された。このようにして、先進国は失業・インフレ・国際収支不均衡という**トリレンマ**をかかえることになったのである。

　この石油価格の高騰を、世界インフレをいっそう悪化させた「外生的ショック」として理解すべきか否かについては、異なった見解が存在する。

　外生的・実物的ショックととらえるものは、石油価格の上昇というサプライ・ショックによって事態を説明し、それゆえに彼らは産油国の行動を非難するか、先進国の石油備蓄政策の不備を指摘する。

　しかし、ブレア（J. Blair）などの石油産業研究者の見解は異なる。当時、産油国が獲得したドルは、アメリカのインフレによって急速にその価値を失っていたのであり、それに対する産油国の合理的な対応が、1973年の石油価格の引上げだったというものである。それゆえ、オイル・ショックはアメリカの成長政策とインフレがつくりだしたものであり、外生的ショックとはみなされないことになる。

　またマッキノン（R. I. McKinnon）など世界マネタリストの見解は次のようなものである。すでに見たように、成長を求める世界マネーの増加が世界的に産出を刺激し、それが貿易財価格を引き上げ、その後に一般物価を押しあげるという理解である。それゆえにこの理解ではオイル・ショックは、外生的ショックではなく、成長を求める世界マネーの増加による貨幣ショックによって生じたということになる。

　結論を言えば、経済成長政策から生じたアメリカ発の世界的インフレは、回り回って世界経済に深刻なスタグフレーションをもたらしたと理解すべきであ

ろう。

2.3 サミット体制

　1970年代の世界経済危機とは何かと問われれば，それはスタグフレーションと対外不均衡の拡大ということに集約されようが，その問題は構造的ともいえるものであった。つまり，71年のブレトン・ウッズ体制の崩壊と73年の第1次オイル・ショックは，戦後世界経済の発展を支えてきた「通貨」と「エネルギー」に関する戦後システムが崩壊したことを示しており，それは覇権国アメリカの地位の低下と，新たな経済的相互依存および政策協調の必要性を意味するものであった。このような世界経済危機へ対処するために75年にサミットが開催されたのである。これをブレトン・ウッズ体制と対比して，サミット体制と呼ぶこともできよう。

　パットナムとベイン（R. D. Putnam and N. Bayne）は，サミットの登場は次の3つの要求に答えようとするものであったと指摘している。その第1は，国際経済と国内政治を調和させること。第2は，覇権的安定を集団的管理によって補強し，場合によってはとってかわらせること。第3は，官僚的な分割・無責任状態を克服し，政治的権威を回復することである。ここに指摘されていることは，第1に，トリレンマ（失業・インフレ・国際収支不均衡）への対処が必要だということであり，第2に，通貨とエネルギーにおける覇権国アメリカの地位の相対的低下とそれへの対処の必要であり，第3に，危機の時代には官僚システムでは問題に対処できないということである。表6-1は第1回～第4回までのサミットの特徴を示したものである。

　このような認識のもとで第1回サミット（ランブイエ・サミット）は，経済サミットとして始まった。サミット開催の提唱が1975年7月表面化したころ，先進7カ国における75年上半期の成長率は−3.1％と最悪の状態にあり，それゆえインフレという困難な状況を抱えつつも，各国は景気刺激策に踏み切らざるをえなかった。主要国の指導者が結束して景気回復に取り組む姿勢を示し，最高レベルの会議に関心が寄せられたのは当然といえる。

　この第1回サミットは，オイル・ショック後の不況を前にして景気を回復させることがその課題であったとはいえ，インフレに留意することも重要な課題

表6-1 サミット一覧表（第1～4回）

	ランブイエ・サミット（第1回）	プエルトリコ・サミット（第2回）
日　時	1975年11月15～17日	1976年6月27～28日
場　所	パリ郊外ランブイエ城	プエルトリコ、サン・ファン郊外ドラド・ビーチ
会議の特徴	1. オイル・ショック以後の世界経済の運営において、もっとも緊要な課題は、経済の回復を確固たるものとすることに合意した。 2. このためインフレに留意しつつ着実かつ持続的な成長を達することが共通目標とされた。 3. 国際通貨面において各国が協力して為替相場の乱高下を防止することで合意された。 （注）第1回サミットは第1次オイル・ショックとこれを受けた景気後退期において開催された。議題は上記のとおりであるが、ブレトン・ウッズ体制崩壊後の変動相場制をめぐる諸問題をはじめて首脳レベルで討議し、米仏間で一応の決着がついた。	1. 景気は順調に回復しつつあるとして景気回復に対する各国の自信を表明した。 2. 「インフレなき経済拡大」を共通目標として各国の協力を確認し、インフレ再燃に十分注意を払うべきことで合意された。 （注）会議の議題としては、経済の回復および持続的拡大、——通貨、貿易、エネルギー、南北問題、東西関係をとり上げ、主要先進国間の協力の重要性を確認した。 他方、準備期間が約7カ月と短くサミット自体も24時間で終了と史上もっとも短い会議であった。 なお、カナダがはじめて参加し、G7体制が確立した。

	ロンドン・サミット（第3回）	ボン・サミット（第4回）
日　時	1977年5月7～8日	1978年7月16～17日
場　所	ロンドン英国首相官邸	ボン西ドイツ旧首相官邸
会議の特徴	1. 世界経済情勢は徐々に改善してきているが、オイル・ショックのもたらした景気抑圧の影響に対し完全な調整を終えていないとの認識のもとに、もっとも緊急な任務は引き続きインフレを抑圧しつつ雇用を拡大することが共通目標とされた。 2. このため、各国はそれぞれの経済情勢に従い、拡大的成長策ないしは安定化政策をとることを目標とすることで合意された。 3. 多国間貿易交渉（MTN）東京ラウンド推進で合意がなされた。 （注）世界経済の牽引車としての日米独「機関車論」を討議し3カ国の利害調整が焦点となった。カーター大統領が初参加し、核不拡散と人権問題でイニシアチブを発揮した。	1. 世界経済が直面する諸課題につきこれらを相互関連性においてとりあげ、参加各国がこれらの課題に対する政策を相互に支援しあう形で推進するという「総合的戦術」に合意した。 2. 各国がそれぞれの国内経済の現状に即応した成長政策、インフレ対策、エネルギー政策等をとる意図を具体的に表明し、また、通貨の安定を図ることにつき意見の一致をみた。 3. 福田首相の提唱により、ハイジャックに関する声明を発表した。

出所：外務省経済局編［1996］、1-2頁より、一部修正。

であった。それゆえ,「慎重な拡大」が合言葉となった。結果としてこの会議は,それまで各国が独自に作成していたマクロ経済政策に修正を加えることなく,それを追認しただけのものとなった。

　第2回サミットは,7カ月後に開催された。このプエルトリコ・サミット(あるいはサンファン・サミット)をリードしたのは,アメリカのフォード大統領(G. R. Ford)であり,彼はインフレを再燃させないために,公共支出と通貨供給の抑制を主張した。これには西ドイツ・日本・フランスが支持を表明した。イギリスとイタリアは,この緊縮政策に対して緩和を求めたが,受け入れられなかった。宣言は「景気は順調に回復しつつある」としたが,残念ながらこの経済見通しは誤っていた。7カ国の成長率は,76年上半期には年率6.5％であったが,下半期には3.3％へと減速したのである。それゆえフランスのジスカール・デスタン大統領(V. Giscard d'Estaing)は,ヨーロッパの先頭に立ち,第3回サミットを提案することとなった。

　このように計2回のサミットでは,各国がそれまでとってきた政策が追認されただけであり,政策協調なる方向は追求されなかったといってよい。解決すべき課題が,トリレンマ(失業・インフレ・国際収支不均衡)にあったがために,その対応には多くの困難が横たわっていた。

3　米日独の政策協調

3.1　「機関車論」

　1977年1月に誕生したカーター政権は,国内では支持者の成長要求に応えるために,失業率4％の完全雇用を目標に行動する必要に迫られていた。しかしそれを単独で遂行するならば,再び国際収支の悪化を招き,ドル危機を引き起こしかねなかった。そこで,アメリカ・西ドイツ・日本三国の主導による世界的景気刺激策によって失業の改善と国際収支不均衡の是正を目指した。アメリカはこのことが,労働側の力が強く,保護主義とユーロ・コミュニズムの台頭を許しているヨーロッパの経済的弱点を救済することにつながると考えていた。

　三国の同時的景気刺激策は,世界経済の回復に相乗効果をもたらし,国際収支不均衡を縮小し,為替の安定にも寄与するというこの考えは,**機関車論**

第6章 対外不均衡と国際政策協調   105

図6-2　先進7カ国の経常収支（1970〜79年）

アメリカ・日本・西ドイツ

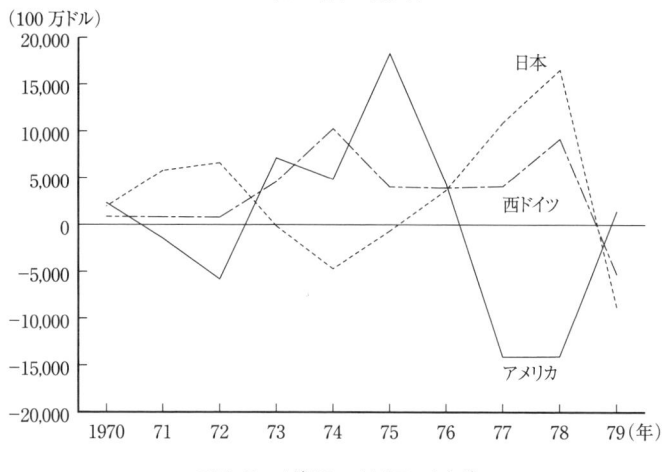

フランス・イギリス・イタリア・カナダ

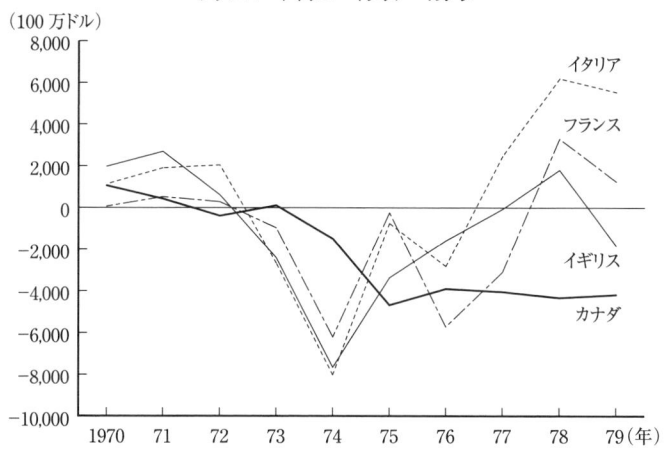

出所：OECD, *Economic Outlook*, No. 30, 1981, p. 143, より作成。

(locomotive theory, policy, strategy) と呼ばれた。

　図6-2から明らかなように，1976年には三国とも経常収支が黒字となっていたが，他の先進国はいまだ経常収支赤字の状態にあった。また失業率を75年と76年で見ると，アメリカ・日本・西ドイツの三国は改善あるいは安定し

ていたのに、フランス・イギリス・イタリア・カナダは悪化していた。消費者物価の上昇率も、アメリカは9.1％から5.8％へ、日本は11.8％から9.3％へ、そして西ドイツは6％から4.5％へと、依然として高い水準ではあるが改善を見せていた。これに対してイギリスとイタリアは、76年においても16％という高い水準にあった。

　このような経済指標から、三国では機関車論採用の前提条件が整いはじめていたと見ることもできよう。しかし、西ドイツはこの機関車論に強く反対した。なぜなら、機関車論はインフレの悪影響を過小評価しており、また国際収支の赤字に関しても、それは赤字国の放漫財政政策が原因であり、赤字国が自国の経済運営に規律を取り戻すことによって解決すべきことだと考えていたからである。

　論争はあったものの、表6-1に見るようにロンドン・サミットの付属文書は先進国を2つのグループに分け、各々の政策目標を明示した。1つのグループは、経済の拡大的成長を目標とし、もう1つのグループは、インフレを押え込むため、安定化策を追求するというものである。前者が機関車となるべき国であり、それがアメリカ・日本・西ドイツであった。

　「我々の国のいくつかは、1977年について妥当な拡大的成長を目標として決めた。これらの諸国の政府は、自国の政策を常に検討し、公表された目標率を達成するため、また国際収支不均衡の調整に貢献するため必要な場合には、新たな政策を執ることを約束する」。このようにロンドン・サミット文書では成長目標は明記されず、各国がすでに独自に決定していた成長目標が公約とされた。その公約とは、アメリカ5.8％、西ドイツ5％、日本6.7％の成長率である。

　結果として、カーター政権が景気刺激策を採用したために、1977年のアメリカの成長率は5.5％と公約に近く（データは改定前のものであり第4章表4-2のIMFデータと異なる）、そして経常収支も77年上半期に56億5000万ドルの赤字となり、同下半期に赤字はさらに拡大し、84億6000万ドルとなった。これはアメリカが機関車の役割を果たした証拠とみなされた。

　これに対して日本と西ドイツは上記の公約を果たせなかった。日本の成長率は4.4％、西ドイツは2.8％にすぎず、また両国とも図6-2に見るように、経常収支黒字額を増加させてしまったのである。

この機関車論争に決着がつけられたのは，1978年のボン・サミットにおいてである。このサミット宣言文書において西ドイツは「国民総生産の1パーセントまでに相当する数量的に相当大きな追加的措置を提案する旨表明」し，日本は「78年度の実質経済成長率について内需拡大を中心として前年度実績を約1.5パーセント・ポイント上回る目標を決定し」た。この日本の公約は7％の経済成長率を意味した。フランス，カナダ，イタリア，イギリスも成長目標を具体的に示したが，実質的には，西ドイツと日本だけが新たな政策を約束し，その他の諸国はすでに実施中の政策を再確認したにすぎなかった。

　他国はアメリカの経常収支赤字とドル不安そして石油輸入を問題にした。そこでアメリカは，「インフレ軽減は合衆国の経済政策の最優先事項となった旨」を明記し，「合衆国はその輸出を改善すべく固く決意しており，この目的を達成するための措置を検討している」と約束した。さらに，「エネルギー分野における特別の責任を認め，輸入石油への依存度を低減する」とした。これは，アメリカが石油輸入を削減できないことが世界経済の弱点となっていたからである。

　このようにボン・サミットではアメリカの譲歩はありつつも，西ドイツと日本が景気刺激策を講ずるという形で政策協調は決着をみた。機関車論は2年がかりで実行に移されることになった。

　この結果，西ドイツは財政赤字を拡大させた。日本もまた景気刺激策を講じたにもかかわらず経済成長率は6％と，目標の7％成長は達成できず，財政赤字を肥大化させることとなり，79年度に公債依存度は戦後最悪の34.7％に達したのである。

　以上のような1970年代末の**国際政策協調**は，国際ケインズ主義の実験とみなされたが，財政赤字を肥大化させることになった西ドイツと日本は，この協調を高く評価していない。また次のような批判もある。「今日からすると，ワシントンが西ドイツと日本に世界経済のより高い成長の推進のために力を貸すように頼んだ時，本当に望んでいたことは，日独両国の経済がアメリカと歩調を合わせてインフレ化し，外国為替市場でのドルの悲惨な下落を抑えることだったように思える」（ストレンジ［1988］）。

3.2 国際政策協調の制約条件

　国際政策協調を必要と見なすかどうかは，世界経済の相互依存状況をどのように考えるかによって異なってくる。相互依存の度合いが強いと考える者は，政策協調の必要を訴え，逆に相互依存度が低いと考える者は，各国独自の政策追求の有効性を主張する。しかしどちらを主張するにせよ，実際はアメリカのスタンスが決定的である。

　政策協調がサミット等において現実的な政策課題となったのは，アメリカがそれを要求したときである。通貨と石油における戦後システムの不安定化，そしてそこから生じた世界的なトリレンマ（失業，インフレ，国際収支不均衡），保護主義とユーロ・コミュニズムの勃興など，覇権国アメリカが他国の力を借りてでも対処する必要があると考えたとき，政策協調は国際的政策課題となったのである。

　またアメリカが政策協調を求め，そして各国がそのことを認めた場合でも，経済メカニズムの理解に関して不一致が存在する場合には，次に見るように政策協調の実行は難しくなる。

　機関車論が提起されたロンドン・サミットの文書に，「インフレは，失業を減少せしめるものではなく，かえって失業の主要な原因である」という一文が西ドイツによって挿入された。これは黒字国に成長政策を求めたアメリカに対する西ドイツの反対の論拠となったものであり，西ドイツ・サミット外交のもっとも重要な成果といわれている。このように西ドイツはインフレを警戒しつつ，「赤字国責任論」を強く主張していた。

　この西ドイツの主張に対して，イギリスとアメリカはロンドン・サミットの宣言に次の一文を書き入れることで，自らの目的＝成長政策の採用要求を確かなものにしようとした。「我々の国のいくつかは，1977年について妥当な拡大的成長を目標として決めた。これらの諸国の政府は，……国際収支不均衡の調整に貢献するため必要な場合には，新たな政策を執ることを約束する」。これは国際収支不均衡に対する「黒字国責任論」の立場である。アメリカは経常収支黒字国に景気刺激策を実施させるために，各国が自ら公表していた経済目標＝「公約」の実施を迫る根拠をこの一文に求めたのである。

　このようにロンドン・サミットでは，インフレを失業の主要な原因とみなす

か否か，国際収支の不均衡解消に赤字国が責任をもつべきか，それとも黒字国が責任をもつべきか，このような大きな不一致が存在していた。その結果機関車論の実行は部分的なものにとどまったのである。

また経済メカニズムについて一致があった場合でも，政策協調から得られる利益の計測に関して一致が得られるとは限らない。利益の計測は主流派経済学者によって頻繁に行われているが，その結果は，極端な場合には正反対の結論となっている。これに対して，一部の経済学者と政治学者は政策協調の利益を制度の維持に見いだしている。ケネン（P. B. Kenen）は，前者の主流派経済学の研究を「政策最適化アプローチ」，後者の研究を「制度維持的アプローチ」と名付けている。

後者では，国内の政治的経済的要求と国際的圧力との間で，どのような選択を行うことが政権にとってもっとも大きな利益であるかを考えており，そこでは社会経済の安定化が重視されている。機関車論をめぐる現実の国際政策協調が明らかにしたのは，後者のアプローチの重要性である。ケネンは後者の立場からボン・サミットに対して次のような評価を下している。

「1978年のボン・サミットの取り決めは，制度を維持しようとする政策協調といえるであろう。このときは２つのことが問題となった。1974－75年の景気後退から回復し，とくにヨーロッパの失業率の改善をはかることと，先進国のエネルギー節約を進め，これらの国の輸入石油依存度を低めて，石油価格に関するOPECの支配力を制限することであった。……政策協調は，米国の覇権を終わらせることになった力と影響力の拡散に対する論理的な１つの回答であると考えることができる。協力して公共財を提供しなければならないし，制度的な取り決めを守らなければならなくなったのである」（フランケル／服部彰編［1992］29頁）。

このケネンの指摘は次のように要約できる。つまり，世界的なトリレンマ，そして保護主義的な動きとユーロ・コミュニズムの勃興，さらにはOPECの石油支配力強化，これら1970年代の経済的政治的変動はすべて，覇権国としてアメリカが戦後に作り上げた「制度」に対する挑戦であった。ゆえにアメリカは，自国を中心とする戦後世界システムを「維持」するために，国際政策協調を必要としたのである。

◆ 参考文献

大野健一［1991］『国際通貨体制と経済安定』東洋経済新報社。
外務省経済局編［1996］『サミット関連資料集』世界の動き社。
古城佳子［1996］『経済的相互依存と国家——国際収支不均衡是正の政治経済学』木鐸社。
坂井昭夫［1991］『日米経済摩擦と政策協調』有斐閣。
ストレンジ，S.（小林襄治訳）［1988］『カジノ資本主義——国際金融恐慌の政治経済学』岩波書店。
高瀬淳一［2000］『サミット——主要国首脳会議』芦書房。
パットナム，R. D./N. ベイン（山田進一訳）［1986］『サミット「先進国首脳会議」』TBSブリタニカ。
樋口均［1999］『財政国際化トレンド——世界経済の構造変化と日本の財政政策』学文社。
フランケル，J. A./服部彰編［1992］『1990年代の国際政策協調』同文舘出版。
マクラッケン，P. ほか（小宮隆太郎・赤尾信敏訳）［1978］『世界インフレと失業の克服——OECDマクラッケン・リポート』日本経済新聞社。

資料7◇ ボン・サミット宣言（1978年7月17日）

…（前略）…

3. 着実なインフレなき成長を確保するためには，異なった状況に直面している各国の異なった行動からなるプログラムを作成することが必要となっている。すなわち，国際収支の状況及びインフレ率が特別の制約となっていない国においては，内需の拡大を速めることが要請される。価格とコストの上昇が強い圧力要因となっている国においては，インフレに抗して新たな措置をとることを意味する。

…（中略）…

―ドイツ代表団は，経済的均衡の世界的な攪乱を回避することに資するため，8月末までに立法府に対し，需要を著しく拡大し成長率を高めることを意図した国民総生産の1パーセントまでに相当する数量的に相当大きな追加的措置を提案する旨表明した。上記措置の規模は，資本市場の消化能力及びインフレ圧力を回避する必要性を考慮したものとする。

…（中略）…

―日本国総理大臣は，日本国政府が既に1978年度の実質経済成長率について内需拡大を中心として前年度実績を1.5パーセント・ポイント上回る目標を決定し，その達成に努力していることに言及し，必要ならば適切な措置をとりその目標を実現したいとの決意を表明した。総理は，8月又は9月に追加措置が必要かどうか決定するであろう。

…（中略）…

―アメリカ合衆国大統領は，同国の健全な経済を維持するためには，インフレの軽減が肝要であり，それ故に，インフレ軽減は合衆国の経済政策の最優先事項となった旨述べた。大統領は合衆国におけるインフレ抑制のために今まで取られた，または，現在取られている主な措置として1979年度に当初予定されていた減税幅を100億ドル縮小したこと，1978年及び1979年の政府支出予測の削減，1980年度のため準備されている高度の緊縮予算，政府の規則あるいは規制によって費用及び物価の上昇に直接的に結びつくような原因を減少させるために現在とられている諸施策，賃金及び物価上昇の速度を低めるために取られている自発的計画を指摘した。

…（中略）…

7. 合衆国は，エネルギー分野における特別の責任を認め，輸入石油への依存度を低減する。…（後略）…

出所：外務省経済局編『サミット関連資料集』世界の動き社，1996年，より一部抜粋。

第Ⅲ部
新自由主義下の国際経済政策

　1980年代に入って,世界経済は大きく変貌を遂げる。それをうながしたものは,71年の金ドル交換停止,73年,79年の2度にわたるオイル・ショック,そして1974～75年の深刻な世界不況の嵐であった。激しいインフレと深刻な不況が共存するという,それまで考えられもしなかった事態が生じ,「ケインズは死んだ」とさえ揶揄されることになった。世界経済は,新自由主義の名のもとに根本的な構造転換を迫られることになる。

　これを政治的に準備したものが,イギリスにおける1979年のサッチャー保守党政権の成立,アメリカにおける81年のレーガン共和党政権の成立,そして82年の西ドイツのコール保守党政権,中曾根自民党政権の成立であった。彼らが共通して目標としたものは,戦後のケインズ政策のもとで推進されてきた福祉国家の解体であった。そして,レーガン大統領の「ソ連＝悪の帝国」演説にみられる徹底的な冷戦型軍事戦略の遂行であった。

　しかし,このような経済・軍事政策の遂行は,ソ連をはじめとする社会主義圏に大きな負担を強いただけでなく,アメリカ自身にも双子の赤字という禍根を残すことになる。本来,膨大な財政赤字を原因とする経常収支の大幅赤字であるにもかかわらず,アメリカ政府は,日本やヨーロッパ諸国を狙い撃ちにして「構造調整」「公正貿易」を迫り,さらには1985年のプラザ合意,87年のルーブル合意に結実する人為的な為替調整(ドル安,円・マルク高への転換),そして95年に成立した世界貿易機関(WTO)における自由化交渉によって対外不均衡を回復しようとした。

　第Ⅲ部では,このような今日に至る新自由主義的グローバリゼーションの出発点となった1980年代の激しい構造転換とその政策的帰結について検討していく。

第7章 福祉国家の解体と新自由主義

- Keywords
  新保守主義，新自由主義，福祉国家，レーガノミクス，サッチャリズム

1 1980年代における経済理論の展開とその問題点

1.1 新保守主義と新自由主義

　1980年代は，政治的には新保守主義，経済的には新自由主義に彩られながら，政策の舵を大きく右側に切っていった時代だといわれている。ここでいう**新保守主義**の時代とは，伝統や習慣を重んじる保守主義が対外的な強硬姿勢をともなって再登場した状況をさしている。一方，**新自由主義**とは，政府による市場経済への介入を否定し，自由競争による効率性の向上や秩序の形成を重視する考え方を意味している。国の権威の発揚と国家介入の否定，一見すると相反するように思えるこの2つの立場は，じつは，表裏一体の関係をなしている。というのも，自由競争による格差の拡大，政府による救済の縮小は社会の不安定化をもたらすが，そこから生じる国内の不満を緩和させるうえで対外的な強硬姿勢は重要な役割を果たすからである。

　さて，具体的な政策の流れを見てみると，1980年代の経済政策は，新自由主義色の濃い運営がなされたといわれているし，事実，アメリカと日本の政策の連鎖を見るとそうした側面が鮮明にあらわれている。

図7-1 失業率および物価の推移

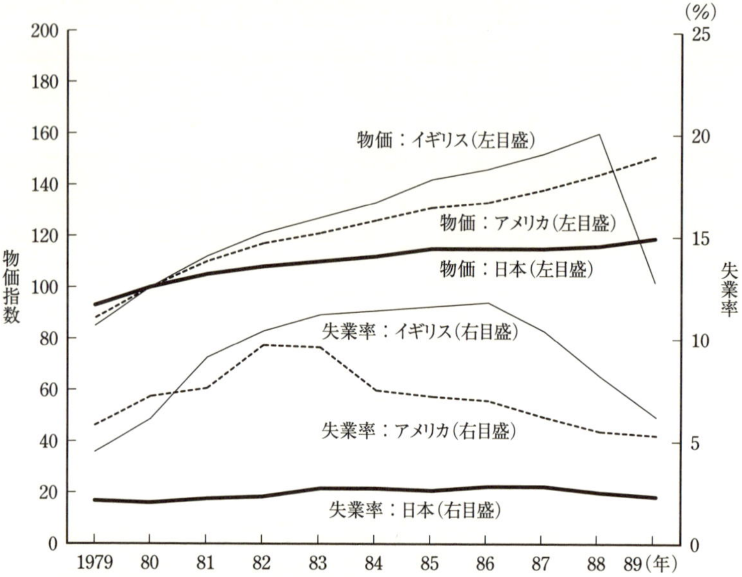

注：物価指数は、1980年を100とした数値。
出所：財政金融統計月報『国際経済』より。

　アメリカでは、1981年に登場したレーガン大統領（R. W. Reagan）の指導のもと、国内的には、高金利政策によるインフレ抑制と政府部門の縮小、減税による景気刺激が行われ、対外的には、「強いアメリカ」のかけ声のもとに、ドル高政策と軍拡が積極的に実施されていった。しかし、高金利によるドル高は輸出の減少、経常収支の赤字をもたらし、減税、軍拡による財政支出の増大は財政赤字の増大を招いた（いわゆる、双子の赤字）。こうした動きはアメリカ経済を不安定化させ、はやくも83年には、財政再建およびドル高是正が重要な政策課題として浮上し、レーガン大統領は日本への政策協力を求めることとなるのである。
　このような要請に対し、日本は、1984年、実需原則の撤廃、円転換規制の撤廃を柱とする金融自由化措置を決定する。これらの措置によって、実体取引の裏づけを持たない先物取引、金融機関による外貨の円への転換が自由になっ

たことから，円への需要増大が見込まれ，さらには，85年，プラザ合意による協調介入も加わり，ドル高の是正，円高誘導が達成されることとなった。しかしながら，こうした変化は，従来型の外需依存，つまり，円安による輸出ドライブを通じた不況克服策がもはや通用しなくなったことを意味する。そこで，前川レポートによって方向づけられた内需主導型の経済成長路線が唱道され，積極的な財政出動，日銀による急激な金融緩和が実施されることでバブル経済の下地が形成されることとなるのである。

以上の簡単な整理だけでも，新自由主義に基づく経済政策が1980年代の主な流れであったことが理解できる。しかしながら，その内容を細かくみていくと，じつは新自由主義として総称される経済政策にもさまざまな多様性があり，いくつもの修正，転換が試みられたことに気づく。本章では，こうした見方をより明らかにするために，80年代における福祉国家政策の変容を理論面，実態面から追跡し，そのうえで，新自由主義とは何なのかについて考えていくこととしたい。

1.2　新自由主義的な経済理論の受容

1980年代における新自由主義的な経済政策の特徴として，経済理論が政策に強い影響を及ぼした点がしばしば強調される。その代表例としては，マネタリズム，サプライサイド経済学，公共選択論などをあげることができる。

フリードマン（M. Friedman）を中心とするシカゴ学派によって提起されたマネタリズムは，自由主義，小さな政府，市場重視の効率的な政策運営といった点に特徴があり，通貨供給量が経済活動の水準におよぼす影響を重視する。それゆえ，中央銀行はケインズ政策に見られるような政府の介入から自由であるべきだとされ，同時に，通貨供給量を一定にする（いわゆる，k%ルール）ことで物価安定を実現することを主な政策目標としている。

一方，サプライサイド経済学は，ケインズ政策が追求した「総需要管理」という視点を放棄し，経済の停滞理由を投資，貯蓄といった「供給サイド」に求め，それらの不足が過大な政府活動と税制のゆがみによってもたらされている点を強調する。とくに，インフレが進展する過程では，取得原価による減価償却では償却不足をまねくこと，社会保障制度が民間貯蓄の減少をもたらしてい

ることを指摘し，企業減税と社会保障制度の見直しを主張する。

さらに，公共選択学派も少数の賢人が政策決定を行う「ハーヴェイロードの前提」の存在，公債に依存した財政支出が「財政錯覚」によって痛税感を緩和し，財政赤字を助長する点を指摘し，ケインズ経済学をするどく批判した。彼らは，民主主義的な手続きのもとで集合的選択が行われる場合，市場を通じた合理的な個人の選択よりも過大で非効率的な結果をもたらす点を強調し，**福祉国家のもくろみが論理的に問題をはらむものである点を指摘したのである**。

以上の理論展開は，大きな政府を前提とした福祉国家を批判している点に共通性を見いだすことができる。ピアソン (C. Pierson) は，その主な論点を次のように整理している。①福祉国家は，投資意欲と勤労意欲を阻害するため，非経済的である。②福祉国家は，官僚制を肥大化させ，効率的な民間部門から資源と人材を奪うため，非生産的である。③福祉国家は，社会保障の供給権を独占し，特殊利益や地域的利益を後援するため，非効率的である。④福祉国家は，めぐまれぬ人々を福祉への「依存の悪循環」に陥れるものであり，効果的でない。⑤福祉国家は，仮に政策がうまくいっても，官僚制の支配拡張を引き起こすため専制的である。⑥福祉国家は，重い租税負担を個人に強いるため，人間の自由を否定するものである。

以上の整理に示されるように，1980年代に広く受け入れられた経済理論は，どれもが，政府部門の縮小，市場効率性の重視を主張しており，その根底にケインズ型福祉国家への不信感，反発を抱いている。しかしながら，このような思想的な潮流が政府による新自由主義的な政策運営に貢献したことを認めたうえで，なお，いくつかの注意が必要である。

1.3 新自由主義的な経済理論の抱える問題点

まず，第1に，経済政策と社会統合の関係である。ケインズ型福祉国家が非効率的で政府による政策介入を助長するものであるとの批判は確かに正しいが，政府による高齢者や低所得層の救済を通じて社会的安定を達成してきたのも事実である。このような「社会統合」の観点から見た場合，競争による効率性の向上を強調する経済理論は，どのような根拠によって社会的な安定を実現するのであろうか。たとえば，新自由主義的な経済理論は，財政赤字の増大を共通

して批判しているが，財政赤字は，所得の不平等や労働問題，農業，環境，地域間格差などの質的な社会問題への対処の結果として生じるのであって，財政赤字が社会的な問題を作り出しているわけではない。だとすれば，問題の本質はそのような諸問題を解消するための処方箋であるが，競争による効率性の向上は，パイの増大を意味するにすぎず，分配についての明確な規範は提供しない。それに，競争による効率性の向上が経済の成長と税収の増大，財政の黒字化を可能にしたとしても，競争に取り残された人々が社会的な不安定要因となってしまえば，その救済のための費用は増大し，財政は再び赤字化するかもしれない。

第2に，これらの理論が前提とする「合理性」という規範的な概念のあいまいさである。合理性という用語は，じつは，それ自体何をも説明するものではない。たとえば，合理性に関して経済的な意味と政治的な意味への区別を行えば，経済的合理性と政治的合理性が同時に存在することとなる。ここで，中央銀行にとっての合理性について考えてみよう。前者を強調するマネタリズムであれば，政府の政策関与を排し，通貨供給量をルールに基づいて一定にすることを主張するだろう。しかし，後者の立場を強調すれば，政府の介入を許し，そのかわり民間金融機関への統制を強化することで自身の市場への影響力を強化することが合理的かもしれない。すなわち，「合理性」に政策の基準を見いだしたとしても，その合理性自体が多様なのであり，その個々の合理性に関してどれが優れているのかということは，価値判断の問題にすぎないのである。現在のところ，これらを決定するのは，民主主義的な手続きを経て形成される国民の合意である。つまり，経済理論は，「経済的」合理性という限定された立場から見た場合の1つの選択肢を提供できるにすぎないし，民主主義的な意思決定権の強化（地方分権が世界的な潮流をなしつつある事実に注意）とそれによる補完なしには，効率性の追求も正当性を持ちえないのである。

最後に，各国の政策運営の多様性と経済理論の関係である。次節に述べるように，新自由主義と呼ばれる一連の政策体系のなかにあっても，各国の個別の政治的，経済的，社会的状況に応じて，異なる問題が提出され，異なる解決策が提示されている。それらの過程では，アメリカであれば共和党と民主党，イギリスであれば保守党と労働党の激しい政策論争が行われているという事実，

そして，自らの政策の正当化の論理として経済理論は利用されているという事実が重要であろう。このような政策論争を欠いたかたちで経済理論のみを受容することにはいかなる必然性も存在しないし，各国の歴史的な経験が政策に与える影響を意味する経路依存性を無視した議論は，間違った処方箋を適用する危険を常にはらんでいる。

　以上のように考えた場合，各国の政策の相違を踏まえたうえで，その相違をかたちづくった経済情勢，社会的な政策要求，政治過程のあり方を検討する必要が生じてくる。この点を念頭に，次節では，アメリカやイギリスにおける福祉国家再編をめぐる動きを見ていこう。

2　1980年代の福祉国家改革Ⅰ——レーガノミクスの場合

2.1　レーガン登場の政治的，経済的，社会的背景

　まずは，レーガン大統領による個性的な経済政策として名高いレーガノミクス登場の背景である。第2次オイル・ショックと世界的なスタグフレーションの発生は，アメリカ経済に深刻な影響をもたらした。失業率が7.4％に上昇したにもかかわらず，経済学の常識とはうらはらに，賃金の上昇率はこれを超える8.2％を示し，くわえて，消費者物価指数も12.4％に達していた。急激なインフレは，所得の名目的な上昇を引き起こす。その結果，累進税制のもとで所得の増大が税負担増に直結するブラケット・クリープや法人所得税における減価償却不足が問題となり，個人や企業部門における過大な税負担が経済の停滞の原因であるとの認識が広まることとなった。こうして，アメリカは，インフレ抑制のための財政緊縮と減税による租税負担の軽減という両立困難な課題を背負うこととなる。

　このような税負担の増大は，経済面だけではなく，政治的，社会的な緊張ももたらしていった。というのも，経済の停滞が黒人，ヒスパニック系移民を福祉や行政サービスの受益者として定着させていった反面，税負担は白人ミドルクラスに集中し，そのことへの反発が日増しに強まっていったからである。こうした雰囲気のなか，「フリーランチを食わせるな」を合言葉に，1978年カリフォルニア提案13号が州議会に提出され，財産税の57％減税，公共サービス

使用料の値上げ，小売売上税の増税といった低所得階層の負担増を求める「納税者の反乱」が起きるのである。

次に対外問題に関してであるが，ニクソン政権のウォーターゲート事件やベトナム戦争の敗北によって1970年代後半の国防支出は縮小傾向にあった。ところが，1979年に勃発したテヘラン米大使館占拠事件やソ連のアフガン侵攻をきっかけとして，「強いアメリカ」への社会的要請は再び強まっていった。軍拡の機運は急速に高まるとともに，このようなナショナリスティックな傾向は，公立学校での礼拝支持，堕胎の禁止，銃規制反対といった宗教的右派と結びつきながらニューライトと呼ばれる思想潮流を形成する。そして，これらの動きを支持基盤とすることで，共和党は政治的躍進を実現するのである。

このように，ケインズ理論に基づく経済成長策の限界，累進課税を前提とした所得再分配への疑問と反発，政治的保守主義化といった政治的，経済的，社会的動揺期にレーガン政権は登場した。かかる文脈において，レーガンは，小さな政府，福祉国家の解体を標榜し，大統領就任直後の8カ月の間に，予算の削減，大規模な減税，規制の撤廃，軍事費の拡大などの施策を次々に実施に移していくのである。

2.2 初期のレーガノミクスと福祉国家の解体

ところで，ケインズ型福祉国家のもとでは，社会福祉支出は低所得層の利害を調整するうえで重要な役割を果たしてきたから，こうした支出の抑制は社会の亀裂を深めることとなる。とりわけ，社会保障支出は連邦予算の40％以上を占め，その背後には，強大な圧力団体が存在していたからその削減は容易ではなかった。しかしながら，インフレ抑制が至上命題であるにもかかわらず，共和党の支持基盤からは，国防支出の増大，減税による税負担の軽減といった要求が強かった。このような困難な状況において，レーガンは，財政膨張の主要因である社会福祉支出を削減することで財政再建を達成することを決意する。

初期のレーガン財政の基本は，1981年2月「経済再建プログラム」に示されている。同プログラムでは，高いインフレ率と経済の停滞を問題視し，①歳出の包括的抑制と国防費の増強，②連邦税の大幅削減，③規制の緩和，撤廃，④通貨供給の抑制と生産能力の増大によるインフレ抑制が政策目標として掲げ

られた。そして、これらの方針を具体的に制度化したのが、81年7月「包括予算調整法」(OBRA)、および、同年8月「経済再建租税法」(ERTA81)である。

まず、OBRAでは、福祉支出の抑制によって、1982年に400億ドル、84年までにもう500億ドルの予算削減を行うことが定められた。その手段は低所得者を中心とした給付切下げである。具体的には、57にのぼっていた社会福祉計画を7つの一括補助金に統合する一方、貧困者や障害者向けの収入審査プログラム（ミーンズテスト）の削減、食料スタンプや失業保険の資格基準の厳格化などが規定された。とりわけ、要扶養児童家庭扶助（AFDC）における勤労福祉手当制度の廃止は、勤労女性が貧困線水準以下の低所得であっても福祉給付を受給できないものとし、この結果、AFDCの受給者は劇的に減少することとなった。

このような支出抑制に対して、ERTA 81では、5年間で7473億ドルに達する減税が企てられている。この税制改革は、大規模な減税を通じて巨額な財政赤字をあえて計上することで財政支出削減圧力を強めようとしたといわれるほど大胆なものであった。まず、個人所得税に関しては、限界税率の引下げ（14％～70％→11％～50％）、純譲渡所得（＝長期譲渡所得－短期譲渡損失）に対する最高税率の引下げ（70％→50％）、貯蓄奨励措置の導入などが行われ、企業関連税制についても、加速度償却（新規投資の減価償却期間の短縮）制度の導入、投資税額控除率の引上げ、中小企業の法人税率の段階的引下げ（課税所得2万5000ドルまで17％→15％、5万ドルまで20％→18％）が実施されている。以上のように、レーガンは、その初期の政策において、企業および中高所得者層を対象に大規模な減税を行いつつ、中間層の受給する権利給付制度を削減対象から除外しながら、低所得者への給付水準の切下げによって、福祉支出を抑制しようと試みた。しかしながら、こうした政策は、当然のごとく社会の反発を強め、ほどなく大きな軌道修正が求められることとなる。

2.3 レーガノミクスの修正

福祉支出の急激な切下げの一方で、大規模な企業減税と国防支出の拡大を実施したレーガノミクスでは、1982～83年にかけて財政赤字が急速に拡大していくこととなる。当初の予定では、サプライサイド減税によって景気が押し上

げられ，それが税収増をもたらすことで財政赤字は短期間のうちに終息するはずであった。ところが，独立性の高められた金融政策がまずこれを阻むこととなる。

1979年10月に連邦準備制度理事会（FRB）総裁ボルカー（P. Volcker）は，連邦公開市場操作委員会の決定にしたがって，マネー・サプライの伸びをコントロールする新たなオペ方法を導入するなど，マネー・サプライの伸び率を一定にするというマネタリズムの主張を巧みに援用しつつ，政府からの政策介入の排除を試みた。同時に，インフレ抑制というレーガン政権の政策課題を支持する一方で，財務省の国債管理とFRBの金融行政の分離を意味する「アコード」を徹底化することによって，独自の判断のもとに歴史的な高金利政策を実施していく。このように，マネタリズムの強調する経済的な合理性はFRBの追求する政治的な合理性に利用されていくのであるが，その点は，ひとまずおいておくとして，高金利政策は景気の下ぶれをもたらし，インフレの沈静化は反対に税収の落ち込みを顕著なものとしてしまった。

このような財政赤字の深刻化に加え，レーガン減税と社会保障支出の削減は社会に大きな動揺をもたらした。1984年10月に作成された「マッキンタイア報告」は，加速度償却制度や投資税額控除の導入が合法的な租税回避を可能にした事実を指摘し，租税回避だけではなく，国庫からの税の払戻しをも多数の大企業が受けている事実を赤裸々に伝えた。さらには，加速度償却を利用した納税の繰延べ，租税優遇措置の適用を受ける所得への転換，借入金を利用した節税などのタックスシェルターによって富裕層の節税行為が横行した。このようなERTA 81後の税制に対する不公平感の高まりは，租税優遇措置の見直しと包括的な所得税の導入へのインセンティブを強め，新たな税制改革をレーガン政権に要請することとなったのである。その象徴的な事例が86年「税制改革法」（TRA 86）の制定である。

TRA 86では，個人所得税率を従来の14ないし15区分から2区分へと大胆に削減し，人的控除の引上げや課税最低限の引上げによって低所得者層への配慮を見せると同時に，キャピタル・ゲインに関する所得控除の廃止等によってタックスシェルターの削減を試みた。法人所得税に関しては，従来の5区分から3区分に税率を簡素化するとともに，減価償却制度の加速性を緩和しつつ，

表7-1　各国予算の比較

	1981年	1982年	1983年	1984年	1985年	1986年	1987年	1988年	1989年
日　本（百億円）									
歳　出	4,692	4,725	5,064	5,148	5,300	5,364	5,773	6,185	6,041
歳　入	3,454	3,396	3,817	3,940	4,169	4,523	5,197	5,388	5,330
財政収支尻	△1,290	△1,404	△1,349	△1,278	△1,231	△1,125	△942	△797	△711
（財政収支尻／歳出，％）	（△27.5）	（△29.7）	（△26.6）	（△24.8）	（△23.2）	（△21.0）	（△16.3）	（△12.9）	（△11.8）
アメリカ（億ドル）									
歳　出	6,782	7,457	8,083	8,518	9,463	9,903	10,038	10,633	11,426
歳　入	5,993	6,178	6,006	6,665	7,341	7,691	8,541	9,082	9,907
財政収支尻	△789	△1,279	△2,078	△1,853	△2,123	△2,212	△1,497	△1,552	△1,520
（財政収支尻／歳出，％）	（△11.6）	（△17.2）	（△25.7）	（△21.8）	（△22.4）	（△22.3）	（△14.9）	（△14.6）	（△13.3）
イギリス（億ポンド）									
歳　出	848	905	975	1,056	1,101	1,165	1,206	1,280	1,415
歳　入	768	833	884	982	1,061	1,112	1,230	1,336	1,449
財政収支尻	△80	△72	△91	△74	△40	△52	24	56	34
（財政収支尻／歳出，％）	（△9.4）	（△8.0）	（△9.3）	（△7.0）	（△3.6）	（△4.5）	（2.0）	（4.4）	（2.4）

出所：財政金融統計月報『国際経済』より。

投資税額控除を廃止した。以上の措置による1990年度歳入への影響は，個人部門で156億ドルの減税，企業部門で234億ドルの増税となっており，とりわけ，所得税の負担軽減は1万5000ドル以下の低所得者層に集中することとなったのである。

　一方，政策の軌道修正という意味では，1983年「社会保障改正法」にも触れておかねばならない。OBRAによる低所得者給付の抑制の陰で，81年5月にレーガンは，社会保障制度改革を提案している。その内容は，老齢遺族保険最低給付額規定の廃止，早期退職者に対する年金の大幅削減などを含む画期的なものであったが，国民各層の猛反発を受け，同案は上院において98対0で否決されてしまう。この結果，レーガンは改革案を撤回すると同時に，超党派の組織である社会保障改革全国委員会を81年12月に設置する。その後，83年「社会保障改正法」の制定にこぎつけ，加入範囲の拡大，税率の引上げによる増収策，一般財源繰り入れの実施等が合意されたものの，当初の大胆な給付削減案からは大きな後退を余儀なくされたのである。

　このように，レーガンは，インフレ抑制が至上課題という状況のもとで減税

と国防費の増大を行うという困難な課題を共和党支持層から突きつけられていた。これに対して，新自由主義の論理を利用することで社会福祉支出の抑制を正当化し，その困難な課題を達成しようとした。しかしながら，行き過ぎた企業減税，低所得者層への配慮の欠如は社会統合を困難なものにしてしまった。その結果，世論の反発によって大規模な社会保険制度は温存されることとなり，財政再建も達成されず，ケインズ型福祉国家の解体という当初の政策方針は転換を余儀なくされたのである。

3 1980年代の福祉国家改革 II ―― サッチャリズムの場合

3.1 サッチャー政権誕生の独自性

　以上のアメリカの事例と比較する場合，イギリスの政策構造がアメリカのそれとは大きく異なるものであった点がまず重要である。具体的には，戦後のイギリス政治は，完全雇用と最低限の住宅，医療，福祉，教育を保証し，基軸産業の国有化を進め，労働組合との協調を図ることを目標としており，そのために必要な政府の経済介入を容認する保守党と労働党の合意が存在していた。このような合意に基づく政治を「コンセンサス・ポリティクス」，あるいは，「バッケリズム」というが，同国の福祉国家はそのうえに立脚する体制として成立していた。サッチャーの挑戦はこれらの政治構造に規定された面を有しており，このような「合意に基づく政治」が限界を露呈する1960年代末以降の推移をまず理解する必要がある。

　当時のイギリスは，1967年不況を境として失業者が39万人から60万人に増大したが，それにもかかわらず物価は平均6〜7％の上昇を続けていた。このようにオイル・ショックに先だってスタグフレーションが表面化する状況のなかで，70年6月に保守党のヒース政権が誕生した。ヒース（E. Heath）は，市場原理の復活を掲げ，政府支出の削減，直接税負担の軽減を訴える一方，71年に「労使関係法」によって労働組合の登録制を導入し，組合規制を強めていった。これに対し，組合側は，非登録戦術によって強く反発するとともに，労使関係法の廃止，食料補助金，家賃統制に補足された価格統制の実施などを訴えていくこととなる。

このような組合側の強い圧力に加え，1972年には失業者が90万人を超えるという危機的な状況が重なり，ヒースは旧来型のケインズ型福祉国家政策への再転換を行う。いわゆる，「Uターン」である。この結果，物価上昇に拍車がかかり，小売物価の上昇率は11.9％，名目賃金上昇率は16.4％に達し，これが一因となってヒースは政権の座を労働党に譲ることになる。その後，労働党のウィルソンおよびキャラハン政権では，産業国有化を目的とした国家企業庁の創設，民間大企業に対する補助を条件に政府の施策への協力を求めた計画協定制度など，社会主義プログラムを推し進め，経営者団体，労働組合双方との合意を重視しながら政権運営を行っていった。しかしながら，73年に勃発したオイル・ショックによってインフレが加速した結果，賃金抑制策が不可避となり，これが労働組合の反発を招き，以上の政策連携は解消されることとなるのである。

このように，経済的，政治的な緊張が高まる状況のもとで，1979年「Rolling back the State」（国家をもとの状態に戻す）を合言葉に登場するのがサッチャー（M. H. Thatcher）である。サッチャーはヒースの市場重視，小さな政府志向をさらに推し進め，イギリスにおける経済停滞の原因を労働組合に求めつつ，組合がもたらした賃金の硬直性と効率的な資源配分の阻害を厳しく批判した。そして，このような小さな政府への志向と反労働組合的な姿勢は，保守党と労働党のイデオロギー論争を通じて，反社会主義，反福祉国家の根拠を市場の効率性に求める新自由主義思想と結びついていく。こうして，福祉国家の転換，公共部門の縮小と完全雇用に対する政府の責任の放棄が唱えられ，レーガノミクスとならび称される**サッチャリズム**が開始されることとなるのである。

しかし，その際，サッチャーは，小さな政府を支える社会システムの重要性を19世紀中葉における「ビクトリアの美徳」という表現で繰り返すことを忘れなかった。すなわち，レーガノミクスに見たように，経済的な困難は，社会を分裂の危機にさらすが，家族のきずなや地域社会のきずなの重要性を強調することで，財政による救済を軽減しつつ社会の分裂を阻止することがもくろまれたのである。その意味では，小さな政府が志向された一方で，地方分権改革が強力に推進された事実は，このようなサッチャーの政治的姿勢を裏づけるものとして注目すべき点である。

3.2 サッチャリズムによる福祉国家の修正

　サッチャリズムの主なポイントとしては，インフレ抑制策，抑圧的な労使政策，中央－地方行財政改革などを指摘することができる。以下，その内容を見ていこう。

　サッチャリズムが，まず，最初に追求した政策課題は，インフレの抑制である。1980年には，「中期財政金融戦略」（MTFS）が策定され，公共部門借入所要額（PSBR）の対GDP比と通貨供給量の削減目標が公表されている。これは，イギリスの経済政策史上，画期的な意味を持つものであった。それは，第1に，戦後のバッケリズムが前提とした雇用や生産拡大の放棄をインフレ抑制の代償として黙認したからであり，第2に，マネタリズムの視点に立ちながら通貨供給量のコントロールに重心を置き，財政支出をこのコントロールを害しない範囲に抑制させることを決定したからである。これらは，完全なケインズ型福祉国家からの決別を意味しており，サッチャリズムが「革命」と呼ばれる大きな要因となっている。

　ただし，ここで注意しなければならないのは，サッチャーに先だつ労働党政権によって，マネタリズムへの転向が行われていたという事実である。1976年12月，キャラハン（J. Callaghan）は，ポンド危機の果てにIMFへの借入を決定した段階で，インフレ抑制手段としてマネー・サプライを政策目標とすること，その操作をPSBRの削減と直接結びつけるとともに，公営企業の株式売却を行うことを決定していた。サッチャーの場合，マネー・サプライに関して4年間の中期目標を設定した点でより具体性を帯びているが，IMFの貸付条件を労働党政権が受け入れた段階で，サッチャリズムの通貨政策はある程度決定されていたということができるのである。

　また，結果においても，サッチャー政権はマネタリー・コントロールに失敗した。そもそも，日銀とエコノミスト間の長い論争に示されるように，通貨当局によるマネー・サプライの操作可能性はそれ自体が今もなお実証されるべき課題である。一般的には，マネー・サプライは，中央銀行の供給するベース・マネーに信用乗数をかけることによって求められる。その際，中央銀行が操作可能なのはベース・マネーのみであり，信用乗数の安定性いかんによって事後的なマネー・サプライはいかようにも変化するというのが中央銀行側の主張で

ある。だとすれば，PSBRの削減が公共部門の縮小をともなうものである以上，国民所得の減少→通貨の需要減というかたちで，信用乗数は不安定化する。論争の是非を問うことはここでの課題ではないが，結局，1985年にはローソン蔵相（N. Lawson）がマネー・サプライの目標値の停止を発表し，サッチャーの依拠したマネタリズムが事実上放棄されたことは示唆的な事実だといえよう。

ところで，以上のようにマネタリズムに依拠したマネタリー・コントロールが困難な運営を強いられていた一方で，皮肉にも，1981年以降，インフレの抑制は実現されていくこととなる。これを大きく規定したのは，アメリカの高金利，ドル高政策による世界的なインフレ沈静化である。しかし，国内的に見た場合，注目すべきは，1980年以降の雇用費用の急速な低下である。サッチャーは，政権発足直後から労働組合規制強化の方針を打ち出し，80年および82年「雇用法」，84年「労働組合法」などあいついで立法化した。これらの立法は，組合員による内部告発の制度化，労働組合組織，役員選挙等に対する政府介入の強化をうながすもので，組合数および組合員数，争議件数の激減を通じて，労働運動の弱体化をもたらすこととなった。その結果，次に述べる緊縮的な財政運営とあいまって大量の失業者が生み出されることとなったが，それは一方で賃金の低下を推し進め，インフレの抑制へと結びついたのである。

続いて，中央－地方行財政改革による公共部門の縮小の動向を見ておこう。サッチャリズムにおける国の財政運営の基本は，税制改革，社会保障支出の抑制，国有企業の民営化を通じた緊縮財政にある。まず，税制改革であるが，サッチャーは，1979年所得税改革，84年法人税改革，88年所得税改革と3度の税制改革を行っている。79年改革では，所得税減税（基本税率を33％→30％，最高税率を83％→60％）と付加価値税の税率一元化による増税が行われている。続く，84年改革では，法人税率の段階的な引下げ（最終的には38～52％→30～35％），特別償却の廃止，国民保険料付加税における雇用主負担の廃止等が実現された。最後に，88年改革では，所得税税率の簡素化（6段階→2段階）が行われ，人的控除も引き上げられた。

これに対して，社会保障に関しては，「ビクトリアの美徳」のもと自助努力が強調され，あいつぐ支出抑制策が採用されることとなった。1980年「社会保障法」では，失業給付の抑制，インデクセーションの導入，付加給付の切下

げが行われ，続く86年「社会保障法」でも，年金水準の切下げ，私的年金の奨励，無拠出給付の整理合理化が進められた。ただし，厳しい労働政策によって急増した失業者への給付が膨張圧力となり，結局のところ社会保障関係費の増加を抑えることには失敗している。

国有企業の民営化は，競争の促進と効率性の強化という新自由主義的な主張がとくに強く全面に押し出された領域である。しかしながら，売却された企業は優良企業が大半であったこと，「資産所有民主主義」のかけ声に反して大規模投資家への売却に傾斜したこと，株式売却企業への介入を続けたことなどさまざまな問題を抱えていた。ただし，民営化による株式の売却額は180億ポンドを超え，PSBRの削減に対しては，大いに貢献することとなった。その意味では，新自由主義の理念によって国民を説得しつつ，企業売却益により財政赤字を削減することに目的の1つがあったと見ることができるだろう。

以上のように，財政，金融，労働各部門において追求された小さな政府は，地方財政改革についても徹底して行われている。

まず，1980年に従来のレイト援助交付金の代わりとして，財政援助の用途をなるべく地方の裁量にまかせる一方で総額を抑制したブロック・グラントが導入された。しかしながら，イギリスの場合は，地方自治体の唯一の収入源としてレイトと呼ばれる地方税が存在しており，その税率の決定権を地方が握っていた。その結果，補助金の縮小は，自治体によるあいつぐ増税でまかなわれることとなり，小さな政府の形骸化が懸念された。そこで，政府は，国の政策に従わない自治体に対して，82年追加レイト課税の禁止，84年レイト・キャッピングによる上限規定を実施し，さらには，85年都市圏の上層自治体の廃止を実行するのである。

このような推移は，1988年非居住者用レイトの中央移管とコミュニティ・チャージの導入によって頂点に達することとなった。コミュニティ・チャージとは，有権者全員が同額を負担する人頭税の一種である。もし，地方自治体が標準的な支出水準を維持すれば，どの自治体でも1人当たりの負担額は同額になるはずである。また，理論的には，非効率な財政運営を行い，負担額が増大した自治体からは住民流出が起きるから，各自治体の支出額は緊縮の方向に働くことになる。このように，経済理論そのままの政策が現実に実施され公共部

門の縮小が徹底化されることとなったが，所得能力の違いを考慮しない人頭税への国民の不満は広範な政治的反発を生み，90年11月，サッチャーは退陣を迫られることとなるのである。

4 新自由主義と日本の財政改革

　以上，本章では，経済理論の持つ限界を意識しながら，1980年代における福祉国家再編の動きをレーガノミクスとサッチャリズムに即して概観してきた。最後に，双方の比較を行ったうえで，1980年代における新自由主義の歴史的な位置づけを行っておこう。
　まず，両者を通観すると，基本的には，税率のフラット化，ブラケット数の削減，租税特別措置の整理と課税ベースの拡大，大企業，富裕者減税による租税負担の軽減，以上を通じて経済の活性化を試みる一方，社会保障給付の削減によって小さな政府を実現しようとしたものということができる。一般に両国の政策を新自由主義的な経済政策として一括する根拠もまさしく以上の点に存在するといえるだろう。しかしながら，その内容を見ていくと，大きな違いや興味深い傾向が観察できることも事実である。
　まず，労働政策を見ておくと，所得政策を放棄したという点では，レーガンもサッチャーも同様だが，アメリカの場合は，非農業雇用労働者の組合組織率は1954年の34.7％がピークであり，レーガンの登場する時期には23.0％にまで低下していた。これに対し，サッチャー就任時の組合組織率は57.8％にのぼっており，これは戦後イギリスの最高水準に位置していた。サッチャーの徹底した組合規制策もこの文脈で理解されるべきである。すなわち，労働問題が経済政策に占める地位は決定的に違っていたのであり，その結果として，新自由主義といわれる政策体系のなかでも政策の基本的な力点が異なることとなったのである。イギリスがバッケリズムという伝統的な「合意の政治」を前提とし，労働組合対策がサッチャリズムの重要な一部を構成した事実，そして，このような「合意の政治」への挑戦を象徴するものとして福祉国家の解体が叫ばれたという事実は，アメリカとの比較を考えるうえで，まず，第1に注目されるべき点であろう。

次に，金融政策であるが，アメリカがボルカーの指導のもと，マネタリズムの理論を援用しながらFRBの自立性を強化し，徹底した高金利政策を行ったことはすでに指摘したとおりである。この点，マネタリズムへの傾斜という意味ではイギリスも共通したパスをたどっている。しかし，同国の場合，1975年末の対外借入の開始に端を発し，76年の平価切下げ，アメリカからの緊急融資，そして，最終的にはIMFへの借入申請へと連なる「ポンド危機」によって，サッチャーの登場以前に財政政策をマネタリー・コントロールに従属させることへの実体的根拠が存在したことが重要である。すなわち，アメリカがレーガンやボルカーの登場以後，インフレ抑制という経済合理性と中央銀行の独立性強化という政治合理性の狭間でマネタリズムを利用したのに対し，イギリスの場合は，ポンド危機下の対外関係においてサッチャリズムを規定する政策枠組みがすでに形成されていたのである。

　続いて，財政面を見ておこう。アメリカがERTA 81において加速度償却や投資税額控除によって投資促進を意図したのに対し，イギリスでは特別償却の廃止を通じて課税ベースの拡大を実施したことは，政府－企業の力関係が異なるものであることを示唆しており，興味深い。しかし，より関心を引くのは，1979年改革によってイギリスの付加価値税率が変更された点である。その結果，79〜89年度の総税収が409億ポンドから1446億ポンドに増大するなか，直接税収の増加が241億ポンドから693億ポンドであったのに対し，付加価値税の増加は49億ポンドから275億ポンドに達することとなった。すなわち，79年改革は，ヒース政権が強調した直接税の軽減案に連なる変更だったという意味で保守党の路線を継続するものだったし，付加価値税の増税は，直接税への依存が大きいアメリカ型ではなく，間接税に高い比重をおくヨーロッパ型の租税体系への接近を意味していたのである。

　地方分権について述べれば，紙幅の都合からアメリカの地方分権については論じることができなかったが，アメリカは，レーガンの「新連邦主義」によって，連邦から州への権限および事務の移譲が進められたことが知られている。しかしながら，小さな政府の方針によって財源保障措置が講じられなかったことから，法律で州および地方政府に連邦が義務づけを行う「補助なきマンデイト」による統制が強まることとなった。一方，イギリスでも，すでに述べたよ

うに，レイトへの課税制限やコミュニティ・チャージを通じて自治体の財政支出を抑制するように政府の介入が強化された。ここで指摘したいのは，新自由主義による政府部門の縮小政策が強調される一方で，中央→地方の介入強化が生み出され，分権が叫ばれるなかで実際には集権化が進行したという事実である。国防の強化も含め，新自由主義は小さくて「強い」政府を志向する。これは，警察官の増員や監視カメラの設置による生活空間の侵害，住基ネットによる個人情報の管理や教育基本法の改正問題など，最近の日本の動向とあわせ，再度，省みられてよい論点であろう。

　最後に，日本では，これらと同様の改革が1982年11月に発足した中曾根政権によって実施された。しかしながら，アメリカやイギリスがインフレや高失業率からの脱却とケインズ型福祉国家への挑戦，階層間の断絶と社会統合の危機，政治的保守主義化など，個別の国内事情に規定された改革だったのに対して，「財政再建」という大蔵省（現財務省）の論理が強く打ち出され，新自由主義をめぐる十分な論争を欠いたかたちで改革が行われた。その結果，概算要求枠（シーリング）の徹底，間接税の新設要求，民活路線（3公社の分割・民営化）による財源獲得など財政当局の要求が全面化し，これを正当化する論理として，「官から民へ」「政府の失敗」「プライバタイゼーション」といった新自由主義的な主張が繰り返されることとなったのである。

　本章は，福祉国家の再編過程を見ながら，新自由主義と呼ばれるものの実態を追いかけてきた。いま，われわれに必要なのは，新自由主義という表現に象徴される自由化の流れを無前提に受け入れることではなく，そのような主張が行われる文脈を冷静に読み解くことなのではないだろうか。そして，それは，現代の小泉改革にも通底する重要な視点である。

◆ 参考文献

新井光吉［2002］『アメリカの福祉国家政策――福祉切捨て政策と高齢社会日本への教訓』九州大学出版会。

井手英策［1999］「バブルと財政赤字」大島通義・神野直彦・金子勝編『日本が直面する財政問題――財政社会学的アプローチの視点から』八千代出版。

川上忠雄・増田寿男編［1989］『新保守主義の経済社会政策——レーガン，サッチャー，中曾根三政権の比較研究』（とくに，増田論文，金子論文）法政大学出版局。

渋谷博史［1992］『レーガン財政の研究』東京大学出版会。

ピアソン，C.（田中浩・神谷直樹訳）［1996］『曲がり角にきた福祉国家——福祉の新政治経済学』未來社。

吉田震太郎［2001］『現代財政入門（第2版）』同文舘出版。

資料8◇ 国際協調のための経済構造調整研究会報告書（前川レポート）

1. 我が国経済の置かれた現状

戦後40年間に我が国は急速な発展を遂げ，今や国際社会において重要な地位を占めるに至った。国際収支面では経常収支黒字が1980年代に入り傾向的に増大し，特に1985年は，対GNP比で3.6％とかつてない水準まで大幅化している。我が国の大幅な経常収支不均衡の継続は，我が国の経済運営においても，また，世界経済の調和ある発展という観点からも，危機的状況であると認識する必要がある。今や我が国は，従来の経済政策及び国民生活のあり方を歴史的に転換させるべき時期を迎えている。かかる転換なくして，我が国の発展はありえない。

2. 我が国の目指すべき目標

今後，経常収支不均衡を国際的に調和のとれるよう着実に縮小させることを中期的な国民的政策目標として設定し，この目標実現の決意を政府は内外に表明すべきである。経常収支の大幅黒字は，基本的には，我が国経済の輸出指向等経済構造に根ざすものであり，今後，我が国の構造調整という画期的な施策を実施し，国際協調型経済構造への変革を図ることが急務である。… （中略）…

これらを通じ，我が国の経済的地位にふさわしい責務を果たし，世界経済との調和ある共存を図るとともに経済のみならず科学技術，文化，学術面で世界に貢献すべきである。我が国の目指すべき目標を実現するため，当研究会は以下の基本的考え方に基づきその具体的方案を提言する。

3. 提言に当たっての基本的考え方

提言に当たっては，自由貿易体制の維持・強化，世界経済の持続的かつ安定的成長を図るため，我が国経済の拡大均衡及びそれに伴う輸入の増大によることを基本とする。

（1）市場原理を基調とした施策

「国際的に開かれた日本」に向けて「原則自由，例外制限」という視点に立ち，市場原理を基本とする施策を行う。そのため，市場アクセスの一層の改善と規制緩和の徹底的推進を図る。

（2）グローバルな視点に立った施策

世界経済の持続的かつ安定的成長によってのみ，日本経済の発展が得られるとの考え方に立ち，我が国の経済構造の是正に自主的に取り組む必要がある。と同時に，世界経済の発展には，各国の努力と協力が不可欠であり，構造調整などの政策協調の実現が必要である。

（3）中長期的な努力の継続

経済構造の是正並びに体質改善については，調整過程が中長期に及ぶため，息長く努力を継続していかなければならない。しかし，施策の着手については早急にこれを行う必要がある。

出所：「国際協調のための経済構造調整研究会」報告書，1986年。

第8章　双子の赤字とプラザ合意

―Keywords――――――――――――――――――――――――――
レーガノミクス，双子の赤字，サステナビリティ問題，プラザ合意，ルーブル合意，ブラック・マンデー
―――――――――――――――――――――――――――――――

1　世界経済体制の再編と双子の赤字

1.1　パクス・アメリカーナの動揺とスタグフレーション

　1970年代後半の世界経済体制は，スタグフレーションの発生とアメリカの覇権後退という相互に密接に関連する2つの問題に直面していた。

　1970年代には先進資本主義諸国の多くで，景気低迷と物価上昇が同時並存するというスタグフレーションが発生した。たとえばアメリカでは，70年代末から80年代初頭にかけて景気が悪化し失業率が7％台に上昇する一方で，消費者物価上昇率が10％を超える水準に達した。この景気と物価の関係は基本的には正の相関関係にあるといわれる。その意味でスタグフレーションは通常にない現象であり，先進資本主義諸国に対して新たな政策対応を迫るものであった。

　スタグフレーション発生の基底要因は，第2次世界大戦後に確立されたパクス・アメリカーナが動揺しはじめたことにあった。パクス・アメリカーナとはアメリカを基軸とした世界秩序のことであり，基本的にはアメリカの圧倒的な政治（軍事）力と経済力に支えられていた。そこでは，圧倒的経済力を背景に

自国市場へのアクセスや援助供与によって先進資本主義諸国の経済発展がうながされると同時に，政治的には社会主義陣営に対抗するための資本主義陣営の結束が図られた。

しかしパクス・アメリカーナは，ベトナム戦争などの冷戦激化やアメリカ経済の相対的衰退によって揺らぎはじめた。冷戦激化は軍事関連および国内経済安定化を目的とした政府支出の拡大をもたらした。これは必要以上にアメリカの景気を刺激する一方で，アメリカ経済の政府支出依存を助長することで競争力の相対的低下を招いた。その結果，政府支出拡大による景気刺激効果が実物経済レベルの活発化に結びつかないという現象が起こり，パクス・アメリカーナの国内的枠組みが崩壊したのである。

パクス・アメリカーナの動揺は，ブレトン・ウッズ体制というパクス・アメリカーナの対外的枠組みをも解体した。冷戦激化にともなう政府支出拡大は，アメリカの国際収支を悪化させただけでなく，それに起因するドル危機をも発生させた。その結果，金ドル交換性と固定相場を軸としたブレトン・ウッズ体制が崩壊し，変動相場制への移行とユーロ市場に代表される規制なき金融取引の肥大化が生じた。

ブレトン・ウッズ体制の解体はオイル・ショックを誘発することで，資本主義世界における先進諸国の影響力を低下させるようにも作用した。資源国有化やOPECの組織化によって先進資本主義諸国への対抗力を増しつつあった産油国は，変動相場制移行後のドル下落によって減少した石油輸出所得を補うために大幅な原油価格引上げを断行した。いわゆるオイル・ショックの発生である。オイル・ショックは石油資源依存を強めていた先進諸国経済を直撃することで，スタグフレーションを加速するように作用したのだった。

このように先進資本主義経済を機能不全に陥れたスタグフレーションは，アメリカという特定国経済を基軸とした世界秩序形成の限界と，資本主義経済のもとでの先進諸国と発展途上国との非対称性という，パクス・アメリカーナの問題点を浮き彫りにするものだった。

1.2 強いアメリカ政策と双子の赤字の形成

スタグフレーションによって機能不全に陥った先進資本主義諸国は，新たな

第8章　双子の赤字とプラザ合意　137

政策を展開しはじめた。なかでもアメリカのレーガン政権は，**レーガノミクス**と呼ばれる市場競争原理を通じた経済再活性化策と，軍事支出拡大を通じた対ソ連優位化策からなる強いアメリカ政策を展開し，パクス・アメリカーナ再編をはかった。

　その際，レーガン政権は，福祉支出拡大，政府規制の増大，そして高税率をもたらしたケインズ主義的経済政策をスタグフレーションの原因と位置づけた。そのためレーガン政権樹立後に策定された1981年の経済再建プログラムは，連邦支出伸び率の抑制，大幅減税，規制緩和，そして貨幣供給量の抑制といった4つの柱から構成され，市場競争原理を軸にアメリカ経済を再活性化することを目的としていた。

　他方でレーガン政権は，アメリカの覇権後退がオイル・ショックなど経済面での不安定性の原因になったとして，軍事力強化を軸とした新冷戦政策を展開した。具体的には，戦略防衛構想（SDI）など核戦力の増強・近代化を軸にした軍事支出拡大によって対ソ核優位を確立し，先進資本主義諸国の結束を強める一方で，共産化が進んだ第三世界に対する反共・反政府ゲリラの支援を中心とした巻き返しを狙った。

　強いアメリカ政策は懸案の1つであったスタグフレーションを封じ込めた。貨幣供給量が大幅に引き締められ，金利が急激に上昇した結果，過熱していたインフレーションが抑制されたのだった。他方，経済再建プログラムにおける大幅減税策は，減税をインセンティブ手段とすることで，アメリカ経済のサプライサイドの強化を目的としていた。確かに減税によって投資および消費が拡大したが，必ずしも生産力強化をもたらしたといえず，したがって短期的には税収減による財政赤字拡大の一要因となった。さらに政府支出に関しても軍事支出が急激に増加したため，財政赤字がさらに拡大する結果となった。こうして強いアメリカ政策は未曾有の財政赤字を計上したのだった。

　財政赤字と旺盛な民間需要は，アメリカ経済における資金不足問題をも引き起こした。財政赤字はそれをファイナンスするための資金を必要とするが，当時の民間経済部門は減税を背景とした消費・投資需要を活発化させており，財政赤字をファイナンスすることができなかった。こうした資金不足問題は，海外からの潤沢な資本流入によってファイナンスされた。

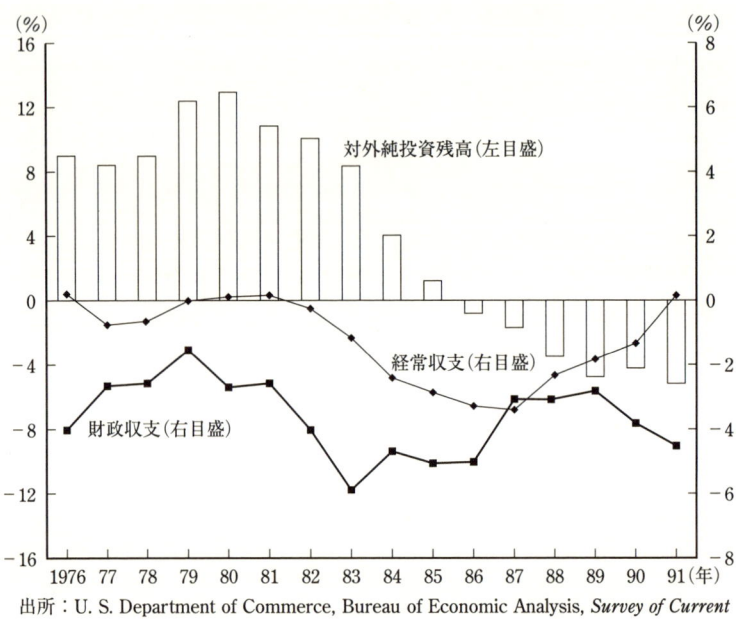

図8-1 アメリカの経常収支・財政収支・対外純投資残高（対GDP比）

出所：U. S. Department of Commerce, Bureau of Economic Analysis, *Survey of Current Business*, various issues.

　財政赤字のファイナンスを目的としたアメリカへの大量の資本流入は，急激なドル高を発生させた。ドル高は製造業部門を直撃し，当該部門の国際競争力を大幅に低下させるように作用した。その結果，財政赤字に支えられた旺盛な国内需要は，ドル高のもとで割安となった外国製品の購入に向かい，巨額の経常収支赤字が発生したのだった。こうして財政赤字と経常収支赤字の**双子の赤字**が発生したのである。そしてアメリカは1980年代半ばには純債務国に転落してしまった（図8-1）。

1.3 双子の赤字と世界経済体制の変容

　このように強いアメリカ政策は，巨額の財政赤字と経常収支赤字という双子の赤字問題に帰結したが，世界経済体制にとっては次の意味を持っていた。
　第1に，市場主義の高まりの契機となったことである。双子の赤字のもとで

確立された対ソ連軍事優位を背景にして，レーガン政権は1984年に対ソ対話路線に転換した。他方で，アメリカは，テロ封じ込めという名のもとで発展途上国における反米勢力の排除を強化するようになった。反米勢力の弱体化は，資本主義経済への対抗力の低下をも意味し，したがって市場主義が世界経済の前面に躍り出る契機ともなった。

第2に，世界経済体制における発展途上国の地位がさらに弱体化したことである。1970年代における資金循環構造は，ユーロ市場を媒介にして産油国のオイル・ダラーを非産油発展途上国へ還流させるものであった。これに対してアメリカの双子の赤字は，国際資金循環の軸芯を，アメリカを中心とする先進資本主義諸国に再び移動させた。そこでは資金不足国アメリカに対して先進資本主義諸国の資本が流入するという構造が形成された。国際資金循環構造から排除された発展途上国は，累積債務危機に見舞われただけでなく，世銀・IMF融資を通じた市場主義的な構造改革を余儀なくされることになった。

第3に，アメリカと先進資本主義諸国との間で，金融・資本自由化を通じた相互依存関係が強まったことである。1980年代には先進資本主義諸国間での金融・資本自由化が進められ，市場メカニズムに基礎を置く国際金融取引が急激に拡大していった。たとえば84年日米円ドル協定で，アメリカは日米間の対外不均衡の原因を日本の金融・資本市場の閉鎖性に求めると同時に，日本の金融・資本市場の自由化および当該市場へのアクセス改善，ユーロ円市場の拡大，そして直接投資交流の促進などを要求した。こうした動きは日本だけでなく他の先進諸国にも見られた。

金融・資本自由化の進展の結果，先進資本主義諸国間で，金利格差や為替相場の変動を利用した国際ポートフォリオ投資が急激に拡大していった。そこでは先進諸国の国債，発展途上国向け債権を証券化した金融商品，社債，そして株式など多様な金融商品が，金融指標の変動を契機として頻繁に取引されるようになった。これはユーロ市場に滞留しオイル・ダラー還流構造の源泉であった金融資本が先進資本主義諸国の金融市場を舞台に運動するようになったことを示している。アメリカの双子の赤字も，こうした国際ポートフォリオ投資の一環としてファイナンスされたのである。

しかしながら，アメリカと先進資本主義諸国との間の金融面での相互依存の

深化・拡大は決して安定的なものではなかった。なぜならば双子の赤字は他方では，アメリカの対外債務累積とその調整という金融システム不安の火種を抱えるものだったからである。

2 プラザ合意と国際政策協調

2.1 サステナビリティ問題の発生

双子の赤字の拡大とともに，アメリカの対外債務も急速に累積していった。レーガン政権成立時にはGDP比約10％の債権超過であった対外純投資ポジション（対外債権残高と対外債務残高の差額）は急速に縮小し，1980年代半ばには債務超過に転じてしまった。ただ対外債務が拡大したからといって，すぐにそれが問題となるわけではない。問題は，対外債務の持続可能性＝サステナビリティ（sustainability）である。

たとえば，経済発展途上であった19世紀のアメリカ経済は，経済成長に必要な資金を対外債務の形成によってファイナンスしていた。その際に流入した資本は生産的投資に振り向けられており，したがって債務返済能力も高かった。この場合，アメリカ経済の基礎的条件＝ファンダメンタルズ（fundamentals）が健全であるため，対外債務の形成はサステナブルであったというわけである。これに対して双子の赤字のもとで流入した資本は，民間経済活動における生産的投資よりもむしろ，軍事支出拡大などによって生じた財政赤字をファイナンスするものであった。したがって双子の赤字によって形成された対外債務はサステナブルではないものであった。

さらにクルーグマン（P. R. Krugman）もアメリカの対外債務はサステナブルではないと主張した。まず彼は対外債務の拡大が高い水準のドル高と並存していることに着目した。そして，リスク・プレミアムを考慮した資産市場の均衡条件であるドル建て資産と外貨建て資産との間の利回り格差，すなわち予想ドル減価率を求めたうえで，この予想ドル減価率のもとでの対外債務残高の水準を試算した。その結果は，将来的にはアメリカの対外債務は対GDP比で約46％に達するというものであり，したがってサステナブルではないという結論であった。

ところでクルーグマンのサステナビリティ論はもう1つの主張を持っていた。それは大量の資本流入を通じて生じた当時のドル高が，アメリカ経済のファンダメンタルズを反映しない投機バブルだというものである。上述のように急激なドル高をもたらした資本流入は財政赤字に起因していた。したがって債務返済能力という側面からは十分な投資対象ではなく，アメリカに流入した資本は投機的動機に基づくというわけである。

そこで問題となるのは，市場がドル相場の水準を過大評価であると認識し，投機的バブルが破裂した場合である。このシナリオのもとでは，ドル信認の崩壊が生じ，急激なドル減価による為替差損を嫌って，大量の資本がアメリカから引き上げられ，最終的にはドルが暴落するというハード・ランディングが発生することになる。ここに**サステナビリティ問題**がアメリカ経済にとって喫緊の課題として浮上することになったのである。

さらにドル高による国際競争力低下に直面した製造業部門を中心にして，アメリカ国内で保護主義圧力が高まりつつあった。産業界や労働組合の利害を反映した議会が行政府に対して，強力にドル高是正を要求しはじめたのである。またアメリカ議会は，保護主義的な通商法案を次々に提出した。双子の赤字は，自由貿易体制の堅持という側面からも持続可能ではなくなりつつあった。

2.2　協調介入とドル高是正

こうして1985年9月に日本，アメリカ，西ドイツ，イギリス，そしてフランスの先進5カ国蔵相・中央銀行総裁会議（G5）が開催され，先進諸国間の対外不均衡調整策に関する**プラザ合意**がなされた。このプラザ合意では，対外不均衡の是正のために，ドル高是正と財政政策などにおける各国別取組みが合意された。

国際経済政策としてのプラザ合意の第1の特徴は，対外不均衡調整が，先進諸国間の国際協調という姿をとった外国為替市場への政策介入によって展開された点にある。

プラザ合意では，外国為替市場への協調介入によって，ドルの円やマルクに対する水準を下方修正することが合意された。そこでは為替レートの修正目標が決定され，プラザ合意時点の水準から10〜12％の範囲で，ドルが下方修正

図8-2 ドル・レートの推移

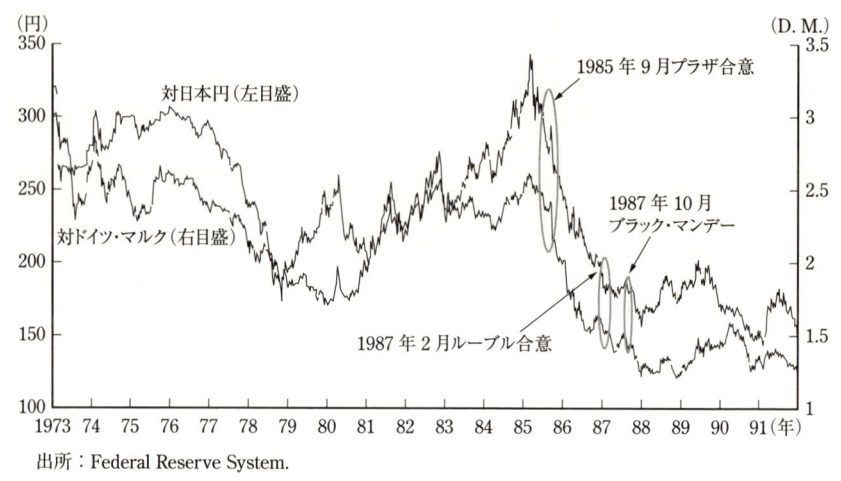

(円) 左目盛：対日本円
(D.M.) 右目盛：対ドイツ・マルク

1985年9月プラザ合意
1987年2月ルーブル合意
1987年10月ブラック・マンデー

出所：Federal Reserve System.

されることになった。具体的には，240円／ドルから214～218円／ドル，2.85マルク／ドルから2.54～2.59マルク／ドルに修正目標が決まった。外国為替市場への介入資金総額は約180億ドルを予定し，それぞれアメリカ30％，西ドイツ25％，日本30％，イギリス5％，そしてフランス10％という分担が決定された。

ドル高是正のための協調介入はプラザ合意直後から展開され，外国為替市場に大きな影響を及ぼした。とくに重要だったのは，アメリカがこれまでのドル高放置政策を明確に転換したと市場が受け止めたことである。その結果，プラザ合意時点の240円／ドル，2.85マルク／ドルという為替レートは，協調介入がほぼ終了した1985年10月末には212円／ドル，2.62マルク／ドルとなり，ドルはそれぞれの通貨に対して11.7％，8.1％下落した。このように協調介入政策は，外国為替市場の期待をドル高からドル安に大きく転換させることについてはとりあえず達成したといってよい（図8-2）。

この協調介入によるドル高是正策は，対外不均衡調整における変動相場制の役割について重要な含意を持つものだった。当初，変動相場制は，市場メカニズムに基づいて為替相場が変動することにより，対外不均衡を自動的に調整するよう作用するものと考えられていた。つまり変動相場制下では対外不均衡調

整に関する政策介入は基本的に必要ないとされていたのである。

これに対してプラザ合意による対外不均衡調整で行われたのは，外国為替市場に対して「秩序だった」かたちで協調介入することにより，為替相場を誘導しようとする試みであった。この協調介入の背後には，外国為替市場における金融取引が非常に不安定であり，しかも実物経済活動に対して多大な影響を及ぼしかねないという認識があった。上述のように，アメリカに流入していた巨額の資本は，アメリカ経済のファンダメンタルズを反映していない投機色の強いものであり，投資期待が急激に変化することによってドル暴落というハード・ランディングの可能性を持つものだった。つまり協調介入は外国為替市場の急激な変動を抑制するという意図を持つものでもあった。

このようにプラザ合意による協調介入は，ドル高是正による対外不均衡の調整と，不安定かつ強力な金融市場圧力の抑制という2つの目的を持っていたのである。ここには不均衡調整過程における金融市場の影響力が避けることのできない国際経済政策問題として浮かび上がったことが示されている。

2.3　国際政策協調の展開

プラザ合意の第2の特徴は，対外不均衡調整策として財政政策および金融政策での国際政策協調が展開された点にあった。

アメリカは対外不均衡調整のための財政・金融政策として，財政赤字削減と金融緩和のポリシー・ミックスを念頭においていた。財政赤字削減は，生産縮小と貨幣需要の減少＝金利低下を発生させ，その結果，資本流出とドル下落をもたらす。また金融緩和は，金利低下を通じた国内需要拡大と資本流出によるドル下落をもたらす。したがって財政赤字削減と金融緩和のポリシー・ミックスは，所得水準を一定にしながらドル下落を達成し，経常収支赤字の縮小をうながすというわけである。

アメリカは，こうした財政・金融政策のポリシー・ミックスを，アメリカ単独ではなく国際政策協調によって展開しようとした。しかしながら以下のように，国際政策協調は，それを要請された国にとっては，財政・金融政策における各国の自律性確保という点で問題を含むものでもあった。

アメリカでは，1985年12月に財政赤字の削減を目的としたグラム＝ラドマ

ン＝ホリングス法が成立し，87年度には700億ドルもの財政赤字削減がなされ，対GDP比で約5％の水準から約3％まで低下した。これに対して当時の日本の財政政策は，対外不均衡調整のための財政支出による内需刺激策よりもむしろ，財政再建路線を重視していた。その背景には，70年代の「機関車論」によって大規模な財政赤字を余儀なくされたことがあった。しかしながら，円高を背景とした外圧の高まりや円高不況の顕在化によって財政出動による内需拡大策を展開せざるをえない状況に追い込まれた。その結果，86年4月に「前川レポート」が発表された後，日本は対外不均衡調整を主要な財政政策目標として位置づけることになった。西ドイツのスタンスは，基本的にはインフレ抑制と慎重な財政支出を軸とするものであった。しかも当時は財政赤字削減などによる財政均衡路線を展開しており，財政支出拡大による内需拡大には反対の立場にあった。したがって西ドイツによる内需拡大策は投資減税という限定的なものにとどまった。

　プラザ会議では金融政策に関する明確な合意はなかったが，対外不均衡調整のための内需拡大策およびドル暴落抑止策として重要な位置づけが与えられた。1986年から87年にかけて数次にわたる金利引下げが行われた結果，86年1月時点で5％，7.5％，4％であった日本，アメリカ，西ドイツの公定歩合は，87年2月までにはそれぞれ2.5％，5.5％，3％にまで低下した。この協調利下げは，対外不均衡調整を通じて景気が減速しつつあった日本やアメリカにとっては，金融緩和による景気刺激策として重要視された。

　協調利下げは，金融緩和による景気刺激策だけではなく，ドル暴落抑止策としての側面をも持っていた。国際間での金融・資本取引が拡大している世界では，金利変化による国際間利子率格差の拡大は，大規模な国際資本移動を引き起こす要因となる。したがってアメリカにおける単独利下げは，一方でアメリカ経済に対する景気刺激策として機能するけれども，他方ではアメリカからの資本流出を引き起こし急激なドル安をもたらすことになる。したがってドル暴落を抑止するためには国際間利子率格差が大きく乖離しないための協調利下げが必要となったというわけである。

　こうした国際政策協調は，ドル高是正のための協調介入とは異なり，しばしば対外不均衡の早急な調整を求めるアメリカと，財政・金融政策における自律

性を維持したい日本および西ドイツとの間の摩擦をともないながら展開された。日本や西ドイツが財政・金融政策における自律性を確保したいと考えた背後には，そもそも対外不均衡の原因はアメリカ側にあり，したがって，対外不均衡調整の負担に関しても主にアメリカが引き受けるべきものとの考えがあった。これに対してアメリカは，あらゆる側面における経済摩擦を激化させると同時にさらなるドル下落の容認という市場圧力を利用することで，日本や西ドイツによる国際政策協調を引き出していったのである。

3 世界的金融不安とルーブル合意

3.1 対外不均衡調整の遅れとドル不安

　プラザ合意による対外不均衡是正策の展開にもかかわらず，アメリカの対外不均衡は解消せず，むしろ経常収支赤字はさらに悪化傾向をたどった。この対外不均衡調整の遅れを契機として，経済学においても対外不均衡問題に関する議論が高まった。なかでも，為替レート変動が及ぼす対外不均衡調整への効果など，プラザ合意によって行われた一連の対外不均衡調整策に対して疑問が投げかけられた。

　プラザ合意による対外不均衡調整策はマンデル＝フレミング・モデルに基礎を置くものだった。このモデルによると，財市場と金融資産市場における変化は，為替レート変動を引き起こすことで，貿易収支の変化に帰結することになる。前述のように，プラザ合意においてアメリカがとった対外不均衡調整策は，財政支出削減と金融緩和というポリシー・ミックスによって，自国経済の所得水準を一定にしたままドルの減価を達成しようとするものであった。そこでは為替レートの変動が，各国経済の変化を貿易収支の変化に伝達するという重要な役割を果たす。

　しかし対外不均衡は大幅なドル減価が実現したにもかかわらず，依然として高水準にあった。このことから対外不均衡調整に為替レート調整は機能しないとの見解が出された。I-Sバランス論がそれである。この見解によると対外不均衡は貯蓄と投資のバランスによって決定されるため，そのインバランスの解消こそが対外不均衡調整の主要手段であり，為替レートの変動は必要ないとい

うものである。

　見解の相違は対外不均衡調整における為替レートの必要性にあるが，その根底には世界経済の統合度に関する見方の差異が存在する。為替レートの役割を重視する見解は，財市場における不完全な統合という世界を想定している。したがって，不完全な統合状態である財市場を変化させるためには為替レート変動が必要となる。これに対してI-Sバランス論は，財市場における統合が進んだ世界を想定しており，そこでは所得の移転とともに瞬時に財市場が調整されることになる。実際には，雇用，投資，生産といった活動の調整は時間がかかるものであり，したがって財市場は不完全にしか統合されていないといえよう。これはJカーブ効果をともないながら，対外不均衡調整過程を遅らせることになる。

　しかし対外不均衡調整の遅れに関して問われるべき問題は，対外不均衡調整における為替レート変動の有効性だけでなく，財市場に対する金融市場ないし為替レート変動の大きさと不安定性であった。為替レートは1986年後半には160円／ドル，2D. M.／ドルを切る水準にまで下落していたのだが，これはプラザ合意時点から30％以上もの下落であり，もはや対外不均衡調整のためのドル高是正という側面を越えてドル不安という様相を呈していたからである。

　対外不均衡調整の有効性に関する前述の議論は金融市場すなわち外国為替市場の効率性を前提としており，そこでは金融市場における投機性や不安定性についての認識が軽視されている。確かに金融市場は，投資家の期待が安定的に推移する場合には，金融仲介機能を効率的に果たす可能性があるが，しかし投資家の期待は不安定であり，時として大きく変動することで，金融市場の崩壊をもたらす可能性がある。実際に，プラザ合意は一方で対外不均衡の調整を目的としていたが，同時にドル暴落という金融市場の変動を抑止することももう1つの目的であった。

　対外不均衡調整の遅れは投資家の期待に影響し，ドル不安を増幅させるように作用するが，問題は，対外不均衡調整の遅れがドル不安の原因というよりもむしろ，外国為替市場に代表される金融市場そのものが不安定な動きをすることにある。したがって，金融市場の肥大化と不安定化を前提としない対外不均衡調整論は，いたずらに財市場ないし生産や雇用といった実物経済活動に大き

な負担を強いる恐れがある。

3.2 ルーブル合意と世界的バブル

　対外不均衡調整の遅れを契機としたドルの大幅下落は，各国経済の許容範囲を超えつつあった。アメリカはドル不安を背景とした対米資本流入減と輸入物価上昇によるインフレ圧力に直面しはじめた。これに対して日本や西ドイツは自国通貨上昇による景気抑制圧力に直面していた。つまり各国経済は大幅な為替レート変動による負の影響に直面したのであり，その結果，1987年2月に行われた先進7カ国蔵相・中央銀行総裁会議（G7）で**ルーブル合意**がなされた。

　ルーブル合意は，当時の為替レートが経済のファンダメンタルズに合致するとの認識を示した。そのうえで，これ以上の為替レート変動は世界経済に悪影響を及ぼすとして，参考相場圏を形成することで為替変動幅を決定し，ドルの安定化を目指した。そこでは上下2.5％（合計5％）の為替レート変動幅すなわち参考相場圏が設定され，ルーブル合意時の為替レートが参考相場圏の範囲内に収まるように各国が協調介入することになった。つまりプラザ合意とは異なり，対外不均衡調整を目的としたドル高是正よりもむしろドル安定化が志向されるようになったのである。当時はドル急落が市場の趨勢であり，したがって各国通貨当局はドル買い協調介入によって市場に対抗した。

　しかし，ルーブル合意による為替安定化策によってもドル急落の趨勢を逆転させることができなかった。その背後には，国際政策協調の足並みの乱れがあった。ルーブル合意では各国間の経済政策協調もうたわれたが，実際には日本の緊急財政出動と西ドイツによる減税政策前倒しが行われただけで，アメリカによる新たな財政赤字削減策は提示されなかった。また金融政策面でも，アメリカは自らの金利水準を維持する一方で日本および西ドイツに利下げを要求したが，これに応じたのは日本だけで，西ドイツは当時上昇しはじめていたインフレを抑制するためにアメリカの要求を無視して利上げ誘導を始めた。アメリカも対米資本流入の確保とインフレ抑制のため金融引締めに転じたのだった（図8-3）。

　その結果，1987年10月19日月曜日にニューヨーク株式市場の大暴落がはじまり，それが直ちに世界中に波及していわゆる**ブラック・マンデー**と呼ばれ

図8-3 日米の金利と株価の推移（1980年1月1日～90年12月31日）

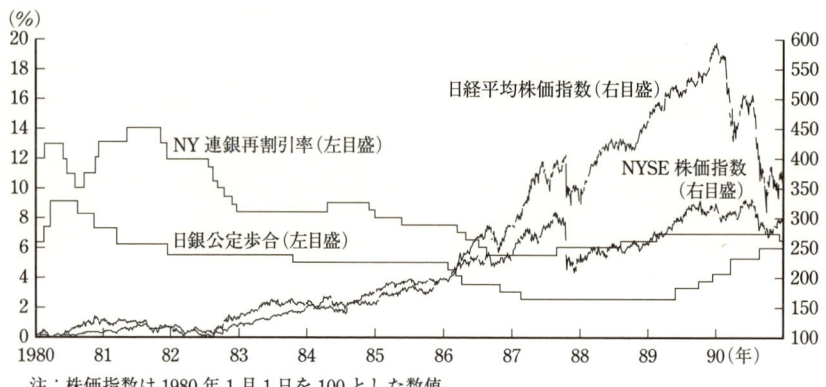

注：株価指数は1980年1月1日を100とした数値。
出所：日銀公定歩合は日銀ホームページ；NY連銀再割引率はFederal Reserve Systemホームページ；NYSE株価指数はNYSEホームページより。

る世界同時株安が生じた。当時のアメリカ経済には，度重なる協調利下げと金融緩和によって供給された大量の資金がM&Aなど企業再編の姿をとって株式市場に流入していた。つまりドル暴落を避けるために国際政策協調によって注入されたマネーは，実物経済活動よりもむしろマネー・ゲームに向かっていた。そして過剰に供給されたマネーが，国際政策協調の足並みの乱れを突くかたちで，ブラック・マンデーを発生させたのである。

ブラック・マンデーを契機にドルはさらに急激に下落し，1987年末には121.25円／ドル，1.57D. M.／ドルにまで達した。その後，各国通貨当局による大規模なドル買い介入が88年に入ってからも継続され，また日本による金融緩和政策が継続された結果，ようやくドル暴落は鎮静化した。しかし，このドル暴落の鎮静化も，日本における資産インフレすなわちバブルの発生という代償をともなうものだった。当時の日本は景気回復過程にあり，しかも数次の金融緩和を背景とした資産インフレが問題視されていたため，金融引締めを行うべき時期にあった。しかしブラック・マンデーの発生によって，アメリカは日本に対して金融引締めよりもむしろ金融緩和の持続を要請した。その結果，日本は資産インフレを助長させてしまったのである。

ブラック・マンデーとその後の日本のバブルは，アメリカにおける金融不況

と日本における金融活況をもたらすことで，期せずして対外不均衡の調整を促進するように作用した。つまり金融市場の変動が実物経済活動に大きく影響することによって対外不均衡調整が結果的に進んだのであり，ここには対外不均衡調整における金融市場の影響力の大きさがうかがえる。

国際経済政策としてのプラザ合意による対外不均衡調整策とその後の世界的な金融システム不安は，アメリカを中心とした世界経済システム，すなわちパクス・アメリカーナ再編の限界を示す一方で，金融市場の肥大化と不安定性をもたらす要因，すなわち国際通貨金融システム改革への取組みが重要課題として浮かび上がったことを示唆している。

◆ 参考文献

ギルピン，R.（大蔵省世界システム研究会訳）［1990］『世界システムの政治経済学――国際関係の新段階』東洋経済新報社。
ストレンジ，S.（小林襄治訳）［1988］『カジノ資本主義――国際金融恐慌の政治経済学』岩波書店。
船橋洋一［1988］『通貨烈烈』朝日新聞社。
マリス，S.（大来佐武郎監訳，坂本正弘・安田靖訳）［1986］『ドルと世界経済危機――日・米・欧は何をすべきか』東洋経済新報社。
山本栄治［1997］『国際通貨システム』岩波書店。
Bergsten, F. (ed.) [1991], *International Adjustment and Financing : The Lessons of 1985-1991*, Institute for International Economics.
Krugman, P. R. [1985], "Is the Strong Dollar Sustainable?," *NBER Working Paper*, No. 1644.

資料9 ◇ 先進5カ国蔵相・中央銀行総裁会議（G5）の合意文書

（プラザ合意文書，1985年9月22日）

○ フランス，西独，日本，英国及び米国の大蔵大臣及び中央銀行総裁は本日，1985年9月22日，…（中略）…これら各国の経済発展と政策を再検討し，経済見通し，対外収支及び為替レートに対するその合意を評価した。
○ 大臣及び総裁は，今後の政策決意とともに，彼らの国々の間の基礎的経済条件の最近の変化が，為替市場に十分反映されていないとの見解である。
○ 米国の経常収支赤字は，現在，他の要因とともに保護主義圧力に寄与しており，これに抵抗しない場合，世界経済に重大な損害を及ぼす相互破壊的報復へと導く恐れがある。
○ 大蔵大臣及び中央銀行総裁は，…（中略）…これまでに生じた大きくかつ増大する対外インバランスを是正するための改善の重要性に合意した。
○ 大蔵大臣及び総裁は，為替レートが対外インバランスを調整する上で役割を果たすべきであることに合意した。このために，為替レートは基本的経済条件をこれまで以上によりよく反映しなければならない。彼らは，…（中略）…主要非ドル通貨の対ドル・レートのある程度の一層の秩序ある上昇が望ましいと信じている。彼らは，そうすることが有用であるときには，これを促進するようより密接に協力する用意がある。
○ 特に，日本政府は次の明白な意図を持つ政策を実施する。
  1. 保護主義に抵抗，並びに外国製品及びサービスに対する日本の国内市場の一層の開放のため7月30日に発表した行動計画の着実な実施。
  2. 強力な規制緩和措置の実施による民間活力の充分な活化。
  3. 円レートに適切な注意を払いつつ，金融政策を弾力的に運営。
  4. 円が日本経済の潜在力を十分反映するよう，金融・資本市場の自由化及び円の国際化の強力な実施。
  5. 財政政策は，引き続き，国の財政赤字の削減と，民間活力を発揮させるような環境づくりという2つの目標に焦点を合わせてゆく。その枠組みの中で，地方団体が個々の実状を勘案して1985年度中に追加投資を行おうとする場合には，所要の許可が適切に与えられよう。
  6. 内需刺激努力は，消費者金融及び住宅金融市場拡大措置により民間消費及び投資の増大に焦点を合わせる。

出所：大蔵省国際金融局『大蔵省国際金融局年報』昭和61年版，1986年，282-84頁，より一部抜粋。

第9章　経済摩擦と構造調整

Keywords

南北問題，公正貿易論，競争力論，301条，包括通商競争力法，輸出自主規制，日米構造問題協議，ウルグアイ・ラウンド

1　パクス・アメリカーナと経済摩擦

1.1　経済摩擦における政治と経済

　経済摩擦とは基本的に経済問題に関する政治的軋轢のことである。経済活動では，政治システムや慣行などによって形作られたルールに沿って，日常的に経済主体間の利害調整が行われている。しかし経済主体間の利害調整が行われるルールが非対称的である場合や経済活動の実情を反映したルール自体が存在しない場合，利害調整は政治問題化することが多い。とくに，強制力を持つルールが形成されにくい国際間では経済摩擦が顕在化しやすい。

　第2次世界大戦後の利害調整ルールの1つであるGATTの形成には，アメリカの圧倒的な軍事力と経済力に基礎を置くパクス・アメリカーナが深く関与していた。GATTは貿易障壁削減を通じて各国経済間の相互依存を高めることで，資本主義諸国間の政治的結束の強化を目的とするものだった。しかし1970年代以降のパクス・アメリカーナの動揺と再編の過程では，各国間で経済摩擦が激化したのだった。このように経済摩擦問題を取り扱う場合には，各国間の利害調整ルールに大きな影響を及ぼすパクス・アメリカーナのありよう

に着目する必要がある。

　さらに経済摩擦問題を分析する際には，利害調整ルールが実際の経済活動を反映するものかどうかも重要となる。近年の経済摩擦の争点は，貿易だけでなく，直接投資・金融・サービスなどの個別経済分野，マクロ経済政策，そして政府規制・民間レベルでの経済制度など多岐にわたっている。こうした経済摩擦の広範化の背後には，各国経済間の相互依存の高まりや，産業内貿易やサービス貿易の拡大といった経済活動そのものの性質変化が存在している。この相互依存の拡大と性質変化に対して各国経済間の利害調整システムが対応できない場合，経済摩擦が発生することになる。

1.2　パクス・アメリカーナとGATT

　パクス・アメリカーナとはアメリカの圧倒的軍事力と経済力に基礎を置く国際政治経済秩序であり，そのもとで貿易取引における利害調整の場であるGATTが形成された。そこでは自由・無差別・多角的取引の原則のもとで，各国が交渉を通じて関税を中心とした貿易障壁の引下げあるいは撤廃を行った。その結果，アメリカおよび先進資本主義諸国間を中心に貿易取引が拡大し，世界経済は1930年代の分断から再び相互依存の道をたどりはじめたのである。

　しかしGATTのもとで進展した相互依存は必ずしも安定的なものではなかった。

　第1に，GATTは先進諸国の利害を反映する非対称的な性質を持っており，その結果，先進諸国と発展途上国との間に経済摩擦が発生したからである。自由・無差別・多角的取引という原則にもかかわらず，GATTでは先進諸国の利害を反映して，農業など政治的にセンシティブな分野が関税引下げ交渉の対象外となった。発展途上国にとって農業は輸出を通じた重要な外貨獲得部門であったが，それが関税引下げ交渉の対象外となった結果，発展途上国は交易条件の悪化に直面したのである。その結果，1960年代には先進諸国と発展途上国との間で**南北問題**が顕在化した。

　南北問題はパクス・アメリカーナを揺るがす一因となった。発展途上国の多くは「援助よりも貿易を」をスローガンにして先進資本主義諸国中心のGATT体制に異議を唱える一方で，1974年には国連を舞台にGATTに替わる新国際

経済秩序（NIEO）の構築を主張した。この動きは，発展途上国における資源ナショナリズム運動と結びつくことでオイル・ショックに帰結し，先進諸国経済に大きなダメージを与えることになったのである。

第2に，パクス・アメリカーナという覇権システム自体が覇権コスト負担をめぐる矛盾を内包しており，それが先進諸国間の経済摩擦をもたらしたからである。パクス・アメリカーナは共産圏に対抗するための資本主義社会の結束という政治的秩序形成も目的としていたが，そこでは資本主義諸国によるアメリカの政治的覇権の承認とアメリカによる資本主義諸国の経済発展促進という構図が存在した。アメリカは当該諸国の経済発展をうながすことが資本主義体制における結束を強化すると考えていたのである。

冷戦が激化するなかで，アメリカは援助や市場開放などの負担を通じて資本主義諸国の経済発展を促進させようとしたが，その結果，皮肉にもアメリカの国際収支は赤字に転落し，国際競争力も相対的に低下しはじめたのだった。これに対してアメリカはパクス・アメリカーナ維持のためのコスト負担を求め，その結果，先進諸国間の摩擦が生じた。たとえば，国際収支赤字の原因をめぐってアメリカと西欧諸国との間で大きな見解の相違が生じたが，これは1960年代には欧米間の直接投資摩擦や国際通貨制度改革をめぐる議論にまで発展した。また日米間でも，日本の対米輸出拡大が問題視され，繊維摩擦や鉄鋼摩擦が生じたのだった。このように冷戦体制下でのアメリカの政治的覇権強化と経済力の維持が矛盾や非対称性を内包しており，それが経済摩擦というかたちで顕在化したのである。

1.3 対外依存の拡大と国際貿易の性質変化

第2次世界大戦後のアメリカ経済は世界経済の総生産額の約半分を占める程の圧倒的地位を占めていた。こうした経済状況を反映してGATTによる世界貿易の自由化が進められた。GATTのもとで世界貿易は拡大したが，同時にアメリカ経済を取り巻く経済環境も大きく変化した。その1つがアメリカ経済の対外依存の拡大であった。

対外依存の拡大はまず貿易において生じた。第2次世界大戦後から1960年代までの貿易依存度（貿易総額／GDP）は約10％程度であったが，70年代以

降急激に上昇し80年代初頭には約20％にまで跳ね上がった。問題はこうした対外依存の拡大がアメリカと世界経済との間での相互補完的な国際分業の形成を意味するのか，あるいは国際競争局面の拡大を意味するかどうかである。

　比較優位説によると，各国は他国に比べて相対的に低価格で生産することができる財の生産に特化し，各国間で異なる財の貿易が行われることで相互補完的な国際分業が形成される。そして相互補完的な国際分業の結果，各国はより効率的な生産と消費の拡大という利益を手にすることになる。しかし対外依存が拡大する過程で，異なる財の貿易というよりもむしろ家電部門や自動車部門など同じ産業カテゴリーに属する製品の相互貿易すなわち産業内貿易の拡大が生じていた。

　当時の比較優位説の主流であった要素賦存説は，比較優位が資本や労働などの生産要素の賦存状況によって形成されるとしており，そこでは一次産品と製造業品といった産業間貿易が生じることになる。したがって要素賦存説は，要素賦存状況が似通った先進諸国間での同一産業内部の貿易取引の拡大を説明することができないことになる。

　これに対して産業内貿易の拡大は，どの国が何を生産し輸出するかを決める比較優位が技術革新による生産効率改善や品質改善によって形成されることを意味した。つまり国際貿易パターンの決定要因が生産要素賦存から技術革新能力に大きくシフトしていたのである。

　製造業およびハイテク部門は，従来アメリカが圧倒的な国際競争力を有していた部門であったが，産業内貿易の高まりとともに世界市場における当該部門のアメリカのシェアは低下した（図9-1）。こうした製造業部門やハイテク部門におけるアメリカの世界市場シェアの低下は，アメリカ経済が貿易パターン決定要因の変化に対応できず，他方では日本など先進資本主義諸国は技術革新によって対応したということを意味する。

　こうした産業内貿易の拡大とアメリカの世界市場シェアの低下に対するアメリカ産業界やその利害を反映するアメリカ議会の認識は，日本などの先進資本主義諸国がアメリカとは異質な経済構造を持ち，不公正な競争を行っているというものだった。こうした認識は自由貿易を主軸としたアメリカ通商政策のスタンスを転換させる圧力となっていった。ここには各国経済間の相互依存拡大

図 9-1 アメリカの国際競争力動向

(1) 世界貿易におけるアメリカ製造業のシェア

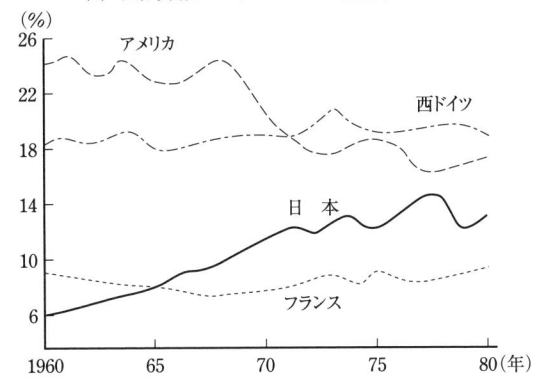

(2) ハイテク輸出における主要先進国のシェア

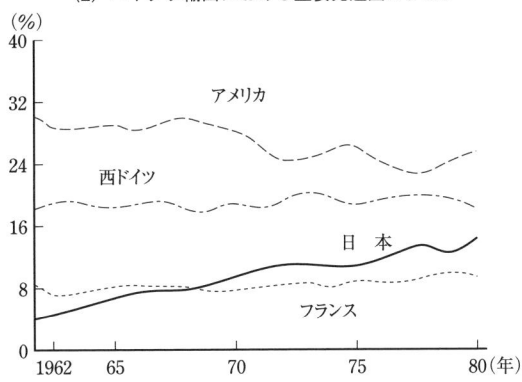

出所：The President's Commission on Industrial Competitiveness [1985], p. 15.

とその性質の変化が利害調整ルールに影響を及ぼし，経済摩擦に帰結することがうかがわれる。

2 アメリカ通商政策の転換

2.1 公正貿易論と競争力論の台頭

　第2次世界大戦後のアメリカ通商政策の基本理念は総じて自由貿易主義にあったといえよう。この自由貿易主義は自由・無差別・多角的取引というGATT原則に具現化した。しかしパクス・アメリカーナの動揺と国際貿易の性質変化が顕在化しはじめた1970年代以降，アメリカ通商政策における自由主義的な通商政策理念が変質しはじめた。

　まず自由貿易主義から公正貿易論への通商政策理念の変質が生じた。**公正貿易論**とはアメリカと貿易相手国との間の貿易取引に関する条件を同等にするというものであるが，具体的には貿易相手国がアメリカから享受している貿易取引条件すなわち市場アクセスと同程度の市場アクセスを貿易相手国に求めるというものであった。これは市場アクセスを拡大するという点では自由貿易主義と似た側面を持つが，その主眼は貿易自由化よりもむしろアメリカが公正とする基準と同等の基準を貿易相手国に求め，輸入拡大だけでなく輸出拡大に置かれていた。

　輸入だけでなく輸出も重視するという側面は1980年代には競争力論の台頭という姿でも現れた。**競争力論**とは，価格や品質などの競争力すなわち絶対優位の強弱によって国際貿易取引の利益が左右されるという見解である。つまり競争力が強い場合には世界市場シェアが上昇し，その結果，競争力が強い経済はそこから生じる生産拡大などの利益を得るというものである。こうした見解に基づけば，各国経済は輸入を制限し輸出を促進することで利益を得るという重商主義的政策に行き着く可能性がある。

　競争力論は比較優位説と異なり，国際貿易を世界市場シェアを奪い合うというゼロサム・ゲームと見なしている。こうした競争力論が台頭した背景には，国際貿易の性質変化とそれをもとにした戦略的貿易政策論などの新しい国際貿易理論の出現があった。戦略的貿易政策論とは，独占や寡占などの不完全競争のもとでは，各企業は技術開発など膨大な固定資本投資から生じる独占的利潤をめぐって競争しているが，こうした独占・寡占企業間の競争関係に政策的に

介入することで自国企業を支援し，そこから生じる独占的利潤を自国経済に移転させることができるというものである。

競争力論者は，日本や西ドイツが産業政策や通商政策によって自国企業を積極的に支援した結果，自動車や家電さらには半導体など先端技術部門におけるアメリカ企業のシェアが低下し，アメリカ経済の相対的衰退が生じたととらえた。こうした見方は上述の公正貿易概念とも結びつくことで，日本はアメリカと異なる経済制度を有するという日本異質論が出される背景にもなっていった。その結果，競争力論者は管理貿易論を主張することで国際貿易への政策的関与を強める必要があると主張した。

2.2　301条と競争力政策

公正貿易論および競争力論という通商政策理念の台頭を背景にして，アメリカの通商政策は以下のように変容した。

第1に，公正貿易的性質が強まった。これは1974年通商法にまず現れた。74年通商法は輸入保護的側面と公正貿易的側面の2つの側面を持っていた。輸入保護的側面としては，セーフ・ガード，エスケープ・クローズ，相殺関税法，反ダンピング法の適用条件緩和といった保護貿易条項の強化が行われた。しかしこの輸入保護措置には自由貿易に対する安全弁という側面を持つものもあり，その意味では自由貿易主義からのアメリカ通商政策の転換を必ずしも意味するものではなかった。

これに対して公正貿易政策への転換として重要視されるべきは，1974年通商法に301条が導入されたことである。**301条**は，アメリカの基準によって特定された不公正貿易国に対する通商協定上の譲許の撤回や停止，関税引上げや輸入制限などの強硬な制裁措置を大統領に求めることで，当該国の市場開放を迫るものである。こうした傾向は80年代にはさらに強化された。

第2に，通商政策の決定および遂行において議会の影響力が強まった。通商政策をめぐる議会と行政府の関係は，議会によって委譲された権限を基礎に大統領および行政府が通商交渉ならびに通商政策を遂行するというものである。その際，権限委譲の程度および内容は各通商法によって規定される。

そもそもアメリカの場合，スムート＝ホーレイ関税法のように，他国に比べ

ると議会が通商政策決定にあたって強い権限を有するという特徴があった。これに対して第2次世界大戦後には、アメリカ経済が世界的に圧倒的地位にあったこともあり、議会による行政府への権限委譲が広範に行われてきた。

しかしパクス・アメリカーナの動揺と国際貿易の性質変化、そして公正貿易論や競争力論の高まりを受け、議会と大統領との間の通商政策をめぐる関係が議会の影響力が強まる方向で変化しはじめた。1988年には議会主導で**包括通商競争力法**が成立したが、そこでは74年通商法301条が強化され、アメリカ通商代表部（USTR）による政策発動の自動化および義務化（包括通商競争力法1301条）と、スーパー301条新設（同1302条）による301条発動までの期間短縮が行われた。これらは通商政策遂行における行政府の裁量権を縮小し議会の影響力を強めることで、アメリカの国内利害をより強力に貫徹させようとするものであった。

第3に、競争力強化という側面が強まった。「強いアメリカ政策」を展開していたレーガン政権は、民間経済主体をも含む大統領産業競争力委員会を組織し、1985年には『ヤング・レポート』を発表することで、競争力強化への取組みの必要性を提示した。そこでは、財政赤字削減、技術開発促進、人的資本投資促進、そして積極的通商戦略による競争力強化の必要性が提唱された。

なかでも技術革新に基づく生産力強化が重視され、1988年包括通商競争力法にも具体化された。同法は301条の強化と同時に知的所有権重視など技術革新に基づく競争力強化をも目指しており、そのための競争力委員会の設置、研究開発支援、教育訓練投資、そして輸出促進策が盛り込まれた。そこで新設されたスペシャル301条（包括通商競争力法1303条）は、知的所有権の保護が不十分でありアメリカの権利を侵害している国に対して交渉を行い、改善が見られない場合には制裁措置を発動するというものであった。

通商政策における以上の変化は、競争力強化を通じたパクス・アメリカーナ再編を301条という強権的通商政策手段で支援するという利己的性質を持つものである。貿易性質の変化は経済活動における技術革新を通じた生産力強化の必要性を高めたが、アメリカはこうした競争力強化を知的所有権保護と市場開放要求によって促進し、他国がこうした要求に応じない場合には301条を通じて強権的にそれを遂行しようとしたのだった。こうした動きは80年代に貿易

収支赤字が拡大することによってさらに強まったのである。
　覇権国が利害調整ルールを設定することは，それが存在しない場合に比べて利害調整にまつわる取引コストの低下というメリットをもたらし，貿易活動や経済活動を安定化させるとする見解がある。しかし覇権国の通商政策は，その性質が利己的であれば，各国経済活動の安定化よりもむしろ各国経済間の利害対立すなわち経済摩擦を発生させることで，利害調整システム自体を不安定化させる。アメリカ通商政策の変容は他国の負担でアメリカ経済を再活性化させるという利己的な側面を持っており，したがって第2次世界大戦後もっとも経済摩擦を激化させるものだった。

3　日米摩擦の激化と構造調整

3.1　対米輸出と貿易摩擦

　パクス・アメリカーナの動揺と再編，国際競争の性質変化，そしてアメリカ通商政策の転換といった摩擦の要因が凝縮したかたちで現れたのが日米摩擦である。この日米摩擦は，日本の対米輸出をめぐる摩擦と日本市場の開放をめぐる摩擦の2つに大まかに分類することができる。
　第2次世界大戦後の日米摩擦は，まず個別製品の対米輸出に対する貿易摩擦という姿で現れた。1955年の1ドルブラウス問題を皮切りに，60年代半ば以降の鉄鋼摩擦，69〜71年の繊維摩擦，80年代以降の自動車摩擦，そして工作機械摩擦，半導体摩擦などハイテク分野にまで次々に摩擦の対象が広がっていった。これらの摩擦には，パクス・アメリカーナのもとで経済発展を遂げる日本経済とパクス・アメリカーナ維持とコスト負担に直面するアメリカ経済との間の確執が根底にあった。
　個別製品分野における日米貿易摩擦は，アメリカ側による輸入規制や，それを契機とした日米間の政治的交渉によって決着されてきた。アメリカ側の輸入規制にはセーフ・ガード，エスケープ・クローズ，そして反ダンピング法など通商法に基づく手段があり，政治的交渉としては日本側の対米**輸出自主規制**などがある。日米貿易摩擦ではとくに反ダンピング法と輸出自主規制が頻繁に利用された。反ダンピング法に基づく対日提訴は60年代末から92年までの間に

約170件にのぼり，その対象も広範な分野に広がった。ダンピング提訴は，日本製品が公正な価格を下回る価格で米国内で販売される場合に行われるが，その際，判定の基準となる公正な価格の設定や損害認定額が恣意的であったことから摩擦が生じた。

　ダンピング提訴は，日本側によるGATT枠外での対米輸出自主規制という政治的決着にも結びついた。ダンピング提訴が行われると，アメリカ行政府は自由貿易体制という建前を維持するために，日本政府に対して政治的交渉を通じた対米輸出自主規制を要請した。これに対して日本政府がアメリカ政府の要求を受け入れて輸出規制を行うことにより，貿易摩擦は調整されてきたのである。輸出自主規制は鉄鋼，カラーテレビ，自動車，工作機械など次々にその対象を広げてきた。

　ところで輸出自主規制は鉄鋼などを除き，1990年代には下火になった。たとえば自動車部門では，アメリカ側の要請により81年度に輸出台数を160万台にまで抑制するという対米輸出自主規制が開始されたが，93年度には輸出自主規制は打ち切られた。この自動車部門の対米輸出自主規制の打ち切りは，GATTウルグアイ・ラウンドで輸出自主規制などが原則禁止・撤廃の対象となったことにもよるが，それ以外にも以下の要因が関係していた。

　第1に，日米自動車メーカーによる生産活動のグローバル化が進んだことである。1980年代後半には，対米輸出自主規制および円高ドル安を契機に，日系自動車メーカーは対米輸出からアメリカ現地生産による市場シェア確保へと戦略をシフトさせた。現地生産が拡大した結果，対米輸出台数は減少し，輸出自主規制自体の効果が失われたのである。ただし現地生産の拡大にともなって，自動車部品関連の現地調達（ローカル・コンテント）をめぐる新たな摩擦が生じ，95年には日米間で自動車・同部品協定が取り結ばれたことも見逃せない。これはグローバル化にともなう新たなタイプの摩擦であるといえよう。

3.2　対日市場開放と経済摩擦

　対米輸出をめぐる貿易摩擦に加えて，1980年代以降には日本市場開放を目的として日本の経済構造の改革をめぐる経済摩擦が激化した。

　アメリカは1980年代に急激に経常収支赤字を拡大させたが，なかでも対日

赤字を大幅に増加させていた。プラザ合意が行われた 85 年時点でアメリカの輸入に占める日本のシェアは 30％弱，輸出に占めるシェアは 20％強であり，経常収支赤字に占めるシェアは 40％近くにも達していた。こうした対日赤字はプラザ合意による為替調整や国際政策協調でも急速に解消しなかった。経済学的には対外不均衡の原因と調整は貯蓄投資バランスや為替レート変動などマクロ経済的要因による。しかもそうした調整は J カーブ効果によるタイムラグをともなうことが多い。しかしながら，アメリカの通商政策においては議会圧力が高まっており，その結果，日本の対米輸出だけでなくアメリカの対日輸出を妨げる要因の除去が対外不均衡調整との関連で問題となったのである。

日米両国は 1985 年には市場指向型分野別協議（Market Oriented Sector Selective talks：MOSS）を開始し，89 ～ 90 年には**日米構造問題協議**（Japan-U.S. Structural Impediments Initiative talks：SII），そして 93 年には日米包括経済協議を行った。これらの通商交渉をめぐって日米両国は激しい摩擦に直面したが，それはこれらの摩擦が次の点で従来の対米輸出をめぐる貿易摩擦と異なっていたからである。

第 1 に，日本の経済構造そのものが摩擦の対象となった点である。日本市場への参入障壁として，政府政策や民間経済主体によって形成された諸制度などの「見えない障壁」が問題となった。日本の鉱工業品の平均関税率はウルグアイ・ラウンド開始前の時点で既にアメリカおよび EC よりも低い水準にあった。したがって農産物など特定部門を除くと，関税面での日本の参入障壁は低い水準であったことは間違いない。その結果，日本市場への参入障壁問題は，政府政策や民間経済主体によって形成された諸制度などの「見えない障壁」が対象となったのである。

MOSS 協議では，アメリカ側は，電気通信，エレクトロニクス，医薬品・医療機器，林産物の 4 分野における日本市場開放を迫った。電気通信分野および医薬品・医療機器の分野では日本の市場開放が進んだが，エレクトロニクスの半導体分野，そして林産物では，交渉が難航した。さらに，対日赤字調整が遅々として進まないなかで，日本経済全体の構造を問題とする SII が行われることになった。SII は日米間の対外不均衡調整に関する構造的障壁を撤廃することを目的としたものである。なかでもアメリカ側は，同一の財・サービスの

日本市場での価格が外国市場での価格より高いという内外価格差が存在することに着目し、それが日本の市場構造の排他性や不透明性によって生み出されているとし、その原因として系列取引を挙げた。

SII は日米双方による協議であったと言われるが、実態はアメリカの日本に対する市場開放のための構造改革要求というものだった。SII の結果として日本公正取引委員会は 1991 年に「流通・取引慣行に関する独占禁止法上の指針」を打ち出して外国企業による参入機会増大の方針を示し、その 1 つとして大規模小売店舗法を撤廃することで流通分野での外国資本参入をうながすことになった。その後の 90 年代には 80 年代を上回る円高ドル安をアメリカ政府は利用することで、日本経済の構造改革と個別分野における市場開放を強く迫ることになった。こうした経済構造を対象とする動きは 93 年より開始された日米包括経済協議でも採用された。

第 2 に、強権的手段による結果主義志向を持っていた点である。たとえば、MOSS 協議でアメリカ側は半導体分野に関して日本メーカーによるダンピングが対米輸出拡大の原因であると非難し、MOSS 協議後の 1986 年には日米政府は日米半導体協定（旧協定）を取り結ぶことになった。しかしアメリカ製半導体の日本市場でのシェアの伸びが遅いことから 87 年にはアメリカ政府は 301 条による制裁措置を発動した。さらに 91 年日米半導体協定（新協定）でアメリカ側は日本の半導体市場における 20 ％を外国系半導体シェアとするという数値目標を要求した。さらに 89 年には人工衛星およびスーパーコンピュータの政府調達などの分野でアメリカ側はスーパー 301 条に基づいて日本を優先交渉国に指定し、その結果、日本政府による調達の無差別化などが合意されることになった。

こうした制裁措置発動を前提とする市場開放要求は 1993 年日米包括経済協議でも行われた。同協議は、日米間の不均衡解消に向けたマクロ経済面および構造障壁に関する協議交渉であり、内需拡大のための金融財政政策の採用、外国製品に対する政府調達の拡大、規制緩和や競争政策の整備、そして閉鎖的企業取引慣行などの是正が協議対象となった。その際、アメリカ側は、3 年以内に日本の経常収支黒字を GDP の 1 〜 2 ％以内に削減することなど複数の数値目標ないし客観基準を設定して日本市場の開放を強く求めたのである。こうし

た数値目標や客観基準の導入に対して，日本側は強硬に反発し，摩擦は非常に激化したのだった。

3.3 競争力強化とパクス・アメリカーナ再編

　1980年代以降に現れた新たな日米経済摩擦のもう1つの特徴は，それがアメリカの競争力強化策を通じたパクス・アメリカーナ再編と戦略的に結びつけられていたことである。日米経済摩擦におけるアメリカの政策スタンスはリビジョニスト（修正主義者ないし日本異質論者）の見解を反映していた。この見解は，日本の経済発展とその結果としてのアメリカに対する競争圧力の原因として，日本政府による産業政策や独自の取引慣行を挙げ，それらをアメリカ経済とは異質で不公正なものとして位置づけるものだった。

　この見解はアメリカの競争力強化という利己的目的とも結びついていた。リビジョニストが日本の産業政策や取引慣行を不公正なものと位置づけた背後には，それが単にアメリカの経済制度と異なるからというだけでなくアメリカの競争力強化を阻害しているという認識があった。その結果として展開された通商政策は，日本経済における産業政策や取引慣行を排除することで日本経済の競争力強化の1つの源泉を取り除く一方で，数値目標を導入しアメリカの先端技術部門の競争力強化を図るという意図を持つ非対称的なものであった。

4　GATTの変質とウルグアイ・ラウンド

　議会圧力の高まりを背景としたアメリカ通商政策の転換は，GATTにおける自由化交渉の有効性に対しても影響を及ぼした。アメリカ国内で高まった公正貿易論は，GATTを貿易自由化交渉の場というよりもむしろアメリカ経済の利害を実現するための場として位置づけるようになった。その結果，**ウルグアイ・ラウンド**ではアメリカの利害と密接に関連した新たな分野が自由化交渉の対象となった。

　ウルグアイ・ラウンドでは，これまで例外規定とされていた農業分野が自由化交渉の対象となったが，これは補助金で支えられているECの農業政策からアメリカの農業部門の利害を守ることが背景にあり，したがってECや強力な

農業保護を行っていた日本が反対に回った。またアメリカでは金融部門や情報サービスなどの分野の競争力が強く，さらに技術革新に基づく競争力強化をも行っていたことから，その利害を世界的に反映させるためにサービス分野，直接投資分野，そして知的所有権分野が新たに交渉対象として取り上げられた。これらの分野を GATT に含めることに対しては発展途上国の多くから反対の声も上がっていた。さらにアメリカは他国の不公正な慣行および政策を排除するための強制力のある強力な紛争処理機構の設立も進めた。

ウルグアイ・ラウンドはアメリカの利害が強力に反映されていたために，他国との間の利害衝突を招くことで交渉は難航した。しかし最終的に 1994 年に妥結し，95 年には世界貿易機関（World Trade Organization：WTO）も新たに設立された。そこでは農産物貿易に関する数量制限の関税化，サービス貿易に関する一般協定（GATS），貿易関連投資措置に関する協定（TRIMs），知的所有権の貿易関連側面に関する協定（TRIPs）などにおいて合意がなされた。

アメリカの利害が強力に反映されたウルグアイ・ラウンドにアメリカ以外の加盟国が最終的に合意した理由には，アメリカの GATT 離れがあった。上述のようにアメリカは，輸出自主規制，市場秩序維持協定，そして 301 条など制裁措置を前提とした二国間交渉など GATT 枠外での灰色措置によって利害調整を図っており，したがってアメリカにとっては紛争処理機構としての GATT の意義は弱まっていたのである。さらにアメリカは北米自由貿易協定（NAFTA）などのように特定少数国間での貿易自由化交渉をも展開しはじめた。こうしたアメリカの GATT 離れ傾向は，安定的なルールによる利害調整ではなく，大国アメリカとの力関係による利害調整というジャングルの法の出現を意味することから，各国はウルグアイ・ラウンドに最終的に合意せざるをえなかったというのが実情である。

WTO は強力な拘束力を持つという意味でルールとしては安定的に機能する可能性があるが，WTO 自体がアメリカの特定部門および先進諸国の特定部門に利するという非対称的な構造を持っているため，長期的には不安定化すると考えられる。実際に 1990 年代に生じた WTO 交渉における発展途上国や先進国労働者による反対運動の激化は，WTO の非対称性を物語ると同時に新たな姿での経済摩擦を生み出しつつあることを示唆している。

◆ 参考文献

クルーグマン，P. 編（高中公男訳）［1995］『戦略的通商政策の理論』文眞堂。
クルーグマン，P.「競争力という名の危険な妄想」『中央公論』1994 年 5 月号。
佐々木隆雄［1997］『アメリカの通商政策』岩波書店（岩波新書）。
タイソン，L. D.（竹中平蔵監訳，阿部司訳）［1993］『誰が誰を叩いているのか——戦略的管理貿易は，アメリカの正しい選択？』ダイヤモンド社。
立石剛［2000］『米国経済再生と通商政策——ポスト冷戦期における国際競争』同文舘出版。
デスラー，I. M.（宮里政玄監訳）［1987］『貿易摩擦とアメリカ議会——圧力形成プロセスを解明する』日本経済新聞社。
ポーター，M. E.（土岐坤ほか訳）［1992］『国の競争優位』上・下，ダイヤモンド社。
The President's Commission on Industrial Competitiveness [1985], *Global Competition : The New Reality*, U. S. Government Printing Office.

資料10 ◇ 包括通商競争力法（1988年）

分編C 不公正国際貿易慣行への対応

第1部 貿易協定にもとづく合衆国の権利の行使と外国のある種の貿易慣行への対応

1301条 1974年通商法第3編第1章の改定——1974年通商法第3編第1章を以下のように修正する。

第1章 貿易協定に基づく合衆国の権利の行使と外国のある種の貿易慣行への対応

301条 合衆国通商代表による行動

(a) 必須の行動
　(1) もし合衆国通商代表が304条a節1項に基づき，
　　(A) 貿易協定に基づく合衆国の権利が拒否されている，あるいは，
　　(B) 外国の措置，政策，または慣行が，
　　　(i) 貿易協定の規定を破り，またはそれと矛盾し，あるいは貿易協定のもとで合衆国が得られる利益を否定し，あるいは，
　　　(ii) 不当であり，合衆国の通商に，負担を課し，または制限を加える，
　　と認定した場合，通商代表は，権利を執行し，または上述のような措置，政策，または慣行を排除するために，大統領よりとくに指示がある場合はそれに従い，c節により授権された行動をとり，大統領の権限内ですべての適当で実行可能な行動をとる。
　〔2項および3項は省略〕
(b) 任意の行動 〔省略〕
(c) 権限の範囲
　(1) a節またはb節の規定を実行する目的のために，通商代表は次の権限を与えられる。
　　(A) 当該外国と貿易協定を結ぶために譲許した貿易協定上の利益の停止，取り下げ，または適用の禁止，
　　(B) 通商代表が適当であると認定する期間，当該外国の財に対して関税その他の輸入制限を課し，法のその他のいかなる規定にもかかわらず，その国のサービスに対して手数料または制限を課すこと，
　　(C) このような外国と拘束的協定を結び，その国に対して，
　　　(i) a節またはb節でとられるべき行動の対象である措置，政策，あるいは慣行を除去または漸次廃止することを約束させること，
　　　(ii) これらの措置，政策，あるいは慣行によって合衆国の通商に課された負担または制限を除去させること，または
　　　(iii) 合衆国にその賠償として…（中略）…貿易上の利益を提供させ

ること 〔以下省略〕

1302条 貿易自由化交渉の優先順位の特定——1301条によって修正された1974年通商法第3編第1章をさらにその後に以下の条項を追加することによって修正する。

　310条 貿易自由化交渉の優先順位の特定
　　(a) 特　定
　　　(1) 181条b節で要求された報告書が適切な議会の委員会に提出された暦年1989年および1990年の日から30日以内に，通商代表は合衆国の貿易自由化交渉の優先順位を特定する。それは次のものを含む。
　　　　(A) それを除去することにより，直接的にまたは有益な先例の確立を通じて，合衆国の輸出を増加せしめる最大の可能性を期待できるような，主要な障壁および貿易歪曲慣行を含む，交渉の優先対象とする慣行，
　　　　(B) 前記の報告書に基づき2項の基準を満たす交渉の優先対象国，
　　　　(C) (B)により特定された国々のそれぞれについて，もしその国の交渉の優先対象となる慣行が存在しない場合に増大するだろう合衆国の財・サービス輸出の総量の推定，および，
　　　　(D) 以下の(ⅰ)から(ⅲ)を列挙する報告書の上院財政委員会，下院歳入委員会への提出，連邦公報への発表
　　　　　(ⅰ) (B)で特定された交渉の優先対象国
　　　　　(ⅱ) このような優先対象国の(A)で特定された優先対象慣行
　　　　　(ⅲ) これら優先対象国のそれぞれについて(C)で推定された輸出増大の量
　　　(2) 〔省略〕
　　(b) 調査の開始
　　　a節1項(D)に基づき報告書が適切な上下両院の委員会に提出されてから21日以内に，通商代表は302条b節1項に基づいて，各優先対象国についてa節1項(D)の規定により特定された優先対象慣行のすべてについて調査を開始する。　　　　　　　　　　　　　〔以下省略〕
　　(c) 障壁除去のための協定
　　　(1) a節1項に基づき特定された優先対象国について，b節の理由により開始された調査に関して，303条a節によりその国と協議する際に，通商代表は以下についての規定を含む協定を結ぶことを目指す。
　　　　(A) 調査開始日に始まる3年間の期間の終了前にa節1項(A)に基づいて特定された優先対象慣行を除去し，またはそれに対する代償を提供すること，および
　　　　(B) 3年間に合衆国の輸出を漸次増大せしめる期待を伴うような，これらの慣行の漸次的除去

（2）　この章に基づきb節の理由により開始された調査は，301条に基づきこのような調査との関連でとられる行動を305条a節に基づき実施すべき期日前に，本節1項（A）および（B）に述べられた協定が相手国との間に締結された場合には，中止される。　　　　　〔以下省略〕

1303条　知的所有権の適切で有効な保護を否定する国の特定—事実認定と目的

　議会は次のことを認める。知的所有権の国際的保護が，知的所有権保護に頼る合衆国民（United States persons）の国際競争力にとって重要であること，および，合衆国の知的所有権に対する適切で効果的な保護の欠如，そして公正で公平な市場アクセスの否定が，知的所有権保護に頼る合衆国民の輸出能力および海外での活動能力を著しく妨げ，それによって合衆国の経済的利益を害すること。

　本条の目的は，知的所有権保護に頼る合衆国民のために，適切で効果的な知的所有権保護と公正で公平な市場アクセス確保のための全体的戦略を展開することである。

　1974年通商法第1編第8章を，以下の条項を追加することによって修正する。

182条　知的所有権のための適切な保護あるいは市場アクセスを否定する国の特定
　（a）　181条b節に基づき議会の委員会に年次報告書が提出された日から30日以内に，合衆国通商代表は，
　　（1）（A）適切で有効な知的所有権保護を否定する，あるいは，
　　　　　（B）知的所有権に頼る合衆国民の公正で公平な市場アクセスを否定する国を，特定する。
　　（2）1項に基づいて特定された国は，通商代表によって優先対象国に特定される。
　（b）　特定のための特別ルール
　　（1）　a項2節に基づく優先対象国の特定において，適切で有効な知的所有権保護を確立するために，通商代表は以下の国を少なくとも特定する。
　　　（A）（i）適切で有効な知的所有権を否定する，あるいは，
　　　　　　（ii）知的所有権に頼る合衆国民の公正で公平な市場アクセスを否定する，最も厄介な，または最も問題のある措置，政策，あるいは慣行を有する国
　　　（B）上記措置，政策あるいは慣行が，関連する合衆国製品に対して，（実際的にも潜在的にも）最も不利な影響を及ぼすような国
　　　（C）（i）誠意をもって交渉を行わない，あるいは
　　　　　　（ii）二国間または多国間交渉において実質的な進展を見せない国　　　　　　　　　　　　　　　　　　　　　　　〔以下省略〕

出所：原文は Public Law 100-418（福岡アメリカンセンターより入手）。また，大下尚一ほか編『史料が語るアメリカ——1584-1988』有斐閣，1989年，も参照した。

第Ⅳ部
グローバル化と国際経済政策

　1990年代に，国際経済政策が及ぼす相互連関の範囲は，まさにグローバルな広がりを持つまでに拡大していった。そのことをもっとも端的に物語るものが，92年の欧州通貨危機，94年のメキシコ通貨危機，そして97～98年のアジア通貨危機である。まるで伝染病に「感染」していくかのように，ヘッジ・ファンドなどの短期資本（ホット・マネー）による通貨投機が次々に諸国を襲っていく。これをうながしたものは，70年代末から先進国で開始された為替と資本の自由化政策であった。しばしば宇宙創生の「ビッグ・バン」にたとえられるように，すさまじいばかりのグローバリゼーションの政策的帰結が，もはや誰の目にも明らかになった事件であった。

　しかしそれにもかかわらず，先進諸国は，貿易・金融に続いて多国籍企業の投資に対しても「多国間投資協定」（MAI）を締結して自由・無差別な活動を保証するための協議を1995年に開始した。この試みは，先進国内部の利害対立と広範な市民団体の反対運動によって，98年に挫折することになった。しかし，かたちを変えて再び浮上してくることは，必至の情勢である。

　1958年にEECとして発足し，99年に単一通貨ユーロを導入した欧州連合（EU）は，2004年ついに発祥の地ローマでEU憲法に署名するまでに至った。このような戦後を貫くEUの歩みは，ヒト・モノ・カネ・情報の国際的な統合を一歩も二歩も先取りする試みであるとともに，グローバリゼーションの負の影響に対する対抗策でもあった。ところが，04年に中東欧諸国を中心として25カ国まで拡大したEUは，徐々に市場原理と競争政策に重心をシフトしつつある。巨大な超国家的機構が展開する経済政策の新次元が，いままさに開かれつつある。

第10章 資本自由化と通貨危機

Keywords

資本自由化，国際通貨体制，通貨危機，国際通貨協力，国際的セイフティ・ネット，IMF

1 資本自由化と変動相場体制

1.1 変動相場制への期待と現実

　1990年代の国際経済政策は，新自由主義に基づく自由化政策の国際的展開とそのもとでの問題点の発現，それへの対応として特徴づけられる。この時期，アメリカは自ら自由化政策を実行するだけでなく，各国にも自由化政策の採用を強く働きかけ，先進各国もまた市場機能に依拠した経済刺激策を採用していく。また，IMFやWTOなどの国際機関も，積極的に自由化政策を推進し，アメリカとともに自由化に向けた強いイニシアチブを発揮した。その結果，世界経済の一体化が急速に進展し，グローバル経済化が進行するのである。この章では，グローバリゼーションの原動力でもある**資本自由化**に焦点を当てて，国際経済政策とグローバリゼーションの問題について検討する。そこで，まず，資本の自由化と**国際通貨体制**との関係から論じよう。

　第2次世界大戦後の国際通貨体制は，資本移動の管理を原則としていた固定相場体制としてスタートするが，資本移動の拡大のなかで，その維持が不可能となり，変動相場体制へと移行する。新たな変動相場制は，資本移動の自由に

適合的な制度として，理論的には，主に次の4つの利点を保持していると考えられた。第1は，経常収支の調整能力が高められること，第2は，金融政策の自立性が維持されること，第3は，アメリカとそれ以外の諸国間での非対称性が解消されること，第4は，通貨投機による**通貨危機**は発生しにくくなり，外貨準備を縮小させることができること，である。

第1については，経常収支が黒字になれば為替相場が上昇し，輸出財価格が上昇（輸入財価格の下落）する結果，輸出減（輸入増）がもたらされ，経常収支黒字が減少する。逆も同じ関係で，為替相場が変動することで，経常収支が調整されると予想された。

第2については，経常収支の不均衡は，為替相場の変動によって調整されるので，対外均衡のために金融政策を行う必要がなく，自国の政策目標を実現するために金融政策を行うことができると考えられた。

第3については，旧IMF体制では，アメリカ以外の国は，固定相場を維持するために金融政策を用いざるをえず，結果的に，金融政策の自立性は弱められていたが，変動相場制はその必要がないため，非対称性の問題を解決することができるとされた。また，ドルが基軸通貨として特殊な地位についている状況も，各国がドルへの固定をやめることで変更されると考えられた。

第4の通貨投機については，通貨投機は日常化するものの，固定相場制のように為替相場の一方向での予想が成立しにくいため，大規模な一方向での投機は発生しないと想定された。むしろ，通貨投機によって利益を生むためには，投機家は安いと判断される通貨を買い，高いと判断される通貨を売ると考えられるので，通貨投機は為替相場の大幅な変動を抑制するとさえ主張された。また，通貨当局は，為替市場への介入義務を免除されるので，不必要な外貨準備を持つ必要がないとされたのである。

このような理論上の利点に対して，変動相場体制の現実は，かなり異なったものとなっている。まず，経常収支の不均衡については，1970年代以降，縮小したというよりもむしろ拡大したのが現実である。当初は，調整メカニズムが十分機能していないことの説明として，Jカーブ効果（貿易数量の変化にはある程度の期間が必要なため，短期的には，為替相場の変化が経常収支不均衡を拡大させる）や，輸出企業の価格戦略（為替相場の変化が貿易財の価格にそのまま転

化されない）などが指摘された。しかし，それ以上に大きな要因は，資本移動が拡大した結果，為替相場が経常収支の動向ではなく，資本取引を反映して変動するようになったことである。そのため，貿易不均衡に対する国際収支の調整能力は著しく低下した。

　金融政策の問題については，対外均衡のために金融政策を行う必要はなくなったが，しかし他方で，資本移動が活発化し，各国間の連動性が高まったため，各国は金融政策を行うにあたって内外への影響，諸外国からの影響などを考慮しなければならなくなった。金融政策として金利を変動させようとしても，金利差を考慮した資本移動によって，意図した政策的金利が実現できなくなってしまうからである。したがって，金融政策については，自立性はやはり制限されたものにすぎなかった。また，アメリカのドルは依然として国際通貨として特別な役割を担っており，通貨面での非対称性は克服されていない。そのため，アメリカは国際収支の不均衡に対して，基本的にはそれを放置し，金融政策においても他国との間で非対称性はそのまま継続された。

　通貨投機の問題については，事態はより深刻になっている。各投機家が経済の基礎的条件（ファンダメンタルズ）を反映した為替相場を知ることができれば，投機もそこを中心にして安定的に作用することになるが，現実には，そうしたものは存在せず，為替相場の変動そのものが投機家たちの将来の見通しを変化させ，さらなる投機と相場変動をもたらすこととなった。為替相場の将来が不確実であるだけに，政治や経済に関する重大なニュース等に反応して為替相場が動くようになり，時には，些細なニュースで乱高下するようになったのである。また，為替相場が均衡水準から長期間大きく乖離する現象（ミスアラインメント）も発生し，それが各国の国内経済構造に重大な影響を与えることも明らかになった。国際的な資本移動と通貨投機によって，為替相場が規定される時代へと移ってきたのである。

　1990年代前半，ブレトン・ウッズ50周年を契機にして，こうした変動相場制の問題点の克服をめざしてさまざまな改革案が提示された。そのなかでは，為替相場の中心相場と変動幅を設定し，**国際通貨協力**によって為替相場の安定を図るという目標相場圏（ターゲット・ゾーン）構想が注目を集めた。この構想は，単なる構想の内容面からだけでなく，85年のプラザ合意から87年の

ルーブル合意まで，現実に試行されていたとみなされたため，将来の国際通貨体制のあり方を示す重要な改革案であると考えられた。しかし，94年のメキシコ通貨危機は，こうした改革案を後景に退かせることとなった。その理由は，通貨危機が国際通貨体制全体の危機に転化する可能性が示され，それへの対処が緊急の課題であると考えられたからである。その結果，国際通貨政策の焦点は，変動相場体制の問題点を克服するというよりも，迫りくる通貨危機に対処するという点に移っていく。

1.2　資本移動の自由と国際金融のトリレンマ論

　現実の世界では，資本の自由化は，先進国を中心に変動相場体制のもとで大きく進められていくが，理論的には，国際金融のトリレンマ論としてまとめられた議論が資本の自由化と変動制への移行の議論を支えてきたといってよい。
　このトリレンマ論の考え方は，①資本移動の自由，②固定相場制，③金融政策の独立性，という3つの政策目標は，同時には成立せず，同時に実現できるものはそのうちの2つだけであるというものである。通常，図10-1のような三角形を利用して説明される。そこでは，三角形の3つの頂点の組合せは不可能であり，2つの頂点とそれに挟まれた辺との組合せのみが実現可能であるとされている。
　たとえば，固定相場制を維持しようとすれば，その両側の頂点である金融政策の独立性か，資本移動の自由のいずれかを放棄しなければならないと説明される。一般的に，各国が経済政策を自主的に行おうとすれば，金融政策の独立性の放棄は選択肢とならないことから，固定相場制と，資本移動の自由化のいずれかが選択されることになる。しかし，発展途上国においても経済効率の向上と経済発展のために外資の導入は必要だとされ，資本移動の自由はその必要条件であるとされる。そのため，結果的に，固定相場制から変動相場制への移行が主張される。この議論では，アジア通貨危機などの発展途上国での通貨危機は，各国が資本移動の自由化を進めた一方で，固定相場制を維持しようとしたために発生したと説明されることになる。
　しかし，こうした理解は問題を正しく認識させない可能性を持つ。このトリレンマ論によれば，3項のなかのある項を放棄すればその他の2項の両立が可

能であるとされる。この例では，変動相場制であれば，資本移動の自由と金融政策の独立性は両立すると主張されることになる。

第1節で述べたように，自由な資本移動を前提にすると，金融政策の効果は著しく削減されるのが実態である。もちろん，国際金融論において，標準的に利用

図10-1　国際金融のトリレンマ

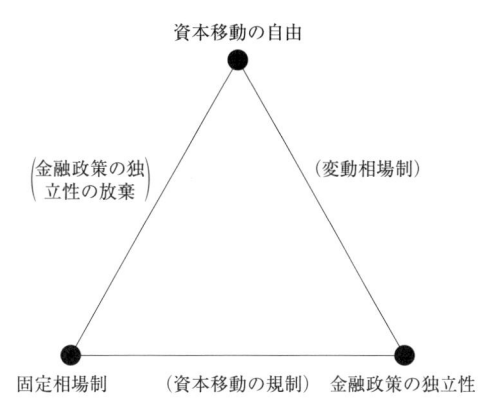

```
            資本移動の自由
                ●
               / \
  (金融政策の独   /   \   (変動相場制)
   立性の放棄)  /     \
             /       \
            ●─────────●
         固定相場制  金融政策の独立性
           (資本移動の規制)
```

されているマンデル゠フレミング・モデル（2国モデル）によれば，変動相場制下での金融政策は，次のような迂回的回路を通じて有効性が確保されるとされる。一方の国が景気刺激策として，通貨供給量を変化させ，金利を引き下げようとすると，いったんは，両国の間で金利格差が生じるが，すぐに資本移動が生じ，両国の金利水準を一致させるところまで資本が流出する。変動相場制であるから，流出した国の通貨は下落し，相手国通貨は上昇する。この為替相場の下落によって輸出増（生産増）が生じ，結果的に，意図された景気刺激効果が得られるとするのである。この説明では，確かに，金融政策によって景気刺激効果を実現できたともいえるが，通常の金融政策の有効性（通貨供給量の管理と金利政策）は著しく低下しており，政策の効果も，ある意味で近隣窮乏化政策（為替相場の引下げによる輸出拡大）と同様なメカニズムによるもので，相手国の反発や対抗的な対応を引き起こしかねないものである。自由な資本移動のもとでの金融政策の独立性とは，ここで述べたような意味にすぎず，本来の意味での金融政策の独立性とは違っている。こうしてみると，真の問題は，資本移動の自由が他の2項と両立できるのかという点にあり，トリレンマとして把握すべきでないということになる。そこで，次に資本移動の自由化と通貨危機の関係について検討しよう。

2 金融グローバル化と続発する通貨危機

2.1 金融自由化とグローバル化

　通貨危機を論じる前に,まず,1990年代の国際金融システムの特徴について説明しておこう。第1の特徴は,世界各国で金融の自由化が進められ,先進国だけでなく,新興市場諸国まで含んで各国の金融市場が国際金融市場と統合されたことである。第2は,統合された金融市場を舞台にして,巨額の投機的資金が運用され,その資金がアメリカの金融市場を媒介にして各国間を移動するようになったことである。第3は,国際通貨国であるアメリカの経常収支赤字が拡大し,アメリカが世界最大の累積債務国で最大の資本輸入国となったことである。第4は,EUでユーロが導入され,国際通貨としてのドルの独占的な地位が後退しはじめたことである。この問題は,米ドル中心の国際通貨体制の改革を意図したヨーロッパ諸国の政策的対応という側面を持っており,他の項目とは質的に異なるものである。

　まず,これらの特徴のなかで重要な点は,こうした特徴が国際金融の自由化と国内の金融制度改革と同時に進められてきたことによって生じている点である。通常,各国の通貨金融制度は,金融破綻とその連鎖を防止するために,公的機関(通貨当局,中央銀行等)による金融機関に対する直接的規制とセイフティ・ネットなどの事後的制度の組合せによって構成され,その適切な組合せによって安定的に維持されている。金融当局による事前的規制が強く,その規制によって信用秩序が保たれていれば,事後的な規制は弱くても問題は生じない。逆に事前的規制が緩和されてもセイフティ・ネットなどの適切な事後的規制が整っていれば,金融制度の不安定化は抑止できる。つまり,金融制度改革は,ある体系から別の体系への移行として行われる必要があり,単純に自由化政策を推進していけばよいというものではない。一般に制度の移行期には,移行期特有の諸問題が発生する可能性があり,また,新制度の不整合をついた投機が発生する傾向にある。現実をみると,日本の場合が典型的であるように,中央銀行による直接的な規制が緩和・自由化されていく一方で,十分な事後的規制の体系が形成されないと,結果的に,投機の拡大とバブルの発生と破綻,

金融危機の頻発という事態が生まれてくる。しかも，重大な点は，この投機の問題が国際的な資本移動をともなって発生する点にある。

この金融制度の安定性という観点でみると，ユーロ市場の発展が示すように，国際金融取引の拡大は，各国の金融規制を回避する方向で行われ，当局による直接的規制の外側で進められてきた。そのため，各国による規制体系は十分機能しておらず，また，世界中央銀行のようなものは未だ存在しないため，世界的な規模での事前的な規制や，金融危機が発生したときにその連鎖を抑止する**国際的セイフティ・ネット**も存在しない。1988年に国際決済銀行（BIS）によって導入された自己資本比率規制は，金融機関の経営の安定度を高め，それによって制度全体の安定度を向上させようとするものであるが，これは国際金融市場における金融危機の連鎖を抑制するためのものではない。以上から明らかなように，金融の自由化は，国際金融システムに内在する不安定性を高めてきたと評価できる。

国際金融市場はこうした不安定性を本質的に持っているために，市場は常に大きく変動し，世界の投機資金の格好の投機先となっている。そのため，一方では，投機家による積極的な資金移動と新商品の開発が進むとともに，他方では，リスク回避のための金融商品やヘッジ取引も拡大している。しかし，その目的は異なるにせよ，この両者はともに国際金融取引を拡大させるものであり，投機市場化とリスク回避の悪循環が生じているのが実態である。

また，こうした国際金融取引は米ドル建てで行われていることから，アメリカの金融市場は国際金融市場の中心に位置している。そのため，世界的な資金移動は，アメリカのドルを媒介にして，さらに，アメリカの金融市場を経由して行われている。その結果，ある意味でアメリカは世界の資金移動の金融仲介をしているかたちになっている。そして，その構造は，アメリカが巨額の国際収支赤字を生みだし続けても，アメリカへの資本流入が継続するという効果をもたらしている。この視点で見ると，アメリカの輸入依存の構造を支えているものは，国際金融におけるアメリカと米ドルの特別な地位であることがわかり，その点を守ることがアメリカにとって本質的に重要であることが理解される。他方で，ヨーロッパ諸国がユーロを導入し，その利便性を高める政策をとっていることは，アメリカ依存の国際金融市場の克服，またはその方向を進めてい

く意図をもっているものであると評価できる。

2.2 金融グローバル化とエマージング・マーケット

　金融グローバル化の問題は，1990年代に頻発した通貨危機の問題として顕在化する。新興市場諸国の通貨危機は，「21世紀型の通貨危機」として，新しい通貨危機とみなされたが，その条件を整えてきたものは，80年代の累積債務問題とその解決のためにとられた政策であった。そこで，この問題を概括しておこう。

　本来，IMFは加盟国に対して国際的な決済資金を貸し付ける機関であったが，1980年代の累積債務危機への対処を通じて，その役割を大きく変化させた。IMFは，債務不履行に陥った発展途上国に対して，債務の繰延べと新規融資の条件として，IMFコンディショナリティと呼ばれる改革パッケージを提示し，それに基づく経済改革を要求した。その基本的内容は，①財政赤字の削減，②金融の引締めと自由化，③輸入削減と輸出促進，④為替相場の引下げなどの新自由主義に基づく改革案で，この政策に基づいて多くの発展途上国でIMF主導の経済構造改革が進められた。そして，債務の株式化，国営企業の民営化など，先進国からの投資を拡大する政策が積極的にとられ，為替市場の自由化と資本市場の整備が進められた。こうした構造調整政策の結果，ラテンアメリカ諸国では，「失われた80年代」といわれるように，マイナス成長が続き，国内経済は大きな打撃を受けたが，他方で，経済の自由化は大きく進展し，株式市場などの資本市場も整備され，金融の自由化が大きく進展した。経済の自由化を進めることで，先進国からの投資を拡大し，それに基づいて経済成長を進めようとしたのである。1990年代になると，急速に拡大した新興市場諸国の金融市場に対して，海外から巨額の資金が流入するようになり，かつての累積債務国は，新興市場諸国（エマージング・マーケット）として生まれ変わった。

　こうして登場した新興市場諸国は，国債や株式など市場性を持つ「証券」という形式で海外の資金に依存し，1980年代までのユーロ市場を通じた銀行借入に依拠していた姿とは大きく異なっている。海外の金融機関，投資家にとっては，金融危機時にも投資資金の回収が市場取引を通じて可能になるというメリットを持つが，逆に，為替市場が自由化されている新興市場諸国では，金融

市場の相場の下落から一挙に資金が流出する可能性にさらされ，金融と経済の不安定性を高めるものでもあった。

2.3　金融制度の脆弱性と通貨危機

　新興市場諸国の金融制度の脆弱性が明らかになったのが，1990年代に頻発した通貨危機である。最初の通貨危機は，94年12月に始まったメキシコ通貨危機で，続いて，97年にはアジア各国で，翌98年にはロシア，ブラジルへと波及した。頻発した通貨危機の原因をめぐっては，国内要因と国際要因のいずれを重視するか，また，発生と波及のメカニズムの解釈をめぐって大きく論争が起こるが，次第に，国際的な要因である，グローバリゼーションのもとでの短期的な国際資金移動の問題が注目されるようになった。ここでは国際的要因に着目し，国際金融制度の問題として通貨危機を検討しよう。

　最初に発生したメキシコ通貨危機で顕在化した問題は，メキシコ国内経済の問題にとどまらず，国際金融制度に大きな問題が存在していることを示した点にある。その内容は，①新興市場諸国の通貨危機が瞬時に各国に伝播するため，早急にパニック（資本逃避）を沈静化させなければグローバルな金融危機に発展しかねないこと，②パニックの沈静化のためには巨額の外貨を必要とすること，③現在の国際金融制度には，パニックを防止する制度が整えられていないこと，④そのため，多くの新興市場諸国で通貨危機の発生が懸念されること，等であった。メキシコ通貨危機の発生に対して，IMFは必要な意思決定を迅速に行えず，十分な対応をとれなかったが，アメリカが巨額の国際金融支援をとりまとめることでその波及が防止された。しかし，アメリカによるメキシコへの支援は北米自由貿易協定（NAFTA）の枠組みを前提にしていたものであったので，他国で発生した場合，対応策をとれないことが明白となった。

　こうした問題への対処をするため，先進各国は，1995年のハリファクス・サミットで通貨危機の防止策を議論し，その要としてIMFの改革を進めることで一致した。その内容は，通貨危機の未然防止とその波及の防止，国際金融危機への転化の阻止にある。具体的には，①IMFの意思決定のあり方を改革し，迅速な対処をできるようにすること，②IMFの財源を確保するために，IMFの増資と一般借入協定（GAB）の倍増を求めること，③IMFの加盟国に

正確で迅速な経済金融統計の公表を求め、それをサーベイする役割を IMF に与え、市場整備を図ること、等である。この後、IMF の改革は急速に進められ、IMF は通貨危機対処型の国際機関へと変貌をとげた。変更点は、①迅速な意思決定ができる新しい緊急融資メカニズム（EFM）が制度化されたこと、②財源を大幅に拡充するために、新たな補完的準備ファシリティ（SRF）を 97 年に導入し、新借入協定（NAB）を 98 年にスタートさせ、さらに 99 年に IMF の増資を行ったこと。③ 96 年から特別データ公表基準（SDDS）の導入を行って、各国の経済統計の整備・標準化を進め、IMF によるモニタリング業務を始めたことである。

　この③の目的は通貨危機の未然防止にあり、途上国の市場の信頼性と透明性を高め、市場機能に依拠することで通貨危機の突然の発生を防止しようとするものである。しかし、金融パニックの発生そのものを起こさせないということは不可能であるという認識から、波及防止のメカニズムが必要であると考えられ、それが①と②の内容をなしている。つまり、IMF が国際金融システムの安定を確保する機能を果たすことが求められているのである。この波及の防止という点で重要なことは、通貨危機の発生国に救済資金を供与するだけでなく、その影響を受けてパニックが発生しそうな国（本来なら問題はないが、金融制度が脆弱であるために、資本流出が始まれば通貨危機が引き起こされてしまう国）に資金を提供する点にある。しかし、IMF の財源は限られているため、必要な国際的な「最後の貸し手」機能を果たせるかどうかは疑問視されている。今回の改革の結果、IMF は増資等によって財源の拡大に成功したが、国際的な資本移動がさらに拡大し続ければ、必要な資金量が確保できなくなる可能性があるからである。

2.4　通貨危機後の国際通貨金融政策

　メキシコ通貨危機後、IMF の改革が急速に進められていくなかで、1997 年にタイで始まるアジア通貨危機が発生した。このアジア通貨危機のなかで、IMF の改革は加速され、救済融資を行うなかでさまざまな制度改革が実現する。当初は、最初のタイに対する金融支援策の策定に関して、日本やアジア諸国から「アジア通貨基金」構想なども出され、地域主義的な対応も検討された

が，そうした方向性は，アメリカとIMFの強い反対によって否定され，通貨危機に対するIMFの主導権が確立した。その結果，各国は金融支援を受けるために，IMFの条件を受け入れざるをえなくなり，IMFは通貨危機の波及を防止するという目的を超えて，金融制度のさらなる自由化を要求し，外国為替市場と金融市場の整備のためにその機会を活用した。IMFは，先に述べた「国際金融のトリレンマ」論に依拠して，資本移動の自由化とともに固定相場制から変動相場制への移行を求めたのである。

この間，IMF主導で進められた改革方向は，①市場の透明性を高め市場メカニズムの機能がより働くようにすることで，通貨危機の発生の防止に努めながら，②しかし，一度通貨危機が発生した場合には，巨額の財源を担保にして通貨危機の波及を防ぐというものであるが，その考え方には重要な問題点が含まれている。

第1の問題点は，金融市場の透明性を高めることでは，巨額の通貨投機やその結果生じる通貨危機を防止できない点である。新興市場諸国の金融市場は，その規模を拡大してきたとはいえ，先進国の金融市場に比べてその規模は小さく，先進国の機関投資家による大規模な資金移動によって大きな影響を受ける立場にある。そのため，巨額の資本流出が発生すると，為替市場も資本市場も大きく下落すると予想されるために，パニック的な資本逃避が発生しやすいとみなされている。そうした予想があるために，市場参加者は下落をすると予想したときに，より下落幅が小さい早期に資本を引き上げようとし，結果的に，資本流出を激化させ，パニックを拡大させてしまう。先進国のように，価格変動が一定の幅で収束する市場では，こうしたパニックは防止できる可能性が高いが，発展途上国である新興市場諸国では，国家の信認が問題になるだけにそうした収束は期待できない。IMFや国際金融界もそれを認識しているがゆえに，IMFの財源の拡充に努めているのである。

しかし，第2の問題点として，パニックを押さえるための資金量の問題がある。改革後の現時点では，十分な資金量を確保しているとみなされているが，現在のような金融投機の拡大傾向が続いていけば，いずれその規模が不足する可能性がある。IMFの資金量は，各国からの財政支出に依存しており，金融投機の拡大と財源の拡充との悪循環は，IMFへの財政支出の是非をめぐる各

国の政治問題に転化される可能性が高い。

　こうした問題が存在するために，各国は，グローバルな国際金融システムの不安定性から自国を守るために，さまざまな模索を始めている。

　新興市場諸国は，一方で，国内の金融制度の改革を行い資本輸入の拡大を図るとともに，他方で外貨準備の蓄積を進め，対外ショックへの対応力を高めることに努めている。IMF の統計によって外貨準備の額（2004 年末）をみると，通貨危機を経験したタイで 498 億ドル，韓国で 1996 億ドル，メキシコで 615 億ドルへと拡大しており，先進国のドイツの 972 億ドル，アメリカの 871 億ドルと対比してもその蓄積ぶりがわかる。タイについていえば，同年の GDP 1677 億ドルの約 30 ％も占めており，このような外貨準備の蓄積は，貿易等の実需取引に備えるというよりも，拡大する資本取引に備えたものである。

　また，単独での外貨準備に加えて，地域間での通貨協力の動きが進展している。たとえば，東アジアでは中央銀行間の協力関係が強化され，1999 年にチェンマイ・イニシアチブ（ASEAN ＋ 3）として，国際通貨協力の合意がなされた。この内容は，参加国の外貨準備を相互に融通しあう通貨スワップ協定のネットワークを構築するもので，通貨危機時に必要な資金量を確保しようとするものである。その後，この協力関係はさらに進展し，2003 年には，各国中央銀行の資金を拠出してできたアジア債券基金が設立され，将来的には，ドルに依存しないで国際的な資本移動を行うことも視野に入れた準備を進めている。

　同様に，EU によるユーロの導入は，ヨーロッパにおける通貨協力の成果の歴史を物語っており，ユーロは新たな国際通貨として登場しはじめている。EU は 2004 年に新たに加盟国を 10 カ国拡大し，さらなる拡大が図られているために，EU への求心力が高まり，ユーロの利用も拡大している。

　現代の国際通貨システムは，一方で，グローバルな国際金融システムとして発展すると同時に，他方で，地域主義的な対応を引き起こしており，不安定な構造を内部に含むものになっている。

3 市場と制度の設計と国際通貨協力

3.1 非対称的な国際通貨システムとアメリカ

　金融グローバル化が進んだ結果，国際金融市場は急速に発達し，金融取引の急拡大は続いている。BIS の調査によると，外国為替取引の1日当たりの取引高は，1989年4月末から2001年4月末まで，5900億ドルから1兆1700億ドルへと増加しているが，この金額は同年の世界貿易額（輸出額）5兆9840億ドルの約20％で，1日当たりでみると貿易額の約70倍という大きさを持つ。現代的な金融取引である通貨の先物・先渡し取引などのデリバティブ市場は，想定元本ベースでみて，5.7兆ドルから109.4兆ドルへと急増している。この新たな金融商品は，リスクヘッジのために先進的な金融工学を必要とするため，先進国，とくにアメリカの金融機関の競争力が強く，そのほとんどがドル建ての金融市場として形成されている。

　それゆえ，ドルは直物についても，先物についても，市場取引を通じて国際金融取引の中心に位置している。ドルは第三国通貨として，各国通貨間の為替取引の仲立ちを果たしており，重要な銀行間市場でも，為替媒介通貨としての機能を担っている。ドル建ての国際金融市場の拡大が，ドルの利用コストを引き下げ，それがまたドルの利用を拡大するという循環を形成している。そして，アメリカの金融機関がその資本取引を担うことで高収益を実現し，国際金融取引における競争力を強化することに役立っている。第2節でも述べたように，こうした条件を背景にして，ドルの国際通貨としての地位が保たれている。この意味で，1990年代に進展した金融グローバル化の最大の恩恵を受けているのはまさにアメリカであるといえよう。

　しかし，この国際金融システムの構造は，著しい非対称的構造を持つものであるとの認識を広げている。先に述べた EU によるユーロの導入やアジアでの通貨協力などの地域主義的な動きの強まりは，こうした非対称的な構造の克服を意図しており，アメリカの利害と基本的に対立する可能性を秘めている。アメリカにとっては，基本的に現在の構造が存続することが望ましいものであり，現状を変えることは，コストとベネフィットの関係を見直すことになるからで

ある。それゆえ，地域的な国際通貨協力が進展する一方で，グローバルな国際通貨協力が進展しない状況が続いている。

3.2　短期資本移動の共同管理と国際的金融セイフティ・ネット

現代の国際金融システムの焦点は，資本移動の自由化のあり方の問題にある。これまで述べてきたように，1990年代以降に進められてきた単純な資本移動の自由化は，理論的にも，実際的にも大きな問題点を示してきており，再検討されなければならない。新たな制度の構築に際して重要な問題は，①資本の自由化を進めるためには，金融パニックを防止するメカニズムを制度のなかに組み込む必要があること，②そうした制度を国際的な統一したルールのもとで実現することである。

新興市場諸国における金融パニックは，国際金融危機を引き起こす可能性を持つ一方で，大規模な投機の発生は市場参加者の動揺を生み，多くの市場参加者が投機的な動きに同調することで，投機が自己実現的な通貨危機を発生させる。市場がパニックに陥っている場合，私的な市場参加者だけで通貨危機を押さえることは不可能であり，各国の通貨当局が直接的な取引規制を行い，それをいったん収束させ，当該国への投資価値を保護する姿勢を明示する必要がある。国内の金融制度では，中央銀行が「最後の貸し手」としての役割を果たしているのと同様に，国際金融システムでも，当該国の金融市場のパニックに対しては当該国自身が迅速な対応を行わなければならない。しかし，ここでの問題は，必要な資金は外貨という形態でなければならず，当該国だけでは準備できないという点にある。現在，実際的にそれが可能な機関はIMFだけであり，したがって，IMFのもとで国際的な統一したルールを決めておく必要がある。こうした対応には，明示したルールに基づく国際的な合意の存在が必要で，そのルールの存在自体が市場の安定性を高める役割を果たす。他方で，こうした制度を整えることは，当該国への投資と当該国のモラル・ハザードを高める可能性を持つが，その問題はコストの負担の問題として対処することが可能であり，そのことでモラル・ハザードを低めることが可能である。いいかえると，通常時での資本移動の自由化を進め，資本移動の自由から得られる便益を実現するためには，市場メカニズムが機能しなくなる危機的状況に対して，市場の

外側から市場秩序を守る介入を制度化した国際的な金融セイフティ・ネットが必要であるということである。

また，この為替市場における短期的投機を押さえる手段として，為替取引に課税するトービン税の導入も1つの手段として考えられるが，通貨危機のような状況下では，為替の変動幅は非常に大きく，投機によって高収益が期待できるので，トービン税がその投機を抑制する手段としては機能しない。トービン税の評価基準は別のものが必要である。

これまで検討してきたように，現在は，統一的な国際的なルールが存在しないために，発展途上国の多くは，国際金融市場からの締め出しをおそれて，直接的な資本規制の導入や危機への対処政策を具体化できないでいる。IMFの意思決定も，アメリカや大国の利害を反映するものになっており，途上国の意思決定を尊重するかたちにはなっていない。IMFがさまざまな問題をもっていることは周知のことではあるが，しかし，IMFを中心に短期資本移動の共同管理を含んだ金融セイフティ・ネットを構築していく以外には方法はない。資本の自由化と一時的な規制措置は1つのセットとして制度化されなければ，国際通貨制度を安定化させることはできないと思われる。

◆ 参考文献

イートウェル，J. L./テイラー，L. J.（岩本武和・伊豆久訳）［2001］『金融グローバル化の危機』岩波書店。
上川孝夫・新岡智・増田正人編［2000］『通貨危機の政治経済学——21世紀システムの展望』日本経済評論社。
スティグリッツ，J. E.（鈴木主税訳）［2002］『世界を不幸にしたグローバリズムの正体』徳間書店。
鶴見誠良・法政大学比較経済研究所編［2000］『アジアの金融危機とシステム改革』法政大学出版局。
フィッシャー，S. ほか（岩本武和監訳）［1999］『IMF資本自由化論争』岩波書店。
細居俊明［2003］「グローバリゼーションと国際金融のトリレンマ論の陥穽」高知短期大学『社会科学論集』85号。
毛利良一［2001］『グローバリゼーションとIMF・世界銀行』大月書店。
山本栄治［1997］『国際通貨システム』岩波書店。

資料11 ◇ ハリファクス・サミット・コミュニケ（仮訳，1995年6月16日）

世界経済の強化

12. 世界経済は，過去50年にわたり，想像を超える変化を遂げてきた。技術の変化が推進してきたグローバル化により，経済は相互依存関係を深めてきた。このことは，従来純粋に国内的なものと見られてきた幾つかの政策分野や政策分野間の相互作用にも当てはまる。我々が直面する主要な課題は，市場の特性を把握し，かつ，重要なプレイヤーが増加していることを認識しながら，この深まりつつある相互依存関係を運営していくことである。これは，世界的なマクロ経済と金融の安定を追求していくに当たって特に重要である。

13. G7間のマクロ経済政策に関する緊密な協議と効果的な協力は，インフレなき持続的成長を推進し，大幅な内外不均衡の出現を回避し，為替市場の一層の安定を推進する上での重要な要素である。我々の閣僚は，これまでに，国際通貨基金（IMF）との協議の拡充を含む政策協調を強化するために，協議のあり方に関し幾つかの変更を行ってきた。

14. 世界の資本市場の成長と統合は，大きな機会と共に新たな危険をも生み出してきた。民間資本の流れの増大，国内資本市場の一層の統合，及び金融分野における革新の加速度的な進行に内在する危険に国際社会が引き続き適切に対処していくことができるよう確保することは，我々に共通の利益である。

15. 本年初頭のメキシコにおける事態の展開とその影響により，これらの問題に対する我々の関心は強まった。我々は，メキシコにおける最近の事態の一層の改善と共に，多くの新興経済における事態の進展を歓迎する。

16. 危機を予防することは，とるべき措置の方向性として望ましい。これを達成するためには，各国が健全な財政・金融政策を遂行することが最善である。しかし，早期警戒システムの改善も必要であり，それによって，我々は，金融上の衝撃的事態を予防し又は処理するために一層迅速な行動をとることができるようになる。かかるシステムは，各国の経済政策及び金融市場の動向に対する改善された効果的な監視システムを備えていなければならず，また，市場の参加者に対し情報をより十分に開示するものでなければならない。このために，我々は，IMFに対し次のことを要請する。

    - 主要な経済・金融データの時宜を得た公表のための基準を設定すること。
    - これらの基準に従っている国を定期的に特定し公表する手続を設定すること。
    - 加盟国が一連の標準的データを十分にかつ時宜を得て報告することを強く求め，すべての政府に対してより明確な政策的助言を提供し，必要な行動を回避していると見受けられる国に対してより率直なメッセージを伝達すること。

17. 予防が失敗した場合の金融市場の難局に際しては，国際機関や主要国が，適当な場合には，迅速にかつ協調して対応する必要がある。融資メカニズムは，衝撃的事態に効果的に対処するために必要な規模とタイミングで運用されなければ

ならない。この関連で，我々は，IMFに対し次のことを要請する。
- 新たな常設の手続としての「緊急融資メカニズム」を創設し，危機が生じた場合に，厳格なコンディショナリティーとより多額の前倒し融資を伴うIMF取決めへのより迅速なアクセスを提供するようにすること。

18. この手続を支援するために，我々は，次のことを要請する。
- G10及びこのシステムを支援する能力を有するその他の国が，金融上の緊急事態に対処すべく，一般借入取決め（GAB）の下で現在利用可能な額をできる限り早期に倍増するとの目的で融資取決めを作成すること。

19. IMFが現行の責任を果たす上で十分な財源を持つことを確保するため，我々は，IMFの新たな増資についての議論を継続するよう要請する。

20. 上記の諸要素につき着実な進展が図られれば，将来の金融危機に対処する我々の能力は著しく向上するはずである。それにもかかわらず，これらの改善がいかなる場合にも十分であるとはいえないかもしれない。また，債務危機の状況においては，国際金融上の多様な手段がもたらす法的その他の複雑な問題があることも認識して，我々は，G10の蔵相及び中央銀行総裁が，かかる問題の秩序ある解決のために有益と考えられる他の手続を更に検討することを奨励する。

21. 我々は，SDR制度にすべてのIMF加盟国が参加することを引き続き支持する。更に，我々は，世界の金融システムの変化にかんがみ，IMFに対し，SDRの役割と機能の幅広い見直しに着手するよう要請する。

22. 金融機関や市場の規制及び監督につきより緊密に国際協力を行うことは，金融システムを守り，その健全性確保のための水準が損なわれていくことを防ぐ上で非常に重要である。我々は次のことを要請する。
- 規制・監督当局間の協力を深め，危機を監視・抑止するために必要な防止措置，基準，透明性及びシステムを発展・増進させることにつき，グローバルなレベルで，効果的で統合されたアプローチを確保すること。
- 適切な監督体制に関する国際金融機関よりの政策助言を強化することと併せ，各国が資本市場の規制を除去するよう引き続き奨励すること。
- 蔵相が，銀行及び証券の規制に責任を有する国際機関に対し研究・分析を委託するとともに，次回のサミットにおいて現行の体制の妥当性につき，要すればその改善のための提案と併せ報告すること。

23. 我々は，また，国際的な金融詐欺が大きな問題となりつつあると認識している。我々は，規制当局と法執行機関との間の意思疎通を改善する決意である。

出所：国際金融年報編集委員会編『国際金融年報』平成8年度版，金融財政事情研究会，1997年，より一部抜粋。

第11章 多国籍企業化と政策対立

--- Keywords ---
内国民待遇，最恵国待遇，TRIMs，OECD，多国籍企業ガイドライン，TRIPs，サービス貿易に関する一般協定

1 世界の多国籍企業の現状

1.1 多国籍企業の規模と国別・産業別構成

　1990年代半ばに世界を巻き込む大論争となった多国間投資協定（Multilateral Agreement on Investment：MAI）を検討する前提として，まず世界の多国籍企業の現状を概観しておこう。表11-1からうかがえる事実は，まず何よりも今日の世界経済に占める多国籍企業の巨大な姿である。国際連合（国連貿易開発会議：UNCTAD）の定義によれば，多国籍企業親会社とは，本国以外に議決権株式10％以上を保有する子会社や関連会社を所有・支配している企業であるが，2003年末時点でその数は6万1600社である。また，世界に展開する子会社（Subsidiary, 50％超），関連会社（Associate, 10％以上50％以下）の数は，92万7000社に及んでいる。これら多国籍企業が2003年末時点で8兆2000億ドルの直接投資残高を保有している。現在，発展途上国と移行経済諸国が抱える累積債務残高が2.5兆ドル（02年末），アメリカ，日本の年々の国内総生産額（02年）がそれぞれ10.5兆ドル，4.0兆ドルであることを考えれば，この巨額さがうかがい知れよう。さらに，多国籍企業の保有する総資産をみれば，直

表11-1 直接投資と多国籍企業に関する基本統計（1982〜2003年）

	金額（10億ドル）			年成長率（％）						
	1982	90	2003年	1986〜90	91〜95	96〜2000	2000	01	02	03年
対内直接投資	59	209	560	22.9	21.5	39.7	27.7	−41.1	−17.0	−17.6
対外直接投資	28	242	612	25.6	16.6	35.1	8.7	−39.2	−17.3	2.6
対内直接投資残高	796	1,950	8,245	14.7	9.3	16.9	19.1	7.4	12.7	11.8
対外直接投資残高	590	1,758	8,197	18.1	10.7	17.1	18.5	5.9	13.8	13.7
国際的合併買収（M&A）	−	151	297	25.9	24.0	51.5	49.3	−48.1	−37.7	−19.7
外国子会社・関連会社の										
販売額	2,717	5,660	17,580	16.0	10.2	9.7	16.7	−3.8	23.7	10.7
粗生産額	636	1,454	3,706	17.4	6.8	8.2	15.1	−4.7	25.8	10.1
総資産額	2,076	5,883	30,362	18.2	13.9	20.0	28.4	−5.4	19.6	12.5
輸出額	717	1,194	3,077	13.5	7.6	9.9	11.4	−3.3	4.7	16.6
雇用数（千人）	19,232	24,197	54,170	5.6	3.9	10.8	13.3	−3.2	12.3	8.3
国内総生産（要素費用）	11,737	22,588	36,163	10.1	5.1	1.3	2.7	−0.9	3.7	12.1
粗固定資本形成	2,285	4,815	7,294	13.4	4.2	2.4	3.8	−3.6	−0.6	9.9
特許・ライセンス料支払額	9	30	77	21.3	14.3	7.7	9.5	−2.5	6.7	−
財・サービス輸出額	2,246	4,260	9,228	12.7	8.7	3.6	11.4	−3.3	4.7	16.6

注：数値がカバーしている範囲，推計方法等に関しては，出所の注記を参照のこと。
出所：UNCTAD, *World Investment Report*, 2004, p. 9.

接投資額の約3倍の30兆ドルにも及んでいる。つまり，本国の親会社による直接的な資金の出資・貸付だけでなく，現地や国際金融市場からの資金借入や，現地子会社・関連会社の潤沢な利潤の再投資によって，資産を何倍にも膨らませていることがわかる。

　この結果，多国籍企業は，海外で5400万人以上の労働者・管理者を雇用している。また，輸出額は3兆ドルを超え，これは世界のすべての財・サービス輸出の約3分の1に相当する。今日，世界の貿易の3分の1は多国籍企業の本社と子会社・関連会社間で営まれ（いわゆる「企業内国際分業」），さらに3分の1が多国籍企業と非関連会社間で営まれ，まったく多国籍企業に関係のない貿易は，残りの3分の1にすぎないと推計されている。上の3兆ドルという数値は，このうち海外子会社・関連会社分だけを表したものである。また，世界のGDP 36兆ドルに対して，多国籍企業の海外分が3兆7000億ドル，ほぼ1割となっている。しかし，以上の数値はすべて本国親会社を除いた海外ベースの数値であることに，くれぐれも留意しておかなければならない。

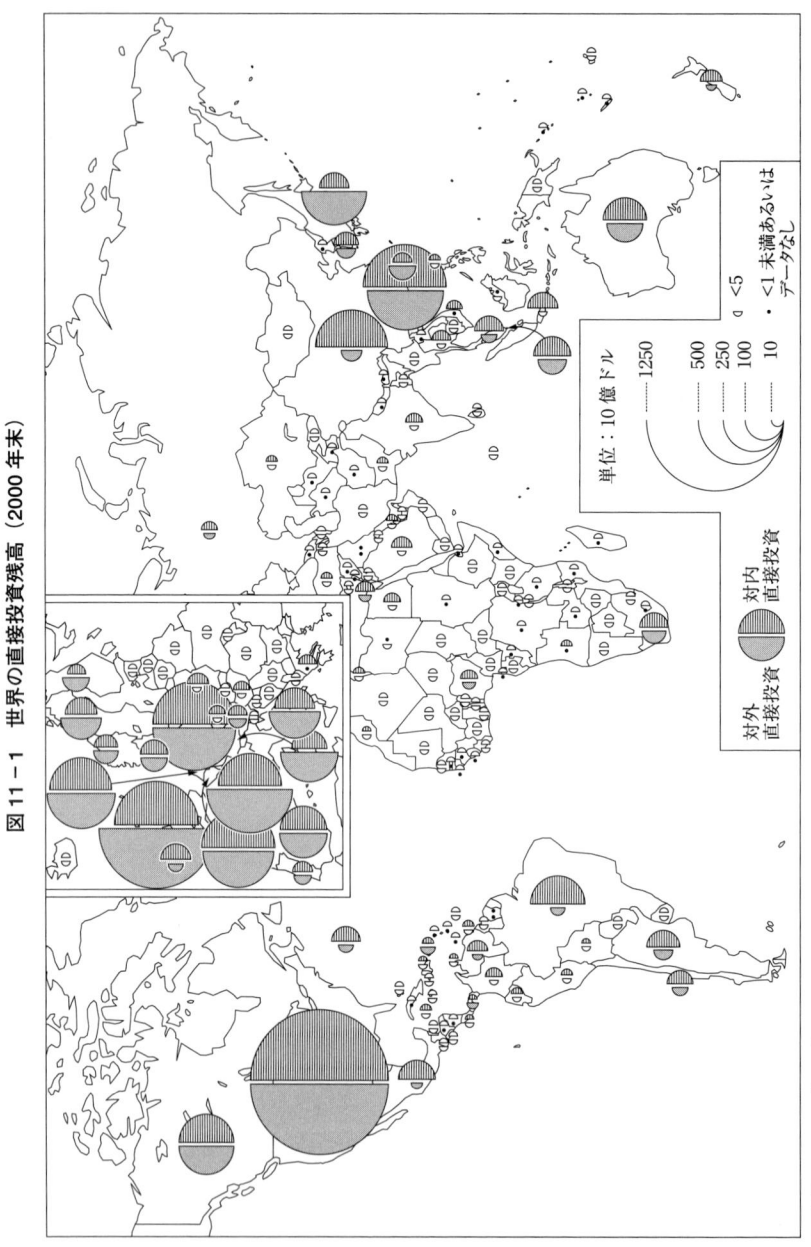

190 第Ⅳ部　グローバル化と国際経済政策

図11-1　世界の直接投資残高（2000年末）

出所：Dicken [2003] p. 55.

図 11-2 直接投資（流入）の産業別構成（2002 年末残高）

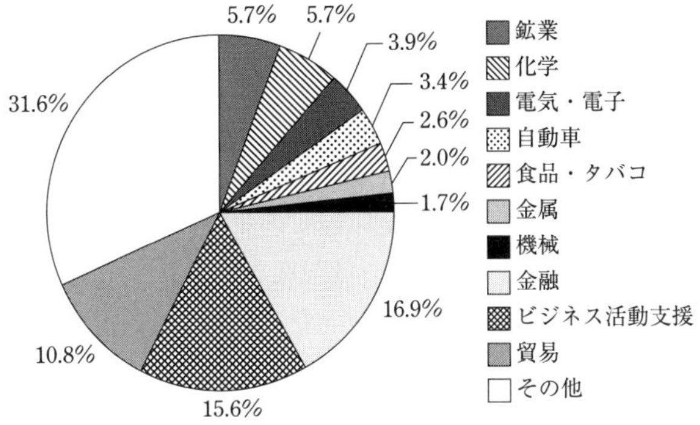

- 鉱業 5.7%
- 化学 5.7%
- 電気・電子 3.9%
- 自動車 3.4%
- 食品・タバコ 2.6%
- 金属 2.0%
- 機械 1.7%
- 金融 16.9%
- ビジネス活動支援 15.6%
- 貿易 10.8%
- その他 31.6%

出所：UNCTAD, *World Investment Report*, 2004.

　問題はそれだけではない。実は，この 6 万社を超える多国籍企業のなかでもわずか一握りの超巨大多国籍企業が対外直接投資の大部分を占めている。国連の調査によれば，わずかトップ 100 社によって直接投資残高の 11％（02 年末，3.3 兆ドル），雇用の 13％（同，700 万人）が占められている。このような世界の超巨大多国籍企業とは，たとえばアメリカの GE，エクソンモービル，GM，日本のトヨタやソニー，スイスのネスレといった企業なのである。

　主な多国籍企業本国，直接投資国が先進資本主義諸国であることは言うまでもない。これを 2003 年末現在の直接投資残高で見れば，アメリカ（25.2％），イギリス（13.8％），フランス（7.8％），ドイツ（7.6％），オランダ（4.7％），日本（4.1％）である。逆にこれを受入国で見ると，アメリカ（18.8％），イギリス（8.2％），ドイツ（6.6％），中国（6.1％），フランス（5.3％），香港（4.5％），オランダ（4.1％），メキシコ（2.0％），ブラジル（1.6％），そして日本はわずか 1.1％となっている。つまり，直接投資は投資国も受入国も先進国が中心で（相互投資：cross-investment），受入国として若干のいわゆる NIEs（新興工業諸国・地域）が加わっているわけである。2000 年末の時点で，この対外直接投資と対内直接投資の関係を全世界で見たものが，図 11-1 である。

　最後に，図 11-2 を見ながら直接投資の産業別分布を観察しておこう。まず，資源追求型直接投資の代表として鉱業（石油を含む）があがっている。次に，第 2 次産業（製造業）のなかでは，化学，電気・電子，自動車，食品・タ

バコ，金属，機械の順に直接投資額が多くなっている。これらのなかには，進出先の市場獲得を目指す市場追求型直接投資と，電気・電子や自動車の一部に見られるように，NIEsや発展途上国をも取り込んだ企業内国際分業を広範に展開して，最小生産コストを実現しようとする効率追求型直接投資が含まれている。そして，第3次産業からは，金融，ビジネス活動支援，貿易を取り扱うサービス産業直接投資が大規模に展開していることがうかがわれる。それぞれ，多国籍銀行（都市銀行・信託銀行）や多国籍保険会社，弁護士事務所や会計監査法人，貿易商社の国際展開が具体的中身として含まれている。このサービス産業のほとんどすべては，市場追求型の先進国間相互直接投資である。なお，この統計からは直接うかがうことができないが，R&D（研究開発）拠点を先進国や一部途上国（たとえば，インドや中国）に設置したり，高い技術水準をもつ企業をM&Aによって飲み込んでしまうといった戦略的資産追求型と呼ばれる直接投資が，最近では部門を問わず増大傾向にある。

1.2 1990〜2000年代の新たな動向

　以上のような全体状況のもとで，1990年代以降，多国籍企業と直接投資に関する新たな動きが見られる。そのもっとも重要なものは，2000年から3年連続で直接投資（流入）総額が大幅に減少したことである。00年のピーク時と比べると6割もの減少を記録している。アメリカでは，なんと10分の1の水準にまで低下している。しかしその一方で，ラテンアメリカ・カリブ海諸国が4年連続で流入額を減らしているのに対して，東アジアが03年に再び上昇に転ずるなど，回復期特有のまだら模様が見られることもたしかである。また，産業別ではサービス化のいっそうの進展が注目される。ただしその中身は，2000年代に入って金融が比率を低下させるもとで，ビジネス活動支援や貿易関連直接投資がその比率を大幅に引き上げているのが特徴である。途上国では，90年代末にピークを迎えた国有・国営企業の民営化向け直接投資がほぼ終了したが，いぜんとして開発資金源泉のほとんどを直接投資に依存する状況が続いている。

　このように，近年の多国籍企業と直接投資をめぐる状況は，新たな構造変動の兆しを見せながら，現地におけるよりいっそう自由な企業活動の保証を受入

国政府や本国政府に要求していく傾向にある。その端的な現れが，国際投資部面における初の国際協定——多国間投資協定締結の模索なのである。

2 多国間投資協定の理論と理念

2.1 新古典派経済学の多国籍企業論

では，このように世界的に展開する多国籍企業を，現代の主流派経済学（新古典派経済学）はどのようにとらえているのだろうか。その内容は，次のように整理することができる。多国籍企業のもっとも重要な特徴は，今日の複雑な世界経済のもとできわめて有効に国際貿易・投資・金融の諸機能を遂行することができる組織形態であるという点にある。つまり，高度な技術，優れたマネジメント能力，広範なマーケティング力，そして豊富な資金を，世界でもっとも有利な地点を結んで組織し，世界大での利潤最大化を図る組織というのがその内容である。

しかし，このことは，単に多国籍企業だけの利潤最大化を意味しているのではない。進出先に世界最高の技術を導入することで競争をうながし，非効率な現地企業を淘汰し，その国その産業の生産効率を世界的な水準にまで引き上げる役割を果たす。したがってこのことは，進出先国の政府にとっても税収の増大，国民の厚生水準の向上という面から見て，きわめて有利なものである。このような作用を世界大で展開することによって，究極的には世界の福祉水準の向上に貢献することになる。

この事実は，とくに発展途上国に対する直接投資においてもっとも顕著に現れる。なぜなら，発展途上国においてこそ，遅れた技術や経営手法の弊害が著しいからである。また，よく知られているように，経済開発にはより多くの資本が必要である。ところが，そもそも貯蓄の不足している発展途上国は，貯蓄不足→投資不足→貯蓄不足→……という貧困の悪循環に悩まされている。この貯蓄不足を埋め合わせ，さらに先端的な機械や技術を導入することで，不足する資本を有効に活用する効果をもたらすわけである。より質の高い商品が，より低価格で提供される。現地子会社の周りには，下請けや関連会社のネットワークが形成され，産業クラスターとなって雇用を吸収する。しかも，多国籍

企業の提供する賃金は，労働生産性が高い分だけ現地企業よりも高い水準となる。先進国多国籍企業は，まさに発展途上国にとって成長と発展のエンジンとして機能するわけである。

しかし，このように世界の福祉の向上に貢献する可能性をもった多国籍企業も，現実にはセカンド・ベストの環境でしか活動することができない。その元凶は，効率性を無視した政府の規制にある。そもそも企業は，世界の貿易が完全に自由に行われ，生産要素（資本と労働力）が何の障害もなく自由に移動できる場合に，最大限の効率性を発揮する。ところが現実には，移民規制や関税障壁・非関税障壁の存在，直接投資や証券投資に対する流出入規制の存在によって，自由なマーケットの働きが歪められている。したがって，よりいっそう世界の厚生水準を上昇させるためには，何よりもまずこのような規制を取り除き (deregulation)，非効率な国有・国営企業を民営化し (privatization)，市場をできる限り自由化 (liberalization) しなければならないということになる。

もちろん，多国籍企業が巨大企業であることによる弊害もある。カルテルや提携関係を通じて原料・製品市場を支配し，競争阻害的な行動をとる場合もある。「いやなら工場を閉鎖して移転するぞ」と労働組合を恫喝して，賃上げ要求を抑え込むこともあろう。政府の外交政策の眼をかいくぐって，禁輸製品を「テロリスト支援国家」に販売することもあるかもしれない。トランスファー・プライシング（移転価格）を利用して，あたかも現地子会社にはまったく利益が生じなかったかのような会計操作をして，税金逃れをするかもしれない。

しかし，もっとも肝心な点は，このような巨大寡占企業としての多国籍企業の弊害も，いまや一国レベルの規制によっては有効に対処することができないという事実である。このことは，現代世界の政治構造が，一定の地域において一定の国民を支配する国民国家の枠組みのなかにあることから生じている。多国籍企業という国境を越えて展開する経済組織と，旧態依然としてナショナルな枠組みを脱することのできない国民国家の政治組織との和解不可能な矛盾がここに露呈しているのである。

以上のような二重の問題を解決する課題を背負って登場したものが，1995年に設立された世界貿易機関（WTO）と，98年に流産はしたものの多国間投

資協定であると新古典派は考える。つまり，財だけでなくサービスにおいても関税・非関税障壁を撤廃することで自由貿易を実現し，知的所有権を尊重して貿易や投資に歪みをもたらさない政策の採用をうながすものがWTOの精神である。さらに，この原則を多国籍企業の直接投資にも応用して，内外無差別の**内国民待遇**（National Treatment：NT）を投資企業に与え，受入国政府のさまざまな投資規制を除去しつつ，この恩恵を**最恵国待遇**（Most-Favored-Nation treatment：MFN）ですべての国々に行き渡らせようというのが多国間投資協定の趣旨であった。

2.2　多国間投資協定の役割

　多国間投資協定に期待される機能を一言で言えば，投資先市場を均一な競争条件のもとで互いに競わせ，輸出・技術ライセンシング・直接投資のなかからもっとも有利な進出形態を多国籍企業が自由に選択することを可能にするというものである。言うまでもなく，このことは多国籍企業にとってもっとも理想的な世界経済の姿である。しかし，このことは，投資受入先国，とりわけ発展途上国にとっては深刻な問題をはらむものであった。たとえば，「国内企業よりも不利な取扱いはしない」というきわめてシンプルな一文で表現される内国民待遇を取り上げてみよう。もし，この規定が法的拘束力を持った国際条約になれば，原則として，特定産業・部門への外資の進出を拒むことはできなくなり，入国査証の無条件な発行を求められ，政府の研究開発援助は外国企業にも平等に与えられ，政府調達への入札も内外無差別となる。さらに，WTOの貿易関連投資措置に関する協定（**TRIMs**）で規定された現地調達・原材料輸入制限・輸出入為替バランスなどの差別措置を外国企業だけに課すことができないという原則が，いっそう強化されることになる。つまり，投資受入国の社会状況や経済状況を勘案した開発政策，地域振興政策，科学技術政策の遂行が，「差別措置」とみなされて大きな制約を受けることになるわけである。

　このような多国間投資協定が目指す戦略目標は，1980年代初頭から世界中で台頭してきた新自由主義の考え方を国際経済政策の内部にロック・インしてしまうことにあると考えられる。言い換えれば，多角的国際条約として制度化し，もはや後戻りすることのできない「歯止め（ratchet）効果」を狙ったもの

といえよう。95年には、これを貿易面で実現するWTOが成立した。まさに同年に、経済協力開発機構（**OECD**）閣僚理事会で多国間投資協定の交渉開始が宣言されたことは、貿易と投資の自由化を車の両輪のようにして推し進めようとする世界の巨大多国籍企業の意図が透けて見えるのである。また同時に、93年にマーストリヒト条約が発効して欧州連合（EU）が出発し、94年には北米自由貿易協定（NAFTA）が発効したという事実は、手をこまねいていると世界にグローバリズムならぬリージョナリズム（地域主義）が蔓延していく恐れがあることを示していた。これら地域協定の内部で実現された投資の自由化の成果を世界大に拡大し、あわせてリージョナリズムの進行に歯止めをかけておくことも、OECDや参加国官僚の重要な政策課題であった。さらには、平成大不況に沈む日本を尻目に台頭する東アジア・東南アジア諸国の投資自由化を推し進めるための国際投資レジームをあらかじめ構築しておくことも、先進資本主義諸国とその多国籍企業にとってはきわめて重要な課題であった。

3　多国間投資協定の展開と挫折

3.1　交渉に至る経緯

　特許に関する国際条約としては、1883年のパリ同盟条約（工業所有権保護）以来、大きな前進が見られたが、貿易と投資に関しては1943年に開始された国際貿易機関（International Trade Organization：ITO）設立交渉が画期的である。この条約案のなかには、民間国際投資に関する内国民待遇・最恵国待遇・投資保護の諸規定など、時代を50年先取りする内容が盛り込まれていた。しかし、ITOはアメリカ議会の批准を受けることができず、貿易事項に限定された「関税と貿易に関する一般協定」（GATT）として48年に発足することになった。この結果、GATT規定のなかで直接投資が宙に浮いてしまっただけでなく、ブレトン・ウッズ体制を構成する国際通貨基金（IMF）、世界銀行でも、この問題はほとんど取り上げられることがなかった。

　この後、投資協定は、おもに二国間投資協定（Bilateral Investment Treaty：BIT）として展開していくことになる。二国間で友好通商航海条約を締結しながら通商関係を拡大していくという外交手法は、18世紀以来アメリカ政府の得

意とするところであったが，これを投資協定として用いたのは，1959年の西ドイツが最初であった（対ドミニカ共和国・パキスタン）。その後，二国間協定は順調に数を増していったが，70年代に大きな逆風に見舞われる。67年にセルバン・シュレベール著『アメリカの挑戦』が出版されてアメリカ多国籍企業に対するヨーロッパの警戒心が呼び覚まされてほどなく，73年にはチリのアジェンデ社会主義政権が多国籍企業の陰謀によって打倒される事件が起こった。これには，アメリカ国務省，中央情報局（CIA）だけでなく，ITTなどのアメリカ企業がクーデター工作に一役買っていたことが明らかにされた。その後，73年の第1次オイル・ショックにともなう産油国による石油資源の国有化，74年の国連特別総会における新国際経済秩序（NIEO）宣言を経て，巨大多国籍企業を規制するために多国間協定の必要が叫ばれるようになったのである。これに対して，「先進国クラブ」の性格をもつOECDは，1976年に**多国籍企業ガイドライン**を発表して，ボランティアながら企業としての行動基準を定めてその遵守を訴えるなど，防戦を余儀なくされた。

　しかし，天然資源に対する恒久主権と多国籍企業の規制を主張する途上国の側にも弱点があった。植民地から独立し主権を獲得してからまだ数十年しか経ていない途上国にとって，多国間協定の締結は，多国籍企業を縛るだけでなく彼らの国家主権をも制約するものととらえられた。彼らとしては，個々に多国籍企業と交渉し，開発政策にもっとも有利な条件を引き出すことを望んだ。しかし，1980年代初頭に至り，潮目は再び大きく変わることになった。82年夏に生じた「メキシコの暑い夏」——債務危機の勃発である。ここからはじまる「失われた10年」の間に，IMFの債務国コンディショナリティによる徹底した国家債務のリストラが行われ，外資導入方式が銀行借入から直接投資へと大きく転換していった。そればかりではない。先進資本主義諸国でも失業問題が深刻化し，失業対策や地域再開発にとって外国企業の誘致が焦眉の課題として浮上してくる。また，レーガン共和党政権のもとで膨張するアメリカの「双子の赤字」（財政赤字と経常収支赤字）と貿易摩擦は，国内経済立て直しのためにも対内直接投資の導入を要求するに至った。このようにして，多国籍企業は，世界経済の救世主のような扱いを受けることになる。

　しかしこの時期，多国間投資協定を求める動きは見られなかった。むしろ，

途上国の交渉力が地に落ち、世界的に直接投資の誘致合戦が繰り広げられた1980年代には、多国籍企業にとって有利な二国間協定の締結が、途上国との間で一気に拡大する。さらに、89年の東欧社会主義政権の崩壊と90年の東西ドイツ統一、91年のソ連邦解体を経て90年代に入ると、二国間協定が旧社会主義諸国へと急拡大していった。79年には200にも及ばなかった二国間協定数が、96年には1400を超えるまでに至ったのである。これとまったく裏腹に、60年代後半から70年代全般にあれだけの広がりをみせた国有化の嵐が、80年代後半からは嘘のように消え去っていった。

　他方、1978年末に改革開放路線へと大きく舵を切った中国をはじめとした東アジア・東南アジア諸国、91年に輸入代替・国内重視型経済路線を自由化政策に転換したインドなど、90年代のアジアは、あたかもブラックホールのように世界の直接投資を吸い寄せていった。そして、93年から2000年にかけて史上最高の情報通信ブームを謳歌したアメリカは、ヨーロッパとの間で巨額の相互直接投資を累積させていった。また、社会主義政権崩壊後、国家体制そのもののリストラを行いつつある「移行経済諸国」もまた、多額の直接投資を必要としていた。以上のような世界の政治経済情勢は、先進国・途上国・旧社会主義国のすべてを統一ルールのもとに包摂する多国間投資協定の締結へ向けて、徐々にそのボルテージを上げつつあったのである。

3.2　OECDにおける多国間投資協定の試みと挫折

　多国間投資協定締結に向けて一歩を踏み出したのがOECDであった。ときに「先進国クラブ」と揶揄され、日本も1964年にようやく加盟することができたOECDは、投資自由化政策の第一の推進者として、すでに長い歴史を誇っている。61年には加盟国に対する法的拘束力をもった「資本移動の自由化に関する規約」「経常的貿易外取引の自由化に関する規約」を定めている。また、一部法的拘束力をもつ「内国民待遇インストルメント」（「国際投資及び多国籍企業に関する1976年宣言」の一部と、その実施手続きを定めた「内国民待遇に関する1991年理事会決定」から構成）も定めている。これをふまえて95年の閣僚理事会で交渉開始が宣言されたものが、多国間投資協定である。

　じつは、1986年にプンタ・デル・エステで開始されたウルグアイ・ラウン

ドでも，アメリカの後押しで包括的な投資協定を締結しようとする動きが見られた。しかし，アメリカは，知的所有権の貿易関連側面に関する協定（**TRIPs**）のなかに，内国民待遇・最恵国待遇の実施を有効に担保するための民事・刑事・行政上の手続きを求める規定を設けるための妥協として，投資協定の締結を放棄した。したがって，多国間投資協定の締結は，ウルグアイ・ラウンドの積み残し課題でもあったわけである。ただ，WTOがその名称から貿易協定だけにかかわる国際機関であるかのように一般に考えられているが，実際には多くの投資関連協定を含んでいる点に，十分な注意が必要である。知的所有権を扱うTRIPsも直接投資に密接にかかわっているし，TRIMsや「補助金と相殺措置」（Subsidies and Countervailing Measures：SCMs）もそうである。また，**サービス貿易に関する一般協定**（GATS）は，直接現地に進出してサービスを提供することの多いサービス産業の直接投資にとって，なくてはならない協定である。しかし他方で，TRIMsの効果は限定的で，しかも財貿易に限定されている。TRIPsも途上国に対して多くの経過措置・経過期間を与えている。紛争解決機関（Dispute Settlement Body：DSB）に提訴できるのは政府対政府の関係に限定されており，投資者対政府は認められていない，などの問題点を抱えている。その意味ではやはり，多国間投資協定は，WTOの積み残し課題の一掃を狙ったものといえよう。

　1995年に始まった交渉では，まず投資の定義に始まって，内国民待遇，最恵国待遇，国内法令等に関する透明性確保などの基本原則が検討され，さらに入国・滞在・労働に関する規定，経営幹部の国籍要件の禁止，現地調達規制の禁止，現地企業との合併要求の禁止，収用に対する補償，紛争からの保護，政府対政府に加えて投資家対政府の紛争解決機関の設置，等々の問題が検討されていった。しかし，98年にいたって，交渉上どうしても乗り越えられない障害があることが明らかになった。同年4月の閣僚理事会でフランスは，第1に，文化保護のための国内政策を多国間投資協定の対象外とすることを要求し，第2に，EUの統合を推し進めるために，EU加盟国とそれ以外の国とで差別的な取扱いを認めることを要求した。文化保護に関しては，カナダも同様の主張を行っていたし，地域統合に関する差別措置の容認は，他のEU諸国も同意見であった。交渉の中断を求めるフランスの要求は会議を紛糾させ，10月まで

に各国各レベルでの討論に付すことが決定された。しかし10月，フランス社会党のジョスパン首相（L. Jospin）は，これ以上の多国間投資協定交渉には参加しないことをフランス議会で表明した。これをふまえてOECDでは非公式協議が続行されたが，ついに12月，交渉中止が決定された。

　この交渉中止の決定には，世界各国のNGOをはじめとする諸団体の多国間投資協定反対運動が大きく影響していた。アメリカの労働総同盟産別会議（AFL-CIO）を含む300もの団体が反対運動に加わったといわれている。その主張はじつに多岐にわたっていた。交渉の秘密主義に対する不信感，環境保護の要求，発展途上国の開発問題への配慮，労働条件の悪化懸念，多国籍企業の途上国搾取への反対，反グローバリゼーション，反アメリカナイゼーション，等々の要求を掲げた市民が，インターネットを武器に各地で反対運動を繰り広げた。当時，不安定な保革共存政権であったフランス政府は，このような世界的な動向を反映して沸騰する国内世論に敏感に反応せざるをえなかった。

　しかし，このような世界的な規模で展開されたNGO等の反対運動が，まったく根拠のない，いわば杞憂に基づく運動を展開したのでない点は明記されてよい。事件は，1997年（すなわち，NAFTAが発効した3年後）にカナダ議会が，環境汚染の恐れのあるMMTと呼ばれるガソリン添加物が州を越えて取引されることを禁止する法律を可決したことに始まる。これに対してアメリカの化学企業であるEthyl社は，NAFTA第11章に基づきカナダ政府を提訴した。すなわち，この法律の内容は，有形資産を実際に収用する「物理的収用」（physical taking）と同等の，規制や法律による資産価値の減少を意味する「規制による収用」（regulatory taking）に相当するものである。したがって，収用・国有化に対しては「即時・適切・効果的な補償を行なうこと」を定めたNAFTA第11章にしたがって，カナダ政府は被収用企業に対して補償すべきである，とするものであった。この結果，98年7月にカナダ政府は，Ethyl社と金銭的和解を行うことに同意した。しかし，このことは環境NGOに強い警鐘を鳴らすものであった。なぜなら，もしこのようなNAFTAの規定に基づく訴えが認められるなら，環境保護を目的とした法律や規制のほとんどは効力を失ってしまうと考えられたからである。しかも，このNAFTAとほとんど寸分違わぬ規定が多国間投資協定草案第IV.2.1条に取り入れられていたのである。

したがって，少なくとも理論的には，多国間投資協定に加盟したすべての国に対して多国籍企業は，環境保護規制等によって投下資本価値が低下した場合，即座に補償を請求できることになってしまうのである。このようなことから多国間投資協定は，「筋肉増強剤付き NAFTA」と呼ばれて，世界の NGO の目の敵にされるに至ったのである。

しかし，このような多国間投資協定の挫折を，反対勢力の力だけによって理解するのは誤りである。アメリカ議会を動かして NAFTA を成立させ，ウルグアイ・ラウンドの成果を WTO 結成に結実させたアメリカ財界が，なぜかこのときははやばやと多国間投資協定の成立を見送ったのである。その理由は複雑である。多国間投資協定が過去の成果の追認に過ぎず，ほとんど目新しい成果を期待できないとみて戦略的に撤退したという見方もある。また，OECD や参加各国の中級官僚が中心となって立ち上げた今回の交渉は，政権トップとの綿密な意思疎通を欠いていたために，妥結に向けて決定的に重要な妥協が必要とされる場面で政治決断を仰ぐことができなかったという見方もある。また，1998 年という年が，アジア通貨・経済危機がロシア・中南米へ，そしてアメリカ・ウォール街の中枢部へと伝染していった年であることも忘れてはならない。証券資本の投機的運動によって引き起こされたとはいえ，金融・資本市場の無防備な開放と，資本自由移動の容認が何をもたらすかを白日のもとに暴き出した事件であった。しかし他方で，1998 年という年が，アメリカ IT バブルが絶好調の時期にあたっていたことも忘れてはならない。アメリカ国内の未曾有の好景気のもと，米欧をまたにかけて天文学的な額の M&A 直接投資が行き来していたのである。ニュー・エコノミー論に酔うアメリカ企業家たちにとって，エマージング・マーケットや途上国の投資市場開放は，それほど切迫した課題とはみなされていなかったのかもしれない。

3.3　多国間投資協定の今後

以上の経過をたどって流産した多国間投資協定は，近い将来にかならずかたちを変えて再登場してくるに違いない。その第 1 の根拠は，情報通信革命とサービス化にある。2001 年から数年間冷水を浴びせ掛けられはしたが，情報通信革命そのものが下火になったわけではけっしてない。そして，これを基盤

とする経済と国際取引のサービス化の流れもさらに勢いを増している。この両者は，市場参入方式として直接投資の重要性が今後ますます高まっていくことを意味している。第2に，中国を含む東・東南アジア諸国，インド，ブラジル，ロシアといった国々の市場分割戦が開始されている。これら成長市場で，均等・均質・透明な競争条件が保証されることは，進出多国籍企業にとってきわめて重要な政策課題である。また実際，現在取り組まれているWTO新ラウンドでは，TRIMsにかかわって投資関連と競争政策に関する協議を行うことを断念せざるをえないことが03年12月に発表されている。したがって，WTOとは別立てで早急に投資自由化を推進する体制作りが水面下で進行していると考えてよかろう。その証左として，UNCTADが毎年発行している *World Investment Report* の2003年版では，多国間投資協定の失敗をふまえて新たに国際投資協定（International Investment Agreements）が提起されているのである。

　すでにわたしたちは，新古典派経済学の唱えるバラ色の直接投資論・多国籍企業論の非現実性について，多国間投資協定をめぐる一連の経過から多くの教訓を学んだということができる。忘れてはならないことは，多国間投資協定が世界的な生産効率の向上や途上国の開発を目指して取り組まれたものではけっしてなかったという単純な事実である。それは，あくまで戦略的通商投資政策の一環として日米欧のナショナルな，そしてリージョナルな特殊利害のぶつかり合いのなかから生まれた産物であるという事実である。その証拠に，競争阻害的な企業活動に対する統一的な規制に関しては，ほとんど議論の俎上にも上ってこなかったのである。もし，再び多国間投資協定が問題にされるとすれば，今度こそ反独占規定を盛り込み，持続的発展や環境問題との調和を図り，世界の最貧層の救済活動に目配りした内容のものでなければならないだろう。そして，経済的効率至上主義，市場万能主義のイデオロギーに目をくらまされることなく，各国・各地域の特殊的な社会的・文化的・政治的諸課題を取り込んだ複眼的な判断基準に基づく社会政策，産業政策，地域政策，対外経済政策を許容する協定でなければならないだろう。

◆ 参考文献

板木雅彦［2003］「多国籍企業とM&A・国際提携」松村文武ほか編『現代世界経済をとらえる（第4版）』東洋経済新報社。

島田克美［2001］『概説海外直接投資（第2版）』学文社。

萩原伸次郎［2003］『通商産業政策』日本経済評論社。

村田良平［2000］『OECD（経済協力開発機構）——世界最大のシンクタンク』中央公論新社（中公新書）。

Brewer, T. L. and S. Young [1998], *The Multilateral Investment System and Multinational Enterprises*, Oxford University Press.

Dicken, P. [2003], *Global Shift : Reshaping the Global Economic Map in the 21st Century*, Sage.

Graham, E. M. [2000], *Fighting the Wrong Enemy : Antiglobal Activists and Multinational Enterprises*, Institute of International Economics.

United Nations Conference on Trade and Development (UNCTAD) [1999], *Lessons from the MAI*, United Nations.

United Nations Conference on Trade and Development (UNCTAD) [each year], *World Investment Report*, United Nations.

資料12◇ 多国間投資協定（MAI）案

1. 内国民待遇原則：他の締約国の投資家・投資に対し，自国の投資家・投資に与えるのと同等以上の待遇を与えなければならない。
2. 最恵国待遇原則：他の締約国の投資家・投資に対し，国籍に関わらず同等の待遇を与えなければならない。
3. 透明性の原則：締約国は，MAIの実施に影響を与えるような法律，規制，条約などがある場合，また新たに導入する場合は，ただちに公表しなければならない。
7. パフォーマンス要求：締約国は，他国の投資家が自国に投資するに際し，以下の要求を課してはならない。
    - 一定水準の輸出を行うこと
    - 一定水準の現地調達比率を達成すること
    - 自国の国産品，自国民によるサービスを購入・利用すること
    - 輸入額と輸出額，あるいは投資額とを均衡させること
    - 輸出額あるいは外貨獲得額に応じて，国内での販売を制限すること
    - 技術，生産過程などを自国内の人，企業に移転すること
    - 本社を特定の地域に置くこと
    - 特定の地域へのある産品・サービスの供給元を自国に限ること
8. 民営化：締約国は，自国の国営企業を民営化，あるいは政府資産を処分する際に，他の締約国の投資家に内国民待遇，最恵国待遇を与えなければならない。（中略）締約国は，個々の民営化の案件について，条件，時期を公表しなければならない。
9. 独占：締約国は，独占を認める際に，他の締約国の投資家に対し差別待遇をしてはならない。
10. 投資インセンティブ：投資インセンティブは，内国民待遇，最恵国待遇，透明性の原則に基づいて投資家に与えられなければならない。
11. 環境・労働基準の低下の禁止：締約国は，投資を誘致するために，環境・労働基準を不当に引き下げてはならない。

◆ 投資家・投資に対し，締約国が保証すべき保護を，以下のように規定している。

1. 一般的待遇：締約国は，他の締約国の投資家が自国内で行う投資に対し，公正かつ公平な取扱い，および十分かつ継続的な保護を与えなければならない。
2. 収用補償：締約国は，以下の条件を満たさない限り，他の締約国の投資家が自国内で行う投資を収用してはならない。
    公共の利益を目的とする，差別的でない，法の正当な手続に則っている収用直前の投資の市場価格に等しい補償を，遅滞なく，交換可能な通貨で支払う。

出所：経済団体連合会による翻訳（http://www.keidanren.or.jp/japanese/policy/pol134/）より，一部抜粋。

第12章　グローバリゼーションとEU

> **Keywords**
> 経済・通貨統合，EMU，域内市場統合，レジーム競争，ヨーロッパの社会モデル

1　欧州経済・通貨統合の展開

1.1　国際経済政策としての経済・通貨統合

　欧州統合の究極の目標は，政治統合すなわちヨーロッパにおける恒久平和と安定の確立にある。そして，**経済・通貨統合**は，政治統合推進のための戦略的手段として，経済政策の領域における国家主権の共同体への委譲を通じて，政治統合実現のための条件を創出することを目的にしている。国家主権の共有ないし超国家機関への委譲は，欧州統合の特質であり，その意味で，欧州各国の経済政策は，文字通り「国際経済政策」として追求・運営されてきた。

　経済・通貨統合は，1958年の欧州経済共同体（European Economic Communities：EEC）の設立に始まり，68年には，域内における関税の撤廃と対外共通関税の設定によって関税同盟が完成し，共通農業政策（CAP）の完成と併せて，共同市場が誕生した。70年代には，ブレトン・ウッズ体制の崩壊やオイル・ショックの発生にともなう混乱によって，経済・通貨統合は一時的に後退を余儀なくされたが，79年に域内における通貨安定を目的に設立された欧州通貨制度（European Monetary System：EMS）の成功を契機として再び軌道に乗り，

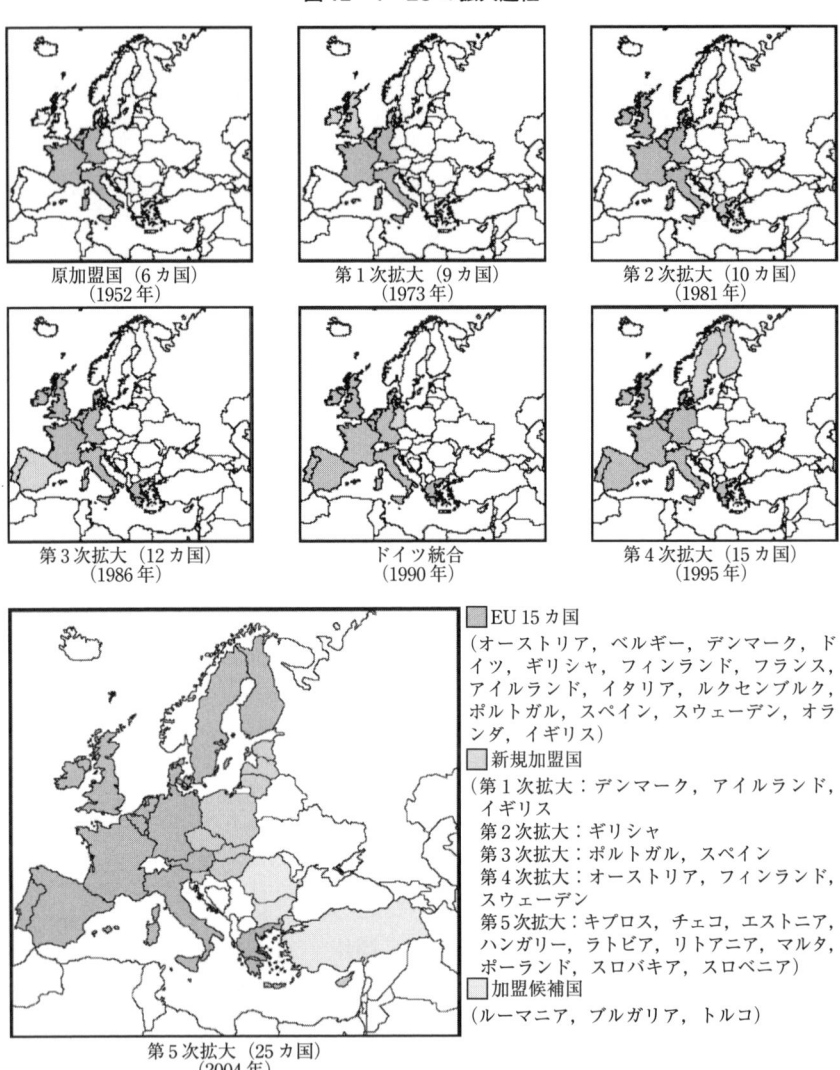

206　第Ⅳ部　グローバル化と国際経済政策

図 12-1　EU の拡大過程

原加盟国（6 カ国）
（1952 年）

第 1 次拡大（9 カ国）
（1973 年）

第 2 次拡大（10 カ国）
（1981 年）

第 3 次拡大（12 カ国）
（1986 年）

ドイツ統合
（1990 年）

第 4 次拡大（15 カ国）
（1995 年）

第 5 次拡大（25 カ国）
（2004 年）

■ EU 15 カ国
（オーストリア，ベルギー，デンマーク，ドイツ，ギリシャ，フィンランド，フランス，アイルランド，イタリア，ルクセンブルク，ポルトガル，スペイン，スウェーデン，オランダ，イギリス）
□ 新規加盟国
（第 1 次拡大：デンマーク，アイルランド，イギリス
　第 2 次拡大：ギリシャ
　第 3 次拡大：ポルトガル，スペイン
　第 4 次拡大：オーストリア，フィンランド，スウェーデン
　第 5 次拡大：キプロス，チェコ，エストニア，ハンガリー，ラトビア，リトアニア，マルタ，ポーランド，スロバキア，スロベニア）
□ 加盟候補国
（ルーマニア，ブルガリア，トルコ）

注：原加盟国は，ベルギー，ドイツ（加盟時西ドイツ），フランス，イタリア，ルクセンブルク，オランダ。
出所：European Commission［2004］, *Key facts and figures about the European Union*, pp. 5-6 より，加筆修正。

85年からは域内市場統合が，さらに89年からは経済・通貨同盟（Economic and Monetary Union：**EMU**）の第1段階がスタートした。そして，99年単一通貨ユーロの導入によって，EMUは最終段階へと移行し，経済・通貨統合はクライマックスを迎えた。また，経済・通貨統合の発展（統合の深化）と並行して拡大も進み，欧州連合（European Union：EU）の構成国数は，当初の6カ国から2004年には25カ国へと増え，さらに最終的には30カ国を超えると予想されるなど，EUは世界有数の地域経済圏を形成し，国際通商制度や国際通貨制度においてもその影響力を強めている。

1.2 経済のグローバル化の影響

　経済・通貨統合の本来の目的が，政治統合の推進にあるとはいえ，経済・通貨統合は，それ自体固有の次元を有する。とくに，1970年代の後退を経て，80年代以降経済・通貨統合が飛躍的に進んだことは，グローバルな経済環境の変化とそれがヨーロッパにもたらした影響を抜きにして考えることはできない。

　1970年代にヨーロッパを襲った深刻な経済危機に対して，ヨーロッパ諸国は，当初経済・通貨統合を推し進めるのではなくて，各国ごとに非関税障壁の強化やケインズ政策の採用によって危機の克服を図ろうとした（いわゆる「再国民化」）。しかし，欧州企業は，アメリカ企業や日本企業の攻勢のなかで，競争力の低下や市場シェアの後退に歯止めをかけることができなかった。また，ケインズ政策も，不況の打開につながるどころか，経常収支や財政収支を悪化させ，当該国の通貨も為替市場で大規模な投機の攻撃にさらされ，経済の低迷に拍車をかけた。

　そのような状況のなかで，ヨーロッパ諸国は，経済のグローバル化，なかでも金融市場のグローバル化のもたらす脅威に対して一国単位で対処することの限界を悟り，欧州レベルで共同・協力する必要性を痛感するようになる。そして，ケインズ政策からの決別と通貨価値の安定重視の経済政策への転換によって，EMSの安定がもたらされ，その過程で，非関税障壁の撤廃を通じて欧州規模での巨大な単一市場を創設し，規模の経済の享受により欧州企業を域外企業の攻勢から守るという，**域内市場統合**戦略が浮上する。それは，1970年代の

世界インフレから 80 年代のディスインフレへの転換，総需要管理政策に代わる，新古典派経済学的な供給サイド重視の経済政策の台頭という，世界的なトレンドの変化とも軌を一にしていた。

このように，欧州経済・通貨統合（そして欧州統合）は，経済のグローバル化に触発されるかたちで，新たな発展の機会を手にすることになった。もっとも，1980 年代の経済・通貨統合は，経済のグローバル化に積極的に対応するというよりも，むしろその脅威からヨーロッパを守るといった防衛的かつローカルな色彩が強かったといえる。

1.3 経済・通貨統合の新次元

1990 年代に入ると，こうした経済・通貨統合の性格は大きく変化する。域内市場統合戦略に続いて経済・通貨統合のアジェンダにのぼった EMU は，「1つの市場には，1つの通貨を！」のスローガンが物語るように，域内市場統合戦略を単一通貨の導入によって補完する役割を担っていた。しかし，90 年代以降の世界経済の構造変化や EU 内外の政治・経済状況の変化を背景に，EMU が EU の統合や構成国の経済・社会構造に与える影響は，単なる域内市場統合戦略の補完を超えて，はるかに広範でかつ徹底したものとなっている。

EMU は，冷戦体制の崩壊にともなう大競争時代の到来や，ヨーロッパ固有の文脈では高齢社会への突入といった課題に対処するために，単一通貨ユーロの導入に加え，均一な競争条件の設定や規制緩和・民営化の促進，抑制的なマクロ経済政策運営ルールの設定等を通じて，経済のグローバル化によって課される以上の競争圧力を EU 内部に創り出し，ヨーロッパ各国の政府や地方，企業，労働者を互いに競い合わせることによって，経済・社会構造改革を進める戦略的手段となっている。経済・通貨統合は，経済のグローバル化の脅威からヨーロッパの経済や社会を守るというより，いまやグローバルな競争を勝ち抜くために，抜本的なリストラクチャリングを強制する手段と化している。

同じく，冷戦体制の崩壊によって実現されることになった中東欧への拡大も，統合や構成国の社会・経済構造に著しい影響を与えている。EU は，新規加盟国や加盟候補国に対して，市場メカニズムの導入や競争ルール，社会・経済秩序の設定者として振る舞う一方，中東欧諸国は，低コストの生産拠点として脚

光を浴び，西欧の企業や労働者，福祉国家にとって中国やインドと並ぶ脅威となりつつあり，EU内の産業立地をめぐるレジーム競争に拍車をかけている。

このように，欧州経済・通貨統合は新たな段階に入り，よりグローバルな次元を獲得したといえる。

2 EUにおける経済政策の運営

2.1 EUの経済政策の次元と領域

EUの経済政策は，①EUの多元的な構造と性格を反映し，単一政策としてEUの超国家機関によって運営される経済政策と，②構成国によって運営されるものの，EUの機関ならびに他の構成国の監視下に置かれ，強い拘束を受ける経済政策，③EUや他の構成国の監視や協議の対象となるが，基本的に構成国の裁量に委ねられる経済政策の3つからなっている。

EUの経済政策のうち単一政策として運営されるのは，金融政策と為替レート政策，競争政策および通商政策である。金融政策は，通貨価値の安定を使命とする欧州中央銀行によって運営される。同行には完全な独立性が保障され，構成国の政府のみならず，他のEUの機関からの干渉も一切受けないかたちとなっている。為替レート政策（ユーロの対外為替レート）は，ユーロに参加している構成国の財務大臣からなる，ユーロ・グループによって決定されるが，日々の管理は欧州中央銀行に委託されている。域内市場で均一な競争条件の確保を目的とする競争政策と，EU域外との通商交渉に関しては，欧州委員会が統轄している。

EUの機関や他の構成国による監視と強い拘束のもとに置かれる経済政策としては，財政政策と域内市場関連の構造諸政策がこれに該当する。財政政策の運営については，過剰な財政赤字を出さないことが義務づけられ，財政赤字が基準（対GDP比3％以内）を超過した構成国には，速やかに是正措置をとるよう勧告が出され，それでも是正されない場合には，最終的に罰金が科されることになっている。域内市場関連の構造諸政策に関しても，実施・進捗状況について，詳細な監視やチェックが行われ，問題点の是正・改善が求められる。

その他の多くの経済政策の領域については，基本的に構成国政府の自主的な

運営に委ねられてはいるものの、毎年政策計画書の提出が求められ、それに対する欧州委員会の評価報告を基礎に、構成国の財務大臣からなる財務相理事会が包括的経済政策ガイドラインを採択し、必要があれば勧告を行うなど、構成国の経済政策運営を評価・監視しあう制度が確立されている。

　このような経済政策の運営の構造からも明らかなように、EUには、超国家的な政策次元と国家連合（国家間協力）的な政策次元が混在している。EUの経済政策運営の基礎となる法令は、超国家機関である欧州委員会によって企画・立案がなされ、構成国の各担当大臣からなる閣僚理事会の決定を経て、公布される。閣僚理事会の決定は、分野に応じて全会一致、特定多数決、単純多数決の3つの方法がとられる。EUの法令は、規則、決定、指令、勧告および意見の5つからなり、このうち規則がもっとも拘束力が強く、構成国に直接適用され、遵守の義務を負う。他方、勧告と意見は拘束力を持たない。EUは、「補完性の原理」に基づいて分権的な政策運営がなされ、とくに外交や安全保障の分野では、全会一致原則がとられ、EUからの拘束は緩やかである。けれども、経済政策の分野では、EMUの発足以降、構成国の主権に対するEUからの介入は強まる傾向にある。とくに通貨と市場に関係する領域では、単一政策ないしそれに準ずるかたちで経済政策の運営が行われ、超国家的な統合が進んでいる。

2.2　EUの経済政策の特質

　EUが経済政策の領域でますます大きな権限を持つようになっているとはいえ、構成国の政府に代わって直接的な管理を行うわけではない。経済政策の領域におけるEUの役割は、安定したマクロ経済環境（とくに通貨価値の安定）を保障することと、自由で公正な競争が行われ市場メカニズムがうまく機能する法的・制度的諸条件を整備することにある。EUによって設定されたそのような機能的空間において、企業や労働組合といった他の経済主体同様、構成国の政府がどのように行動し、どのような結果を手にするのかは、彼ら自身に懸かっている。政策の結果に対して最終の責任を負うのは、各々構成国の政府であって、EUではない。そのような非政治化（depoliticized）された仕組みが、EUの経済政策の特質にほかならない。

欧州委員会は，各構成国における経済構造改革の進捗状況やマクロ経済パフォーマンスを監視し，最善の成果（best practice）をあげている国を称え，それ以外の国にプレッシャーをかけることによって，構成国同士を競わせている。欧州委員会のなかの一組織である競争委員会も，国内産業を保護する各種の規制や慣行，補助金の支出に厳しい監視の目を光らせている。委員会が競争を歪めていると判断すれば，容赦なく廃止を要求し，その結果当該産業や当該地域がどのような状況に陥ろうと，委員会の関知するところではない。委員会の役割は，域内市場で自由で公正な競争が行われる条件を確保・保障することであり，政策の結果について，政治的責任を問われることはない。同じことは，金融テクノクラートによって運営されている欧州中央銀行についてもいえる。欧州中央銀行の使命は通貨価値の安定であり，その目標追求の結果として，失業が増大したとしても，同行が政治責任を問われることはない。また，金融政策はもとより，財政政策に関しても，安定・成長協定によって，裁量的な行使の余地は限られている。それゆえ，他の経済主体と同様，各々構成国政府も，EMUという超国家的な制度的空間のなかで，互いに産業立地上の優位の確保ないしは維持をめぐって，制度や政策全般にわたる熾烈な**レジーム競争**を展開せざるをえない状況に置かれている。

2.3　強まるレジーム競争とその狙い

　そのようなEU構成国間のレジーム競争のなかで，ますます過熱の様相を見せているのが，税の引下げ競争（tax competition）である。税の引下げ競争をめぐっては，以前からもアイルランドの低い法人税（10％）やルクセンブルクの非居住者の利子所得への課税免除が近隣窮乏化政策として問題となっていたが，新たな震源地となっているのは中東欧諸国である。エストニアやスロバキアは，法人税の大幅な引下げによって外国企業の積極的な誘致を図っている。そのため，中東欧諸国に近く，法人税率の高いドイツや北欧諸国は，企業流出のリスクと税率引下げの圧力にさらされている。税率を引き下げるとなると，その影響は歳出面に及ばざるをえず，福祉をはじめ社会保障関係予算の削減へと結びつくことになる。ドイツは，これらの諸国の税の引下げをダンピングと非難し，EUレベルで法人税の最低税率を設定するよう要求しているが，税制

の領域で規制を設けるには，全会一致の承認を必要とするため，ドイツの要求が受け入れられる見通しはない。

　同じく，労働コストや労働条件をめぐっても，EU 構成国間の競争は激しさを増している。中東欧諸国は，安い労働コストや弾力的な労働市場を武器に，攻勢をかける一方，守勢に立たされている西欧諸国は，賃金や非賃金コストの引下げ，労働時間の延長や残業・休日労働など，労働市場の「弾力化」を受け入れざるをえない状況にある。

　このように熾烈さを増すレジーム競争のもとで，EU 構成国の政府，企業，労働者は厳しい対応を迫られている。というより，そのような事態こそ EU のエスタブリッシュメントが望んでいることにほかならない。というのも，厳しいレジーム競争を通じて，各々経済主体が鍛えられ，それによってグローバルな競争を勝ち抜くための効率的な経済体質と強い競争力が生み出されると信じられているからである。EU のエスタブリッシュメントを構成しているのは，EU の政策当局や構成国の政治エリートならびに，汎ヨーロッパさらにはグローバルなレベルでトランスナショナルな生産・経営活動を行っているヨーロッパの大手企業である。後者は，経済政策の権限が EU に委譲されるにともなって，その働きかけの対象を自国の政府から EU の組織や機関に移し，自らの利害を EU の経済政策に反映させるべく，ブリュッセルで強力なロビー活動を展開している。EU の経済政策には，彼らの意向が強く反映されていることは疑いない。これに対して，労働組合の活動は，多くの構成国で組織率が趨勢的に低下していることや，相互に厳しい競争関係に置かれていることもあって，EU レベルでの連帯や影響力行使に向けた取組みは著しく遅れ，もっぱらナショナルなレベルにとどまっており，そのことが，レジーム競争において，労働組合を経営者側に対して著しく不利にしている。その意味では，EU の経済政策は，決して中立ないし非政治化されているとはいえないのであって，ナショナルな次元を超え，EU 次元で形成されつつあるエスタブリッシュメントの意向がそこには反映されるようになっている。

3 EUの直面する課題

3.1 ユーロ圏における構造的諸問題の克服

　ユーロの導入以来すでに数年が経過し，EU経済の抜本的なリストラクチャリングを通じて，EU経済の活性化とグローバルな競争を勝ち抜くための高い競争力と経済効率を手に入れるというEUの狙いは，徐々にではあるが実現の方向に向かって進んでいるように見える。ユーロの導入以来，EUでも大規模なM&Aが活発に行われるようになり，国境を越えた企業・産業の再編が進んでいる。また，ユーロの導入によって，巨大な単一金融・資本市場が生まれ，ヨーロッパの企業や金融機関，政府にとって重要な資金調達・運用の場を提供し，金融面から構造改革を後押ししている。さらに，厳しさを増すレジーム競争を背景に，構成国の政府も，労働市場や福祉制度の本格的な改革に乗り出そうとする姿勢を見せている。しかし，ユーロ圏は，その一方で数多くの問題に直面している。

　ユーロ圏の直面している深刻な問題は，経済構造の相違とそこから生じる政策効果の非対称性の存在である。ユーロの導入によってユーロ圏の金利（短期金利）水準は収斂したが，インフレ率が収斂する兆しはない。にもかかわらず，金融政策は1つしかないため，インフレ率の低いドイツやフランスなどは，相対的に高い実質金利水準を甘受せざるをえず，そのことが景気低迷の一因となっている。他方で，アイルランドやスペイン，ギリシャといった高インフレ国は，相対的に低い実質金利水準を享受し，不動産バブルの兆候があるにもかかわらず，それを看過せざるをえない状況にある。また，イタリアのように，ユーロへの参加によって，実質為替レートの騰貴による競争力の悪化を名目為替レートの切下げによって回避することができなくなった結果，競争力の低下に苦しむ構成国がある一方で，アイルランドのように，インフレ率が高いにもかかわらず労働生産性の上昇がそれを上回ることによって，むしろ競争力を改善している構成国も存在する。皮肉なことに，経済パフォーマンスにおいては，ユーロに参加していないイギリスやデンマーク，スウェーデンの方が，平均してユーロ参加国のそれを上回っている。

図12-2　EU 15カ国の地域別失業率（2000年）

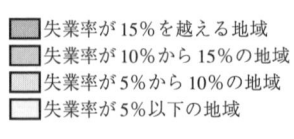

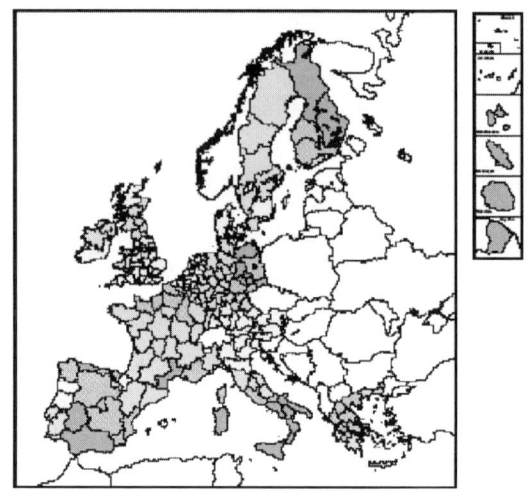

- 失業率が15%を越える地域
- 失業率が10%から15%の地域
- 失業率が5%から10%の地域
- 失業率が5%以下の地域

出所：Eurostat．

　同じく，ユーロ圏の抱える深刻な構造的問題として，高失業とその地域間ならびに構成国間における大きな格差がある（図12-2参照）。ユーロ圏——というよりEU——の高失業ならびに地域間・構成国間格差の原因としては，労働市場の硬直性と労働力移動の低さが，以前からその元凶であるとされていた。そして，EMUがこのような硬直性や移動の障害を打破し，失業の減少ならびに地域間格差の縮小をもたらすと期待されていたが，現状ではうまくいってはいない。失業問題に関しては，構成国と並んで，EUレベルでも，雇用可能性（employability）や変化への適応力（adaptability）の引上げ，起業支援，雇用条件の均等化等を柱とする，欧州雇用戦略（EES：European Employment Strategy）が打ち出され，欧州委員会の雇用・社会問題総局が，構成国の状況の監視，ガイドラインの策定，勧告等を行っている。しかし，成果は思わしくない。ユーロ圏における，こうした構造的諸問題の残存は，域内市場に単一通貨を導入すれば適切な市場メカニズムが機能し，生産要素の移動や生産要素価格の弾力的な変動を通じて域内の経済構造格差の是正が進むという楽観的な見方に，少なくとも短期的には修正を迫るものといえよう。

しかも，これまで構成国間ないし地域間格差の是正に関して，少なからぬ役割を果たしてきた EU からの財政資金移転も，今後大幅な拡充が期待できないだけでなく，各構成国の国内で地域間経済格差是正のために使われていた財政資金移転でさえ，強まる歳出削減圧力のもとで，削られる可能性が強まっている。加えて，2007 年以降，現ユーロ圏諸国に比べてはるかに大きな経済力格差や，国内に大きな地域間格差を抱えた中東欧諸国が，続々とユーロ圏に参加することが予想されている。ユーロ圏における経済構造の相違や格差の残存は，ユーロ圏の長期的な持続可能性（sustainability）にとって決定的ともいえる問題であるだけに，ダイナミックな経済発展を通じたその是正が望まれる。

3.2 中東欧拡大への対応

2004 年 5 月に EU には新たに中東欧の 10 カ国が加盟し，今後も数カ国の加盟が予定されている。新規の EU 加盟国や加盟候補国は，既存の EU 諸国に比べて経済発展段階が著しく低いだけでなく，社会主義体制から自由主義・市場経済への移行期にある国も存在し，政治・社会体制も決して安定しているとはいえない。これらの諸国は，EU への加盟によって何よりも経済成長を強く望んでおり，西欧からの投資や西欧への輸出の拡大に大きな期待を寄せている。

これに対して，西欧諸国の側には，拡大に対する期待ではなく，むしろ不安が増大している。中東欧への生産拠点の移転にともなう産業や雇用の空洞化，はるかに安い賃金とより劣悪な労働環境で働く中東欧の労働者との競争によって生じる，賃金の引下げ圧力や労働環境の劣化（いわゆる「ソーシャル・ダンピング」），大量の労働移民の流入による政治的・社会的緊張，「税のダンピング」による福祉国家の財政基盤への脅威など，西欧諸国の懸念については枚挙に暇がない。

しかし，一見西欧諸国に攻勢をかけているかのように見える中東欧諸国も，実は数多くの問題を抱えている。中東欧諸国の多くは，移行期の混乱を経て，近年比較的順調な成長を続けているが，その過程で所得格差や地域間の経済力格差が広がっている。経済成長の原動力である外資系企業に雇用される特権的労働者層は，高い賃金や良好な職場環境を得ている一方で，国営企業や公共部門で働く労働者は，低賃金や劣悪な労働環境に加え，合理化や民営化による解

図12-3 EUにとってどの課題が優先的と考えるべきか（EU 15カ国平均）

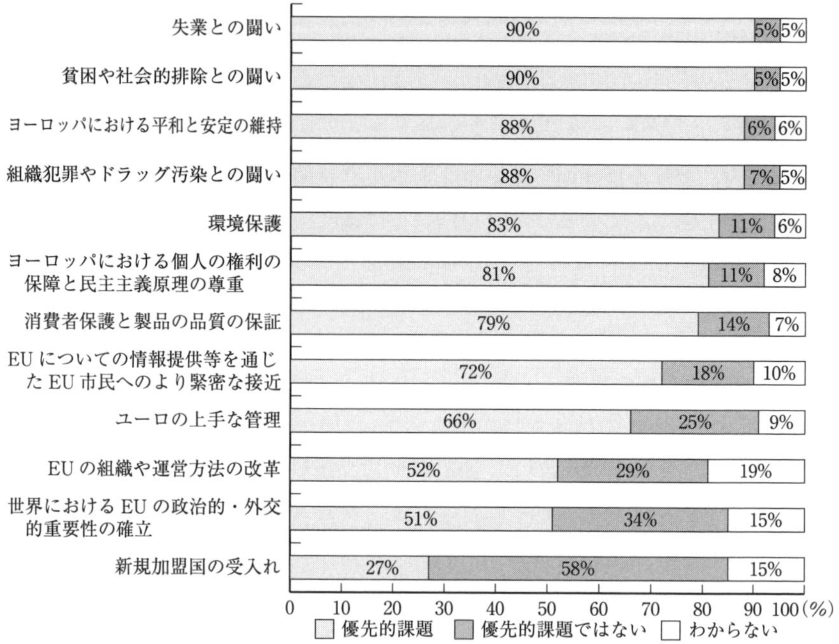

課題	優先的課題	優先的課題ではない	わからない
失業との闘い	90%	5%	5%
貧困や社会的排除との闘い	90%	5%	5%
ヨーロッパにおける平和と安定の維持	88%	6%	6%
組織犯罪やドラッグ汚染との闘い	88%	7%	5%
環境保護	83%	11%	6%
ヨーロッパにおける個人の権利の保障と民主主義原理の尊重	81%	11%	8%
消費者保護と製品の品質の保証	79%	14%	7%
EUについての情報提供等を通じたEU市民へのより緊密な接近	72%	18%	10%
ユーロの上手な管理	66%	25%	9%
EUの組織や運営方法の改革	52%	29%	19%
世界におけるEUの政治的・外交的重要性の確立	51%	34%	15%
新規加盟国の受入れ	27%	58%	15%

出所：European Commission, *A Community of Fifteen : key figures*, Eurostat, 2000, p. 39.

雇・失業の危機にもさらされている。また，首都や西欧に隣接する地域は，高い経済成長を享受する一方，そうでない地域は発展から取り残され，失業率が高まっている。中東欧諸国は，社会主義体制の崩壊後，10年以上に及ぶ市場経済への移行過程で，劇的な変化を経験しただけでなく，経済のグローバル化やEUへの加盟，さらにはユーロへの参加に向けて，さらなる構造改革を迫られている。しかも，これまで市場経済化のもたらす厳しい競争・合理化圧力から国民を守る役割を果たしてきた政府による保護や福祉——それらの一部は，社会主義体制の遺産でもあったが——に対しても，とくにEUから財政赤字の原因や経済効率化の妨げになっているとして，厳しい合理化・削減要求が出されている。国民の間には，長年の改革にともなう疲労や，痛みをともなう改革への反発，さらに一部にはEUへの失望感も広がっている。EUには，こうし

た中東欧諸国をいかにしてうまく統合し，持続的な経済成長と並んで，安定した政治・社会体制確立のためのしっかりとした基盤を提供できるかどうかが問われている．

3.3 統合の社会的次元の強化

　大陸ヨーロッパ諸国は，いわゆるコーポラティズム体制のもとで，政府と企業，労働組合の三者が緊密に協力し，社会的連帯と公正を重視する社会モデルと福祉国家を築いてきた．しかし，長期にわたる深刻な不況や経済のグローバル化の脅威に直面し，これに対処するために域内市場統合やEMUが戦略として打ち出され，広範な社会経済領域に競争原理が持ち込まれることになった結果，拡大にともなう圧力も加わって，政府と企業，労働組合との間で保たれていた権力バランスが，急速に企業に有利に傾き，ヨーロッパの社会モデルは重大な岐路に立たされている．

　欧州企業の間には，株主の利益を重視し，そのためには大規模な従業員のリストラや合理化も厭（いと）わないアングロサクソン流の経営手法が急速に浸透する一方，労働組合は，組織率の低下やそれにともなう対経営者向け交渉力の低下に悩まされている（図12-4参照）．また，政府も福祉制度の抜本的な見直しを迫られており，公的扶助に代わり自助努力の方針が強く打ち出されるようになっている．

　経済・通貨統合の進展の過程で，欧州内で産業の再編が進み，欧州企業の経営効率や競争力が高まっていることは確かである．しかし，その一方で，大陸ヨーロッパ各国で政治的・社会的安定が損なわれ，経済格差が拡大する兆しがある．何よりも，欧州経済の抱える最大の問題である高失業が解消される見込みが立っていない．EUは，知識産業を中心とする競争力の強化と完全雇用，質の高い労働の両立を戦略目標に掲げ，2010年までにその達成を目指しているが，一部の国を除き，目標の達成は厳しい状況にある．

　実際，ヨーロッパ諸国で行われている雇用創出策は，労働コストの引下げと，労働時間の延長や臨時雇用の導入，解雇規制の緩和や失業給付の削減といった，労働市場の「弾力化」が主流を占めているが，そのような手段によって失業問題の解決が図れるかどうかは，はなはだ疑問である．ヨーロッパ諸国にとって，

218 第Ⅳ部　グローバル化と国際経済政策

図12-4　労働組合の組織率（1990年，1995年，2001～02年）

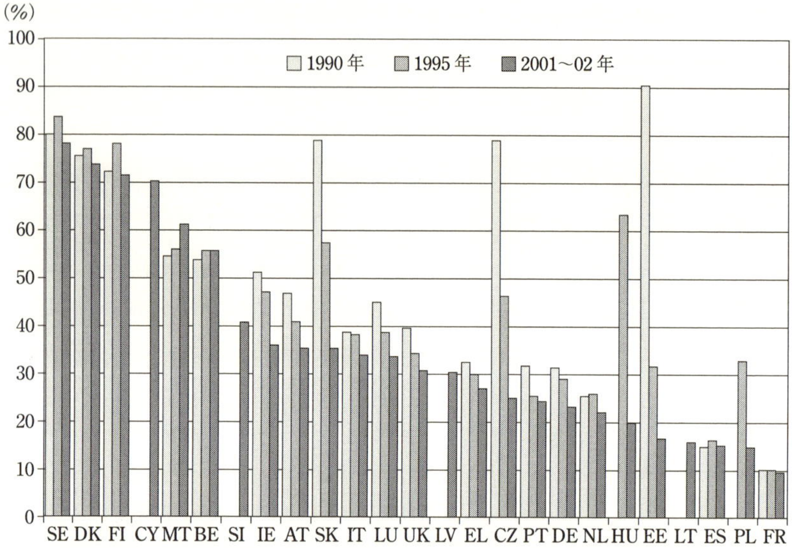

注：国名は，左から順にスウェーデン，デンマーク，フィンランド，キプロス，マルタ，ベルギー，スロベニア，アイルランド，オーストリア，スロバキア，イタリア，ルクセンブルク，イギリス，ラトビア，ギリシャ，チェコ，ポルトガル，ドイツ，オランダ，ハンガリー，エストニア，リトアニア，スペイン，ポーランド，フランス。
出所：European Commission, *Industrial Relations in Europe 2004*, 2004, p. 17 より，一部修正。

中東欧諸国を含む発展途上国との間に存在する賃金格差を埋めることは不可能に近い。労働条件の「弾力化」についても同様である。逆に，ヨーロッパには，北欧諸国のように，労働コストが高く，労働市場が「硬直的」であるにもかかわらず，失業率が低いケースも存在している。ヨーロッパ諸国が最優先で取り組まねばならないのは，企業のイノベーション能力の強化と，質の高い労働力の育成である。知識経済（knowledge based economy）への移行が進むなかで，高度の専門的知識や技能を持った人材の育成・訓練の重要性は，ますます高まっている。デジタル・デバイドをはじめとする社会的排除（social exclusion）を阻止するためにも，政府と社会的パートナーと呼ばれる経営者団体と労働組合との間で，社会的対話（social dialogue）を推進し，ナショナルなレベルと同様，EUレベルでも社会的連帯を強化しなければならない。同様の観点から，

行き過ぎたレジーム競争も避けるべきである。レジーム競争の促進は，EUの経済活性化戦略の要となっているが，行き過ぎたレジーム競争は，ある種の近隣窮乏化政策にほかならない。現に，レジーム競争は，政治統合の実現に向けて連帯を強化しなければならない構成国の間で，むしろ対立と緊張を生んでいる。行き過ぎた税の引下げ競争は，結局のところ歳入の減少と歳出の削減に結果し，後者が産業インフラや研究・開発，教育や職業訓練に対する投資の減少に結びつく場合には，長期的な競争力を損なうことにもなりかねない。現在のEUの統合にもっとも欠けているのは，こうした社会的次元の強化である。

4 EUと国際経済

4.1 国際通商体制とEUの通商政策

　EUは，拡大によって構成国が25カ国に増えただけでなく，1990年代半ば以降，新興市場とみなされる国々との間で次々と自由貿易協定（Free Trade Agreement：FTA）を締結し，さらにはWTO体制のもとでの通商交渉もリードするなど，国際通商政策の分野では，文字通りのグローバル・プレーヤーとして活動している。アメリカに対抗しうる経済圏を構築するというEUの願望は，国際通商政策の分野でもっとも果たされているといっても過言ではない。

　しかし，国際通商政策の分野でEUの重要性が高まっている一方で，WTO体制下の通商交渉はむしろ行き詰まりを見せている。その背景には，中国，インド，ブラジルのような有力な発展途上国が台頭し，2003年9月のカンクンでのWTO閣僚会議の決裂で明らかになったように，国際通商交渉をめぐる主要な対立の構図が，WTO体制発足以前のアメリカ対EUという対立の構図から，先進国対発展途上国という対立の構図へと変わりつつあることがある。

　WTOの通商交渉の場でそのような対立の構造が生まれた背景には，EUの交渉スタンスも大きく関係している。EUは，途上国の望む農業物市場の開放をアメリカと組んで棚上げにする一方で，いわゆる「シンガポール・イシュー」（投資・競争・貿易の円滑化・政府調達の透明性）や環境・労働問題では，発展途上国に対して早急な自由化の実施や国際ルールの採択を迫るなど強硬姿勢で臨んだ結果，途上国側の強い反発に遭い，交渉決裂の直接の原因を作った。

EUの交渉姿勢に反発した発展途上国のなかには，アフリカ・カリブ海・太平洋（African, Caribbean and Pacific：ACP）諸国も含まれる。ACP諸国はロメ協定のもとで長年にわたってEUから特恵的な貿易待遇や援助を受けていたが，1990年代の末に締結されたコトヌー協定では，EUの新自由主義志向への傾斜を反映して，こうした特恵措置が大幅に削られ，それに対するACP諸国の不満がWTO交渉の場でかたちを変えて噴出することになった。

　EUは，先進国のなかでも，発展途上国とくに最貧国に対してもっとも寛大な通商上の待遇を与えていることを強調するが，発展途上国側は必ずしもそのようには見ていない。なるほど，貿易や投資の自由化，競争ルールや環境基準の策定が最終的にすべての国に恩恵をもたらすものであっても，そのプロセスや手続き，タイムテーブルを設定するにあたっては，発展途上国の経済発展段階や国内政治・社会状況に十分な注意を払うことが必要である。その点でEUは，拡大交渉の際と同様，WTO交渉の場でもやや性急にことを進めようとしているように見える。しかし，相手に対して圧倒的に有利なポジションに立つ拡大交渉の場合と異なり，グローバルな交渉の舞台ではそうは簡単にはいかない。加えて，EUが中心となっているFTAの締結を通じた新興市場の囲い込み競争は，WTO体制の統一性を損なうおそれもある。EUが国際通商政策の領域において真のグローバル・プレーヤーを自任するのであれば，自己の利益の追求だけでなく，グローバル経済の普遍的な利益を擁護する立場に立って行動し，問題解決に向けて積極的なリーダーシップを発揮する必要があろう。

4.2　ユーロと国際通貨制度改革

　ヨーロッパの通貨統合の主要な狙いの1つは，単一通貨と単一金融・資本市場を創り出すことによって，国際通貨ドルならびに巨大なドル建て金融・資本市場を通じたアメリカの世界支配と米系金融機関の優位に対抗することにあった。とくにドル支配からの脱却は，ヨーロッパにとって1960年代以来の悲願であり，ユーロとユーロ建て単一金融・資本市場の誕生によって，EUは上記の戦略的目標を実現するための手段を最終的に手にしたように見える。

　ユーロの導入によって域内の為替レートの変動が排除され，とくに小国には通貨投機に対する絶対的な盾を提供している。だからこそ，新規加盟国の多く

も早期のユーロ参加を望んでいる。ユーロの国際通貨としての利用も，中東欧地域を中心に徐々に拡大する一方，債券市場では，ユーロ建て債券の発行額は，ドル建て債券の発行額に匹敵する規模を誇っている。ユーロ関連のデリバティブ取引も活発に行われ，金利スワップの取引額ではドル建てのそれを上回るなど，ヨーロッパの金融・資本市場も隆盛を見せている。

　しかし，そのような成果がある一方で，ユーロの誕生によりドルないしアメリカ経済の影響からの脱却という肝心の目標が実現されたとは言いがたい。1990年代のとくに半ば以降，貿易や直接投資，および証券投資を通じてEU経済のアメリカ経済への依存は著しく高まった（表12-1, 表12-2参照）。90年代末のEU経済の活況は，アメリカ経済の活況によってもたらされたといっても過言ではない。さらに，ユーロの導入とともに，ユーロ圏の金融・資本市場はグローバルな金融・資本市場により緊密に統合され，その結果，アメリカの金融・資本市場の動向――したがって，アメリカ経済の動向――に左右される度合いはより高まっており，金融資産価格の激しい変動を経験するようになっている。しかも，EUの通貨当局は，ユーロ相場の決定を気まぐれな外為市場の動向に委ね，相場の安定に向けた意識的な管理を放棄している。新興市場の通貨・金融危機の際に盛り上がった国際通貨制度改革の論議もすっかり下火となってしまった。EUの通貨当局は，リベラル志向においてむしろアメリカの通貨当局と通底している。

　要するに，EUは，ドル支配からの脱却と対称的な国際通貨制度の確立を目的に通貨統合を進めてきたが，ユーロの導入によって，むしろアメリカ経済への依存を深め，通貨・金融面においてはアメリカの世界支配を間接的に支える役割すら果たしている。EUは，対称的な国際通貨制度の確立どころか，むしろユーロ圏内部の調整や新規加盟国のユーロ参加への対応に追われている。ユーロの誕生に触発されて，東アジアでも域内の通貨協力を強化しようとする試みが見られるが，アメリカはもとより，EU通貨当局の政策スタンスやユーロ圏の現状から判断する限り，ドルに支配される現行の国際通貨制度の抜本的な改革は，当分の間望み薄といえよう。

表12-1　EU*とアメリカの貿易関係

	1990年	1995年	1999年	2000年	2001年	2002年	2003年
EUからアメリカへの輸出(10億ユーロ)	82.66	103.40	183.02	232.47	239.94	242.14	220.48
EUの全輸出に占める割合(%)	20.88	18.02	24.08	24.70	24.41	24.35	22.66
EUのアメリカからの輸入(10億ユーロ)	91.53	103.67	160.59	199.02	195.80	175.46	151.17
EUの全輸入に占める割合(%)	20.68	19.01	20.59	19.26	19.04	17.74	15.30

注：EU 15カ国。
出所：Eurostat.

表12-2　ユーロ圏とアメリカの間の直接投資とポートフォリオ投資

(単位：10億ユーロ)

	1998年	1999年	2000年	2001年
直接投資				
ユーロ圏からアメリカへ	-74	-113	-131	-109
アメリカからユーロ圏へ	40	24	38	35
ポートフォリオ投資				
ユーロ圏からアメリカへ	-59	-53	-119	-39
アメリカからユーロ圏へ	-6	-15	-14	-11
1. 株式	-39	-62	-110	-38
ユーロ圏からアメリカへ	-33	-43	-91	-35
アメリカからユーロ圏へ	-5	-19	-19	-3
2. 債券・証書	-26	-5	-23	-11
ユーロ圏からアメリカへ	-26	-9	-28	-3
アメリカからユーロ圏へ	0	4	5	-8

注：−の印は、ユーロ圏からの資金流出とアメリカへの資金流入を表す。
出所：ECB［2002］, *Monthly Bulletin*, July, p.69.

4.3　グローバル・ガバナンスとEU

　EUは，ドルに対抗しうる単一通貨ユーロとアメリカと並ぶ巨大市場を手に入れ，またさまざまな分野で世界標準の確立に成功することにより，グローバルな競争に勝ち抜くための戦略的地歩を固めつつあるといってよい。国際政治の領域同様，グローバル経済におけるEUの重要性は，確実に強まっている。とはいえ，内部に抱える対立から，対外的にも必ずしも統一されたスタンスをとることができないところに，EUの大きな弱点の1つがある。拡大は，EUの抱えるこのジレンマをより深刻にするおそれがある。たとえ，EUの対外スタンスの統一が可能であったとしても，それが，たとえば国際通商交渉や国際

通貨制度改革の場において，他の先進国や経済圏との間の覇権争いを自らに有利に導くために使われたり，今日支配的となっている新自由主義的な経済政策の運営路線を発展途上国に強制するために使われたりするのであれば，現行のアメリカのやり方と何ら変わることがない。それでは，貧困や経済格差の拡大など，現行のグローバル・ガバナンスが抱える構造的諸問題の解決にはつながらない。EU が真に現行のアメリカによるグローバル経済支配への対抗を望むのであれば，現行のパラダイムに代わる新たなそれを打ち出さねばならない。すなわち，EU は，競争の促進や経済効率の強化を全面に掲げる，アングロサクソン流のガバナンスに代わり，社会的連帯や公正，社会的コンセンサスの形成を重視するヨーロッパ流のガバナンスの優位を示さなくてはならない。EU 内で培った国際ルール作りの知恵やノウハウは，グローバルな舞台でも当然生かされるべきである。**ヨーロッパの社会モデル**の強さは，結局のところ，多様性と共同・協力の能力の高さにある。欧州統合の長期的成功と同様，グローバル・ガバナンスにおいて EU が積極的な役割を担えるかどうかは，EU がヨーロッパの社会モデルの持つその潜在的な強さを生かせるかどうかに懸かっている。

◆ 参考文献

クラウチ，C. / W. ストリーク編（山田鋭夫訳）［2001］『現代の資本主義制度――グローバリズムと多様性』NTT 出版．

田中素香［2002］『ユーロ――その衝撃とゆくえ』岩波書店（岩波新書）．

田中素香ほか［2001］『現代ヨーロッパ経済』有斐閣．

田中素香・藤田誠一編［2003］『ユーロと国際通貨システム』蒼天社出版．

中野聡［2002］『EU 社会政策と市場経済――域内企業における情報・協議制度の形成』創土社．

永岑三千輝・廣田功編［2004］『ヨーロッパ統合の社会史――背景・論理・展望』日本経済評論社．

立石剛・星野郁・津守貴之［2004］『現代世界経済システム――グローバル市場主義とアメリカ・ヨーロッパ・東アジアの対応』八千代出版．

ボワイエ，R. / P.-F. スイリ編，青木昌彦ほか（山田鋭夫・渡辺純子訳）［2002］『脱グローバリズム宣言――パクス・アメリカーナを超えて』藤原書店．

資料13◇ マーストリヒト条約の原文

第1篇 共通の規定
第A条
　締約国は，この条約により，相互間に欧州連合（以下「連合」と呼ぶ）を設立する。
　この条約は欧州諸国民の間に益々緊密化する連合を創設する過程における新しい段階を示すものであり，その連合においては可能な限り市民に近いところで決定が行われる。
　連合は，欧州共同体（European Communities）の上に築かれ，この条約によって設立される諸政策及び協力の諸形態によって補完される。その任務は，一貫性と連帯を表明するような仕方で，構成国とそれらの諸国民の間の関係を組織することである。
第B条
　連合は次の目的を設定する。
1，均整のとれたかつ持続可能な経済的社会的進歩を促進する。それは，特に域内国境のない地域の創出によって，経済的社会的結束の強化によって，およびこの条約の諸規定に従って最終的には単一通貨を含むことになる経済・通貨同盟の設立によって，行われる。
1，連合のアイデンティティーを国際的分野で確保する。それは特に共通外交安全保障政策の実施によって行われるが，その政策は最終的に共同防衛政策の形成を含むものとなり，やがて共同防衛へと導く。
1，連合諸国民の権利と利害の保護を連合市民権の導入によって強化する。
1，司法と内務事項に関する密接な協力を発展させる。
1，アキ・コミュノテール（aquis communautaire）を完全に維持し，それを基礎に一層の発展を図る。それは，第N条（2）に述べられた手順を通じて，この条約によって導入された諸政策と協力の諸形態が共同体の諸機構と諸機関の効率を確保するという目的にどの程度まで修正される必要があるかを考慮しつつ，行われる。

　連合の諸目的は，この条約に述べられたようにかつそこで設定された諸条件とタイムテーブルによって達成されるが，その際欧州共同体を設立する条約の第3条bに定義された補完性の原理を尊重する。

　　出所：Council of the European Communities, *Commission of the European Communities, Treaty on European Union*, Luxembourg: Office for Official Publications of the European Communities, 1992, pp. 7-8.（星野郁訳）

第Ⅴ部
グローバル・イシューと国際政治経済学

　第Ⅴ部では歴史的パースペクティブを大きくとって，数百年単位でわたしたちを取り巻く「グローバル・イシュー」を検討しようとするものである。

　まず，その代表が地球環境問題である。1980年代から，自然環境の維持と再生産を組み込んだ「持続可能な発展」という概念が注目を集めている。つまり，環境の深刻な悪化状況に対して小手先の対症療法や事後措置を講じることでよしとするのではなく，経済政策が環境政策と一体となって作成・運営される社会機構を構築していこうとする考え方である。このことは，環境問題が企業活動や軍事活動とともに越境し，文字通りグローバルに展開する現在では，とりわけ重要な課題となっている。

　今ひとつ，数百年にわたる時間の単位とグローバルな地理的広がりのなかで展開している問題が，ヒトの移動――「移民」の問題である。移民が近代資本主義と近代国民国家の形成と不可分の問題として現れたことからわかるように，その裏側には，近代国家による移動の一元的管理という問題が潜んでいる。つまり，誰を入国させ出国させるかは，国家政策の裁量に委ねられているのである。ここに，移動の政治経済学が生まれる。そしてまた，グローバルな移動性を獲得した者とそうでない者との格差――新たな貧困問題が登場する。

　最後に，国際経済政策が国際政治経済学の観点から再検討される。国際経済政策は，当然国家の存在を前提し，諸国家の体系の頂点に立つ覇権国家（ヘゲモン）の存在を暗黙の前提としている。このような現実の世界では，単に経済的な富だけが追求されるのではなく，それと同じだけの重みをもって安全保障や公正，自由といった多元的な価値が追求される。どのようなグローバル社会システムのもとで，最適の価値ミックスを実現することができるのか――この解明が，21世紀に生きるわたしたちに課せられた新たな実践的課題なのである。

第13章　地球環境問題の経済政策

Keywords
環境破壊，地球環境問題，持続可能な発展，京都議定書，環境政策統合

1　環境問題の深刻化と国際政治経済学の課題

　現代資本主義は，20世紀後半以降，地球環境問題という従来にない深刻な課題を突きつけられるようになった。この現象は，20世紀経済が，工業化による**環境破壊**の世紀であったこと，その負の遺産，ツケとしての環境破壊が地球規模にまで巨大化したことを反映している。地球環境問題を目の前にして，わたしたちは，適切な解決策を見いだし，環境保全型社会への発展経路を見いだしうるのであろうか。地球環境問題を扱う国際政治経済学の課題はまさにこの点にこたえることにある。具体的には，次の2つの課題に整理されるであろう。

　第1は，現実に環境問題が発生する政治経済学的な構造を明らかにすることである。地球規模の環境問題は，多様な主体が多様な形態でからまりながら発生している。そのため，伝統的な経済学が理論的に想定しているようなことが現実にみられないことがしばしばである。というのも，従来の経済理論は，近年見られるような地球環境問題の深刻化を想定してつくられたわけではないからである。そこで政治経済学的なアプローチをとる国際経済論は，既存の理論

を踏まえつつも，現実の被害からアプローチし，その原因構造を分析し，政策を提示することに力点を置く。

第2に，被害を引き起こす原因構造を明らかにしたうえで，被害をなくすために，これらの政治経済的原因を除去することを目的として具体的な政策を指し示すことである。この際，政治経済学的アプローチが重視するのは，何よりも，現実の環境被害をゼロないし最小化することである。この考え方を基礎に，従来の経済構造のあり方や経済発展パターンそのものを変更するための政策を提示する。こうした政策が必要になってきたのは，環境問題の現実が，従来の経済発展パターンでは究極的には解決不可能であるとみられるようになってきたからである。

本章では，以下に，まず，地球環境問題に対処するうえで重要な概念となっている持続可能な発展をどのようにとらえればよいのかについて説明する。ここでは，地球環境問題に対する経済政策を考える際に，どのような視点に立たなければならないのかを述べる。次に，具体的な地球環境問題をいくつかに分類し，必要とされる政策の方向性を示すことにする。

2　持続可能な発展をどうとらえるか

2.1　持続可能な発展の概念をめぐって

1980年代後半から90年代は，深刻化する**地球環境問題**を解決しようという動きが国際的に強まった時代であった。この時期提唱された重要な概念は，**持続可能な発展**（Sustainable Development）ないし持続可能性（Sustainability）である。この概念が最初に提起されたのは80年の国際自然保護連合（IUCN）の世界保全戦略（World Conservation Strategy）においてであったが，実際に政策的な影響力を持つようになったのは，83年に発足した「環境と開発に関する世界委員会」（World Commission on Environment and Development：WCED. 通称，議長のブルントラント氏の名前をとってブルントラント委員会と呼ばれる）によって87年に報告書「我ら共有の未来」（*Our Common Future*）がまとめられてからである。このなかには，持続可能な発展についての規定がある。すなわち，同報告書では「持続可能な発展とは，将来の世代が自らのニーズを充足する能

力を損なうことなく，今日の世代のニーズを満たすことである」としている。

この規定は，将来世代と現存世代との間の衡平を達成することが環境を維持するための主体的条件であるとしているものと解されうる。将来世代との間の衡平を重視する考え方は，とくに地球規模の環境問題のように長期間にわたって影響が及ぶような問題の現実からすれば当然の考え方といえる。しかし同時に，この概念は，従来の経済政策の目標とはまったく異なる性質を持っている。というのも，多くの経済政策は，現存世代の福祉の向上を目指すものであって，将来世代との間の環境資源の衡平な配分を明示的に含むものではなかったといえるからである。持続可能な発展にむけた課題が，従来の経済発展のパターンそのものを大きく変えることにあるのは，求められる主体的条件がこれまでのものとはまったく異なっているからといえるであろう。

2.2 持続可能性に関する経済学

経済学においても，「持続可能な発展」に関連した考え方はいくつか提唱されてきた。新古典派経済学的アプローチからは，持続可能性についていわゆる「弱い持続可能性」と呼ばれる考え方が示された。これはソロー（R. M. Solow）とハートウィック（J. M. Hartwick）らの研究によって確立したもので，「ハートウィック・ルール」と呼ばれる。このアプローチでは，自然環境から提供される非枯渇性資源が減少しても，それらの資源の一部が再生産可能な資本に投資されれば，資源の消費量を将来的に維持ないし増大させうるとしている。つまり，自然環境と人工的資本を2つの「資本」とみなし，その2つの「資本」が完全に代替可能であり，それら2つの価値総額が将来にわたって一定であれば持続可能性は保持されているとしている（Harris[2001]）。

しかし，この「弱い持続可能性」の規定では，たとえば「魚と漁網」にたとえて論じられるように，自然環境と資本を仮に同一次元の資本とみなしえたとしても，完全な代替可能性があるとするのは非現実的である。究極的には自然環境が資本を規定しているのであり，自然環境がゼロになれば，資本による生産は不可能になる。

こうした新古典派的見解に対して，エコロジー経済学（Ecological Economics）の立場に立つデイリー（H. Daly）からは「強い持続可能性」とよばれる考

え方が示されている。これは，自然資本と人工的資本との間の代替性には限界があること，エコシステムの再生能力と汚染吸収能力の限界を超えて経済システムは成長しえないということを前提としている。これに基づけば，再生可能資源については持続可能な水準に産出高を抑え，非再生可能資源については，その使用から生ずる利益を再生可能資源に再投資することが持続可能な社会を作り出す必要最小限の条件である (Harris [2001])。

デイリーの持続可能性についての規定は新古典派経済学の持続可能性の非現実性に対する根本的な批判となっている。デイリーの議論は，環境容量の範囲内に収まるように経済をコントロールしなければならないという考え方を前提としている。経済発展と環境保全を矛盾するものととらえるのではなく，デイリーの議論のように，環境を良好な状態に維持することそのものを目的とした経済発展が必要とされている。

それでは，持続可能な発展を世界的に実現するためにはどのような政策が具体的に必要なのであろうか。それは従来型の環境政策の延長線上にはないことは明らかである。これまでの環境政策は，基本的に，日本はもちろん欧米も含めて，問題が発生してから事後的措置を講じていくというものであった。環境政策は，経済政策やエネルギー政策，農業政策等の政策とは独立に存在していて，これらの政策を一部補完するものにすぎなかった。しかし，持続可能な社会を形成するうえで求められているのは，経済の構造を本質的に変え，環境保全型の経済をあらたにつくりだすことである。これは従来型の事後的対策では達成しえない。むしろ，環境問題が発生する前に，その原因となる経済的構造そのものを根本的につくりかえることが課題となる。これを政策次元で論じれば，環境政策を非環境政策部門と別個に考え，環境政策を補足的に実施する従来のやり方ではなく，非環境政策部門の政策そのものを環境保全型につくりかえる政策統合が必要であるといえるだろう。

3 地球環境問題の6類型

さまざまな要因が複雑にからみあう地球環境問題群を，政治経済学的アプローチから日本で最初に体系的に整理したのは寺西である。寺西は地球環境問

題を,「越境型の広域環境汚染」「『公害輸出』による環境破壊」「国際貿易を通じた資源と環境の収奪」「貧困と環境破壊の悪循環的進行」「地球共有資産の汚染と破壊」に類型化した(寺西[1992])。本章では,寺西の5分類に,近年ますます深刻になり,グローバル化している軍事環境問題を加えて,6分類とし,それらの基本的特徴と必要とされる政策を環境政策統合の観点から述べる。

3.1 越境型の広域環境汚染

地球環境問題の第1の問題群は,越境型の広域環境汚染である。この問題群は,国境を越えて汚染が拡散することに基本的特徴がある。典型的な事例としてあげられるのが,ヨーロッパにおいて広がった酸性雨,旧ソ連で1986年に発生したチェルノブイリ原発事故,ライン川やメコン川などの国際河川における汚染や自然破壊(日本環境会議・「アジア環境白書」編集委員会編[2003]),1997年に日本近海で発生したナホトカ号重油流出事故等である。

ナホトカ号重油流出事故は,海を挟んで各国と接している日本にとって重要な教訓をもたらした。この事故は,島根県隠岐島沖の日本の領海外でロシア船籍のナホトカ号によって引き起こされたものであったために,日本の領海を管理している海上保安庁が,ナホトカ号に対して必要な措置をとることができず,被害を拡大させた。この事故の背景には,ソ連崩壊後,日本近海はタンカーによる油輸送が頻繁になされている海域となっていたということがある。また,中国,韓国等の経済成長の結果,潜在的に事故発生の危険性は高まっていた。にもかかわらず,ナホトカ号事故以前は,ロシア等の日本海周辺諸国と日本との間には,重油流出事故をはじめとする大規模汚染が起こった際の協力体制がまったく構築されていなかった。これは,汚染被害拡大の制度的要因である(大島・除本[1998])。

この事例からもわかるように,この種の問題群に対処するためには,汚染に関する情報の共有と,汚染防除についての国際的な協力体制,さらには被害が起きた場合の国際的な被害補償システムを整備する必要がある。

油濁被害の補償のための国際油濁補償基金条約は,汚染への被害補償のための国際的システムとしてもっとも早い時期にできたものである。これは,今後,越境汚染への被害補償システムを作るうえで重要な教訓となろう。国際油濁補

償基金条約では，条約の締約国の石油取引業者が石油取引量に応じて拠出金を支払い，毎年の被害補償の原資としている．つまり，このシステムのもとでは，直接の汚染者だけに被害補償義務を負わせるのではなく，潜在的汚染者にも共同して費用負担させている．このような制度が構築されたのは，国境を越えるほどに広域化した環境問題のような場合，被害金額が莫大すぎて，汚染者単独では被害補償できないからである．

3.2 「公害輸出」による環境破壊

　第2の問題群は，「公害輸出」による環境破壊である．これは，多国籍企業による直接投資に典型的に見られるように，資本が文字通り国際的に自由に移動できるようになった現代資本主義において本格的に発生するようになった．基本的原因は，途上国と先進国との間の環境規制や環境基準の違い，すなわち「ダブル・スタンダード」の存在である．その結果，途上国において公害・環境問題が発生する．投資主体が民間企業の場合もあれば，公的機関である場合もある．前者は多国籍企業，後者は公的援助を行う援助機関である．

　1984年に起こったインドのボパール事件は，この種の問題の最初の事件の1つとして取り上げられうる．この事件では，アメリカの企業のユニオンカーバイド社が，先進国では規制が厳しく貯蔵することのないメチル・イソシアネート（methyl isocyanate）を，液状で40トンもタンクに保管していたため，それが水と反応して，有害ガスが発生し，近隣住民の2500人が被曝後1週間のうちに死亡した（ドウィベディ［2000］）．操業企業のユニオンカーバイド社は，事故後，インド政府との間で補償についての合意をとりかわし，ボパールから撤退した．しかし，現実には事故を発生させた工場は除染されず，4000トンもの化学物質が未処理のまま残されている．また被害者への直接的な被害補償や医療保障もほとんどなされていない．

　この種の問題を回避するためには，多国籍企業やODAなどの国際投資活動を，環境保全の立場から管理，規制することが必要である．途上国援助がかえって地域の人々の生活や環境を破壊しているという批判の声におされ，各種の国際援助機関では改革がされるようになってきた．たとえば，世界銀行においては環境ガイドラインが整備され，これまで無視されがちであった地域住民

の意思が反映されるようになっている。日本においても，2002年に国際協力銀行が本格的な環境ガイドラインを策定した。これには住民の異議申し立て手続きには問題点があるものの，ODAについては1980年代に比べて着実に改善がなされてきたといえるであろう。

　国際資金の流れは公的資金だけではない。むしろ，近年では公的資金よりも民間資金の方が圧倒的に多い。これに対しては，環境保全のための適切なコントロールがほとんどなされていない。たとえば，多国籍企業に対する環境規制は，もっぱら投資受入国が行っていて，投資国側には規制がない。また，国際的投資を環境保全の立場から規制する国際的枠組みが整備されているわけでもない。

　それどころか，近年，OECDで議論されていた多国間投資協定（MAI）は，多国籍企業が国境を越えて事業活動するに際し，投資先において何らの規制や拘束をうけることなく利潤の最大化を自由に行えるという内容であった。具体的には，MAIに合意した関係国においてはMAIの規定に反するような法律を将来制定することができないこと，多国籍企業にとって負担増とみなされるような公害防止法の適用がなされないこと，などが盛り込まれていた（都留［2003］）。多国間投資協定の交渉は頓挫したものの，国際投資の自由化の動きは今後も続くであろうから，近い将来，同様の内容を持つ協定の交渉が再開される可能性がある。その際には，環境規制を緩和するのではなく，逆に，「公害輸出」を防止するための国際的措置が適切に組み込まれる必要がある。

3.3　**国際貿易を通じた環境破壊**

　第3の問題群は，国際貿易を通じた環境破壊である。第2の問題群が主に投資活動をめぐる問題であるのに対し，この種の問題は，先進国と途上国の間の国際分業と，それにともなう国際的な財の移動によって発生する。

　この種の問題で今日注目されるようになっているのは，先進国から途上国への有害物質の移動による問題である。よく知られているのが，1988年にイタリアからナイジェリアのココにPCB等が含まれる有害廃棄物が輸出された事件である。こうした有害物質の越境移動問題に対処するため，1992年に制定されたバーゼル条約（有害廃棄物の国境を越える移動及びその処分の規制に関する

バーゼル条約）によって，有害廃棄物の発生国内での原則的処分と移動する場合の適正処分が規定された。ただし，リサイクル目的の廃棄物輸出は禁止されていない等の問題があるため，さまざまな環境問題を引き起こしている（日本環境会議・「アジア環境白書」編集委員会編［2000］）。

　先進国と途上国の間の国際貿易によって発生する環境問題を解決するためには，国際貿易そのものを環境保全型につくりかえ，むしろ国際貿易を進めることと環境保全が少なくとも矛盾しないように方向づけることが必要である。今のところ，環境関連の国際条約が国際貿易について規制しているのは，上記のバーゼル条約をはじめ，「絶滅のおそれのある野生動植物の種の国際取引に関する条約」（ワシントン条約）やモントリオール議定書など特定の環境問題やそれに関連する財の取引を禁止するものである。ワシントン条約は野生生物の取引の規制，モントリオール議定書はオゾン層破壊物質であるフロン等の取引を規制している。ところが，貿易で扱う財は多種多様であるにもかかわらず，貿易を環境保全の立場から貿易システムそのものをコントロールするための制度や枠組みは今のところ存在していない。

　WTO を設立するマラケシュ協定では，「環境を保護しおよび保全し並びにそのための手段を拡充することに努めつつ，持続可能な発展の目的に従って世界の資源をもっとも適当な形で利用することを考慮」することが冒頭で述べられている。その意味では，WTO には，もともと環境への配慮が含まれているといえる。また，WTO 協定に引き継がれた GATT 第 20 条では，「人，動物又は植物の生命又は健康の保護のために必要な措置」「有限天然資源の保存に関する措置」については，締約国が例外的にとりうるとされている。この規定があるため，WTO においては，環境貿易措置が 20 条の例外を適用できるかどうかが焦点となってきた。これまで 2000 年までの WTO 裁定では，環境貿易措置として実施された規制は GATT・WTO ルールに反するものとされてきた。ところが，2001 年以降は次第に環境貿易措置として認められるケースが増えてきた。たとえば，エビ漁の際にカメの混獲防止を行っていない国からのエビの輸入を制限しようとしたアメリカの措置については，環境貿易措置として実施が認められた（小島［2003］）。これにみられるように，近年は環境保護的な裁定がおりるようになってはいるものの，やはり国際貿易が環境保全と両立す

るようなかたちで行われているとはまだいえない。

　通常の貿易とは異なり，途上国の人々の生活を助け，環境破壊も行わない貿易を目指した運動も草の根レベルで取り組まれるようになり，次第に大きな役割を持つようになってきた。これらは，フェア・トレードとよばれる運動で，欧米では実績がある。日本においても，オルタ・トレード・ジャパンをはじめとする団体が活動を行っており，次第に大きな勢力となっている。

　ただし，これらの運動も，日々行われている巨大な国際貿易からすればまだまだ十分な力を持っているとはいえない。いずれはケースバイケースではなく，国際貿易のシステムそのものを環境保全の立場からコントロールする国際的な枠組みが必要となってくるであろう。

3.4　貧困と環境破壊の悪循環的進行

　第4の問題群は，さまざまな社会的要因により経済が崩壊し，それとともに森林や生態系が破壊され，さらにそうした環境崩壊が進むと農業生産システムが崩壊し，地域経済がますます破壊されていくという悪循環的現象である。この悪循環に入っている地域では，加速度的に環境が破壊され，生存基盤としての環境に決定的なダメージがもたらされている。

　典型的な事例は，サハラ以南アフリカの飢餓地帯においてみられる干魃と飢饉，それにともなう環境破壊の進行である。石は，日本でいち早くこの問題に着目し，その実態を告発した。石によれば，アフリカなどの飢餓地帯では，人口急増により農地や放牧地などの生態系が崩壊し，その結果として農業生産システムが破壊され，食料が不足するに至っている（石［1988］）。

　この問題は，人類の普遍的課題である貧困問題と密接に関係している。急速な技術革新が進む今日においても，人類はもっとも古典的な経済問題である貧困問題をいまだに克服していない。貧困の定義にはさまざまなものがあるが，1日当たり購買力平価1ドル（1985年価格）以下の所得という指標は，世界銀行が国際的比較を行うために1990年の『世界開発報告』で用いたものである。表13-1に示すように，世界銀行によれば，世界の貧困層の割合は87年から98年の期間に28.3％から24.0％へと低下した。しかしサハラ以南アフリカは，87年の2億1720万人から98年の2億9090万人へと増大，貧困層の割合も87

表13-1 世界の貧困層

	貧困ライン未満の人口（100万人）			貧困ライン未満の総人口に対する割合（%）		
	1987年	1993年	1998年	1987年	1993年	1998年
東アジア・太平洋	417.5	431.9	278.3	26.6	25.2	15.3
中国除く	114.1	83.5	65.1	23.9	15.9	11.3
ヨーロッパ・中央アジア	1.1	18.3	24.0	0.2	4.0	5.1
中南米	63.7	70.8	78.2	15.3	15.3	15.6
中東・北アフリカ	9.3	5.0	5.5	4.3	1.9	1.9
南アジア	474.4	505.1	522.0	44.9	42.4	40.0
サハラ以南アフリカ	217.2	273.3	290.9	46.6	49.7	46.3
世界全体	1,183.2	1,304.3	1,198.9	28.3	28.1	24.0

注：世界銀行の貧困ラインは，1日1人当たり1ドル（購買力平価，1985年価格）の所得として定義されている。1993年価格では1.08ドル／日・人である。
出所：World Bank, *World Development Report 2000/2001*, 2000, The World Bank, より作成。

表13-2 環境脆弱地帯に住む人口

	人口（100万人）	総人口に占める割合（%）
東アジア・太平洋	469	25.3
東欧・中欧	58	12.1
中南米	68	13.1
中東・北アフリカ	110	37.6
南アジア	330	24.4
サハラ以南アフリカ	258	39.3
OECD諸国	94	11.1
その他	2	6.9
世界全体	1389	24.7

出所：World Bank [2003]，より作成。

年の46.6％から98年の46.3％へとほぼ横ばいで推移している。

　貧困地帯の多くは，環境が脆弱な地帯とほぼ一致している。表13-2にみるように，世界銀行によれば環境が脆弱な地帯に住む人口の総人口に占める割合はサハラ以南アフリカでもっとも高く39.3％であり，人口は2億5800万人にも達する。これらの環境が脆弱な地帯では，いったん生態系のバランスを崩してしまうと元に戻りにくい。途上国では貧困な人々ほど生態系に依拠した生

活をしているため，人口が多くなれば，それだけ生態系への圧力が高まる。こうした地帯に住む人口は途上国人口の約4分の1と推定され，1950年に比べて約2倍になった（World Bank［2003］）。

貧困と環境破壊の悪循環的進行を根本的になくすには，環境が脆弱な地帯で貧困を生み出す世界経済の構造を変えなければならない。さしあたっての対策としては，先進国から途上国への資金・技術移転のあり方をかえる必要があるであろう。

もちろん，セン（A. Sen）が彼の数多くの著書で繰り返し論じているように，貧困は経済的指標のみで評価すべきではない。貧困と環境破壊には単純な因果関係があるわけではなく，むしろそれを結ぶ制度的，政治経済的要素がある。そのため，この種の問題を解決するには，政治的自由をはじめとするさまざまな自由の獲得が必要であると考えられる。国際機関も貧困撲滅のためのさまざまなプログラムを実施しつつあるが，貧困と環境破壊の悪循環をもたらすメカニズムを断ち切るためには，これらの地域が貧困でありつづけている構造そのものを変えることが必要であろう。また，これに加えて，貧困地帯における環境資源を含む地域の共有資源を再生し保全するための具体的なプログラムが構築されなければならない。

3.5　世界的に拡大する軍事行動にともなう壊滅的環境破壊

第5の問題群は，主に超大国アメリカが世界規模で展開する軍事行動によって発生する環境問題である。この問題は，いわゆる冷戦が終結して以後，とくに顕著になってきたもので，今日のアメリカ中心の世界体制を強く反映している。

軍事活動にともなう環境問題は，軍事基地建設，平時の軍事基地のオペレーション，軍事訓練・演習等の戦争準備，実戦と，4つの局面で進行する。軍事活動は，環境に配慮しながら行われることは基本的にない。むしろ，実戦にあたっては，軍事施設や工場，発電所等が対象となる。これらの施設は，化学物質，重金属，弾薬，油等，各種の汚染物質が大量に保管されている。攻撃に用いられる弾薬そのものも汚染物質である。そのため，実戦においては，大量の汚染物質が周囲に拡散する。

究極の環境破壊は核兵器の使用にともなう生態系の完全な破壊であるが，そうした極端な例を出すまでもなく，通常兵器であっても汚染被害は深刻である。とくに，イラクで使用されたとされている劣化ウランは，重金属毒性と放射能毒性の二重の汚染物質で，長期の汚染被害が懸念されている。

だが他方で，軍事活動がもたらす環境破壊が通常の経済活動にともなうもの以上に深刻であるということを反映して，国連環境計画（United Nations Environment Programme：UNEP）が，戦争によって引き起こされた環境破壊の調査をするようになってきたことは注目に値する（http://postconflict.unep.ch/）。まだ事例は少ないものの，ボスニア紛争，アメリカによるアフガニスタン攻撃，イラク戦争等を事例としていくつかのレポートがまとめられている。

軍事環境問題は被害者救済がなされないことにも特徴がある。アメリカが1991年の湾岸戦争時に使用した劣化ウランにより，すでに白血病をはじめとする健康被害が多数でているとされているが，アメリカはこれに対して被害補償をしていない。ベトちゃんドクちゃんで知られる二重胎児等の被害や自然破壊を引き起こしたベトナムに対してもアメリカは補償をしていない。

被害補償をしないのは，戦争に関連するものに限ったことではない。フィリピンでは，アメリカ軍基地（クラーク空軍基地，スービック海軍基地）の撤退後，基地に関連する汚染が原因とみられる被害者が約2500名存在する。にもかかわらず，被害者に対する医療保障や被害補償はほとんどなされていない。

環境問題の費用負担の原則に「汚染者負担原則」（Polluter Pays Principle：PPP）がある。これは，OECDが1972年に提示したもので，もともとは環境汚染関連コストを誰に負担させるのかによって国際競争上の歪みが生じないよう，汚染者に一義的に費用負担させることを目的としたものであった。今では，この原則は環境費用負担の原則となっている。ところが，軍事活動にともなう環境破壊については，この汚染者負担原則がまったく適用されていない。この傾向は，国際的問題になればなるほど，また深刻な問題になればなるほど，そうした傾向が強い。軍事であれ何であれ，環境破壊を行った者が環境費用を支払わなくてよいとする合理的根拠はまったく存在しない。今後は，環境被害の全容解明とともに，それに基づく汚染者責任の明確化と費用負担が国際的になされていくべきである（日本環境会議・「アジア環境白書」編集委員会編［2003］）。

3.6 地球共有資産の汚染と破壊——究極の地球環境破壊

　第6の類型は，人類が前提としてきた地球環境そのものの破壊である。典型的な問題として，オゾン層破壊問題，地球温暖化問題，地球上の生物多様性の喪失等があげられる。これまで述べてきた5つの環境問題群がすべて解決したとしても，第6類型に属する環境問題が解決できなければ地球環境の維持は達成できない。その意味で，究極の環境問題といってよい。

　この種の問題は，他の問題に比べて人間の生涯を大きく超える期間に影響を及ぼすことに特徴がある。地球温暖化とそれにともなう気候変動問題を例に取りながら説明しよう。気候変動に関する政府間パネル（Intergovernmental Panel on Climate Change：IPCC）は，気候変動問題の科学的知見を集成することを目的に設置された国際機関である。その IPCC 第3次評価報告書によれば，シナリオによって値は異なるものの，今後100年の間に地球規模で大幅な気温上昇が見込まれるということでは共通している。予想される地球表面気温の上昇幅は，1.4～5.8度とされている。これは，人類がかつて経験したことのない気温上昇幅と気温上昇スピードである。IPCC 報告書によれば，仮に今すぐに温室効果ガスの排出量をゼロにしても今後数世紀にわたって気温上昇は続く。このままの状態で推移すれば，地球環境に不可逆的変化が起こるとみて間違いない。

　さらに深刻な点は，被害が出るのは将来なのに対して，対策はすぐにでも開始しなければならないということである。環境 NGO の世界的なネットワーク組織である気候行動ネットワーク（Climate Action Network：CAN）によれば，世界の気候系に壊滅的な打撃を与えない気温上昇幅は産業革命から2.0度である。すでに産業革命以後0.6度の気温上昇がみられ，またこれまでの温室効果ガス蓄積により1度の気温上昇は避けられないことから，人類に残された余地は0.4度分しかない。これを満たすためには，今後20年以内に途上国を含む世界規模で温室効果ガスの排出量を絶対量で削減していかなければならない。これが達成されなければきわめて深刻な気候変動が起こる。

　それでは，この問題に対処するにはどのようにしたらよいのであろうか。世界政府や，世界的な環境政策を統一的に行う統治機関は存在しない以上，現実には，多くの国家が参加する環境条約をつくり，そこで具体的な削減を取り決

めていくしかない。

　実際,気候変動問題は,地球規模の環境問題のなかでもっとも議論が進んできた領域である。1992年には,国連環境開発会議(United Nations Conference on Environment and Development:UNCED)の開催に間に合わせて,気候変動枠組条約が策定され,同会議で条約の署名が開始された。また,条約の「共通だが差異ある責任」の原則に基づいて,気候変動枠組条約の附属書Ⅰ国(先進国)に対して法的拘束力を持たせた数値目標を含む**京都議定書**が97年に策定された。これには,いわゆる京都メカニズムとよばれる排出量取引,クリーン開発メカニズム,共同実施という3つの国際的な柔軟性メカニズムも含まれている。2001年には,京都議定書の詳細運用ルールを含むマラケシュ合意が取り決められた。01年に温室効果ガスの最大排出国であるアメリカが京都議定書から離脱した問題は残るものの,04年にロシアが議定書を批准したことにより京都議定書は05年2月に発効した。事実上,これまで何の制限もなかったエネルギー消費を,環境保護の立場からコントロールする世界初の試みである。この点では,人類社会は大きな一歩を踏み出したといえるであろう。

　しかし,京都議定書の限界も同時に見えはじめている。その第1は,京都議定書上の法的拘束力ある目標値は2008〜12年の5年間に限られるものであって,2013年以降の長期的な目標や枠組みは定められていないということである。先に述べたように,今後,化石燃料使用を基礎とする文明を形作っていく限り,気候変動問題への対策を半永久的に行わざるをえないということからすれば,京都議定書は非常に短期の目標にすぎない。長期的な目標と仕組みは,気候変動の危機を十分に踏まえて,京都議定書以上に厳しい削減目標と政策がとられる必要がある。

　京都議定書の第2の限界は,途上国を含む世界的な排出規制とはなっていないことである。もちろん,途上国と先進国の間には,現時点での排出量でみても,歴史的蓄積量からみても,大きな格差が存在する。たとえば,図13-1にみるように,アメリカ,日本,中国,インドの1人当たりの二酸化炭素排出量を比較すると,アメリカ,日本と中国の差はそれぞれ約9倍,4倍,さらにインドとの差は19倍,9倍に達する。このことからすれば,先進国には率先して削減し,途上国に対して環境スペースを譲る責任がある。

図13-1 　CO_2 の1人当たり排出量（2000年）

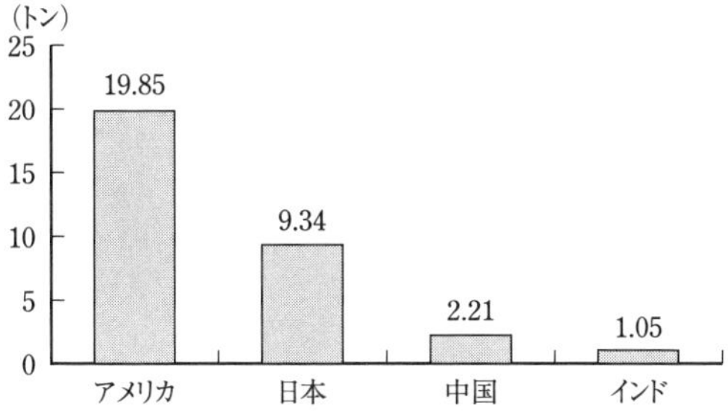

（トン）
- アメリカ　19.85
- 日本　9.34
- 中国　2.21
- インド　1.05

出所：World Bank, *World Development Indica-tors 2004*, 2004, The World Bank, より作成。

同時に，途上国の経済成長のあり方を，先進国型のエネルギー多消費型社会ではなく，再生可能エネルギー（風力や太陽光等）を中心としたエネルギー利用効率の高い社会を目指す方向へと変えていくことも必要である。それは，先進国型汚染社会を経ることなく，直接，持続可能な社会にいたる道筋といってよい。先進国型の経済発展経路をとらないで，途上国が，直接，持続可能な社会に移行できるかどうかは，21世紀の地球環境保全に決定的な意味をもっている。

4　国際的な環境政策統合に向けて

世界を持続可能な社会へと導くために，すぐにでもとられるべき政策や措置は数多い。だが現実は，地球環境問題が国際舞台に登場して十余年を経過して，具体的な政策の仕組みがようやく整いつつある段階である。具体的な政策の構築は，これからも継続して行われるであろうし，それを基礎に，持続可能な社会に向けて，長期にわたって着実に成果をあげていかなければならない。

寺西と細田は，従来の対症療法型の環境政策を第1世代のものとし，これからの時代には，根本から持続可能な社会へと作りかえるための政策統合が必要であると述べている。彼らはこれを「第2世代の環境政策」とよんでいる（寺西・細田［2003］）。これは**環境政策統合**（Environmental Policy Integration：EPI）

ともよばれ，EU の環境行動計画にも明記され実行されはじめている。EU で実施されようとしている環境政策統合は，単に環境税や排出権取引といった政策手段の組合せによる小手先のポリシー・ミックスを意味するものではない。ポリシー・ミックスがなされていても，環境政策統合が実現するわけではない。ポリシー・ミックス論とは異なる次元でこの政策上の変化をとらえる必要がある。

環境政策統合を実現するには，次の条件がある。

すなわち，環境政策を立案する部門とは別の部門において，環境上の政策目標が，個別の政策部門の政策上の計画立案と実施のあらゆる段階において，指針となるということである。つまり，個別の政策立案と実施のすべての段階で環境政策上の目標が考慮される必要がある。しかし，この条件だけでは，単に政策統合がなされたというだけにすぎず，地球環境問題の現実が要請する経済構造そのものを変更するような構造的変化を実現しにくい。つまり政策上のプライオリティーの置き方が重要である。そこで次の条件が必要になる。

すなわち環境政策統合のもう 1 つの条件は，個別の部門の政策によってもたらされる環境上の影響をあらかじめ予想し，それを政策全体の評価と結びつけることである。環境政策と各部門の政策にトレードオフの関係が生じた場合には，環境保全上の目標を原則的に優先させながら，民主主義的に各部門の政策との間の整合性をはかる。

現代は，地球環境問題に対応するためのさまざまな対策が，環境政策統合として世界レベルで実施されつつある歴史的転換点であるともいえる。これが達成されてこそ，世界経済を本当の意味で持続可能なものへと大きく転換できるであろう。

◆ 参考文献

石弘之［1988］『地球環境報告』岩波書店。

大島堅一・除本理史［1998］「ナホトカ号事故による沿岸被害と流出油防除体制の問題点」『環境と公害』（岩波書店），28 巻 1 号。

小島道一［2003］「環境保全を促進する貿易政策」寺西俊一編『新しい環境経済政

策——サステイナブル・エコノミーへの道』東洋経済新報社。
都留重人［2003］『体制変革の展望』新日本出版社。
寺西俊一［1992］『地球環境問題の政治経済学』東洋経済新報社。
寺西俊一・細田衛士［2003］「これからの環境保全に求められるもの」『環境保全への政策統合』岩波書店。
ドウィベディ，M. P.［2000］「ボパール農薬工場のガス漏洩事件」『環境と公害』30巻1号。
日本環境会議・「アジア環境白書」編集委員会編［2000］『アジア環境白書2000/01』東洋経済新報社。
日本環境会議・「アジア環境白書」編集委員会編［2003］『アジア環境白書2003/04』東洋経済新報社。
Harris, J. M. [2001], "Economics of Sustainability : The Environmental Dimension," Jonathan M. H. et al. (eds.), *A Survey of Sustainable Development : Social and Economic Dimensions*, Island Press.
World Bank [2003], *World Development Report 2003*, The World Bank.

資料14◇　環境と開発に関する世界委員会（ブルントラント委員会）報告書

第2章　持続可能な発展に向けて
1. 持続可能な発展とは，将来世代がそのニーズを充足する能力を損なうことなく，現存世代のニーズを満たす発展のことである。持続可能な発展には次の2つの重要な概念が含まれる。
   ＊ニーズの概念。とりわけ世界の貧困層に必要なニーズが最も優先されなければならない。
   ＊現存及び将来世代のニーズを満たす環境容量についての技術及び社会的組織の状態に課せられた諸限界についての考え方。
2. したがって，経済及び社会的発展の目標は，先進国であろうと途上国であろうと，また市場経済国家であろうと計画経済国家であろうと，あらゆる国で持続可能性の点から定義づけられなければならない。解釈は様々であろうが，解釈の一般的特徴については共通点がなければならないし，持続可能な発展とそれを達成するための幅広い戦略的枠組みについてのコンセンサスから解釈されなければならない。
3. 発展には，経済と社会の漸進的変革が含まれる。物的に持続可能である発展経路は，社会的政治的に厳しい環境においてすら理論的には追求できるであろう。しかし，発展政策において，諸資源へのアクセスの変化，及び，費用と便益の分配上の変化といったものが配慮されていないならば，物的持続可能性は確保され得ない。物的持続可能性に関する狭義の考え方ですら，世代間の社会的衡平への関心を含んでいる。そうした関心は，必然的に各世代内部の衡平性へと拡張されなければならない。

出所：「環境と開発に関する世界委員会（ブルントラント委員会）報告書―我ら共有の未来」（A／42／427 General Assembly）より，一部抜粋（大島堅一訳）。

第14章　国際労働力移動の管理と国民経済

― Keywords ―

国境，移民，パスポート，国籍（ナショナリティ），グローバリゼーション，労働力移動

1　境界と移動

1.1　移動の自由／移動の制限

　近代はヒトやモノの移動の自由が保証された時代である，と言われてきた。移動を妨げてきたさまざまな規制や障害は，教会や在地勢力に代わる新しい権力の台頭とともに，撤廃された。交通輸送手段を整備することが，近代国家のもっとも重要な政策の1つとなったのである。近代と呼ばれる時代には，ヒトやモノさらにカネの移動が，これまでとは比較にならない規模で，しかも組織的，継続的に実現した。移動の自由こそが，国民国家あるいは国民経済といわれる均質な空間を創り出し，自由な賃金労働者を生み出したのである。

　移動の拡大が政策的に行われたのは，一定の領域のなかにとどまらない。新しい権力は，外に向かって勢力を拡大した。いわゆる大航海時代に続く植民地形成と同地域への商業的組織の拡張やプランテーション開発，植民地銀行の設立などは，世界資本主義の勃興を告げた。国民経済の発達が境界を越える活動をうながすとともに，世界的な規模での移動の拡大が，領域内の移動を活発にしてきたのであった。さらに，遠隔地商業などの経済活動は，商品の移動だけ

でなく，大陸をまたぐ大規模な人の移動をもたらした。

　しかしながら，近代が移動の自由の時代であるというのには，ある一定の留保が必要である。なぜならば，ヒトやモノの移動の自由は，移動に対する国家の一元的管理のはじまりでもあったからである。移動の管理や規制は，国家権力へと収斂することになり，**国境を越える移動とそうでない移動とは明確に区分**されるようになった。近代国家は，移動の自由を保障するとともに，境界において移動を管理する制度や手段をも生み出した。一定の領域の内部における移動の自由を促進しながらも，しかし境界を越える商品および人の移動の手段や制度を支配し，さまざまな制限を加えてきた。

　資本主義は，本来，世界的であり，境界を画すことの合理性はない。それにもかかわらず，近代国家は，一方では移動の自由を掲げながらも，他方では境界を越える移動を制限することになった。近代の移動の自由とは移動の自由の範囲を形成することであり，境界のなかでの移動と境界を越える移動とは区分けされ，貿易や投資，移民などの国際的な移動は国家と国家との間の権力を反映した地政学的な関係に規定されることになった。

1.2　ヒトの移動／モノ・カネの移動

　境界を画されたことこそが，境界を越える活動に特別な意味を与える。移動を国際的な経済政策として扱うことの重要性はここにある。しかしながら，商品や資本の国境を越える移動が，貿易論や海外投資論のように経済政策のかかわりから論じられてきたのに対して，人の国境を越える移動は，これまで国際経済の問題として論じられることはほとんどなかった。

　言うまでもなく，現在においても，国家による貿易や投資に対する制限，情報の移動に対する管理は存在する。しかし，人の移動は，商品や資本の移動とは，明らかに区別して考えられてきた。人口こそは国富であると考えた重商主義にあっては，人口の流出が厳しく制限され，さらに，戦争は，人の移動を制限する契機となってきた。古典派以降の正統派経済理論においても，自由主義の理念に基づいてモノやカネの移動に対する制限は批判されてきたが，そのなかで必ずしもヒトの移動の自由が主張されたわけではなかった。植民政策とのかかわりから移民を奨励する議論が展開されたとしても，自由貿易論に相当す

るような人の移動の自由化が論じられたのではない。

1.3　移民の時代としての近代世界
　しかし，人の移動は近代資本主義の，そして国民国家／国民経済形成の原動力の1つである，といっても過言ではない。国民経済の形成は，しばしば国内における農村から都市への人の移動として論じられてきた。しかしながら，資本主義にとっての労働力需給は，国民経済という閉じた枠組みのなかで処理しえたのではなかった。国民経済の形成過程は，植民地支配の拡大をともなって展開したのである。そして，植民地主義は，宗主国から植民地への，植民地から植民地への，さらに植民地から宗主国への，膨大な人の流れを生み出してきたのである。

　必要な労働力が国内において供給される保証はなく，さらに過剰となった農村からの流入人口は，社会不安を引き起こす大きな要因となった。18世紀後半から19世紀にかけてのイギリスの産業化は，一方では最初の植民地であるアイルランドからの大量の**移民**を受け入れながら，他方では南北アメリカ大陸やオセアニア地域へと膨大な移民を政策的に送り出した。その後においても，19世紀の日本やドイツ，そして最近の東・東南アジア諸国のように，産業化を急速に進めた諸国において，移民の送出と流入が同時的に進行したことは，産業化や国民経済の形成が人の移動といかに密接に関連したかを示すのである。さらに南北アメリカ大陸やオセアニア諸国などのいわゆる移民国は，新規の労働力を海外からの移民によって供給されたのであり，現在の産油国の産業化は，全面的に移民労働に依存している。

　近代の国民国家形成にとって，移民は例外的な出来事ではない。植民地支配は膨大な人の移動をともなって遂行されたのであり，第1次世界大戦までにヨーロッパから世界各地へと移動した人口は数千万人に達する。植民地化された地域における移民は，アフリカからの奴隷貿易に始まり，19世紀以降のインドや中国などアジア諸国からの半強制的な契約労働移民へと拡大し，その規模は，ヨーロッパ移民を上回る。これら大陸間移動は，同時に，アジアやアフリカの域内などの大陸内における膨大な移動をともなって進行したことも忘れるべきではない。これら近代世界経済の曙光を告げる人の移動こそが，地球上

表14-1 世界における移民

(1) 世界における移民（2000年）

世界人口	6,056,715（千人）
移民総数	174,948（千人）
対人口比	2.9（%）
難民	15,868.1（千人）
移民送金	62,239（百万ドル）

(2) アメリカにおける海外出生者人口の推移

	1970年	1980年	1990年	2000年
海外出生者人口（千人）	9,619.3	14,079.9	19,767.3	28,400.0
対人口比（%）	4.7	6.2	7.9	10.4

(3) 外国人人口（ストック，2000年）

	外国人人口（千人）	対人口比（%）	国籍取得者（千人）
オーストリア	759.9	9.3	24.6
ベルギー	861.7	8.4	62.1
チェコ	201.0	2.0	-
デンマーク	258.6	4.8	18.8
ドイツ	7,296.8	8.9	186.7
フランス	3,263.2	5.6	145.4
イタリア	1,388.2	2.4	11.6
日本	1,686.4	1.3	15.0
韓国	210.2	0.4	1.4
ルクセンブルク	164.7	37.3	0.6
オランダ	667.8	4.2	50.0
ノルウェー	184.3	4.1	9.5
ポルトガル	208.2	2.1	0.7
スペイン	895.7	2.2	12.0
スウェーデン	1,384.4	19.3	43.5
イギリス	2,342.0	4.0	82.2
（海外出生者）			
オーストラリア	4,517.3	23.6	70.8
オーストリア	843.0	10.4	-
カナダ	4,971.1	17.4	214.6
デンマーク	308.7	5.8	-
フランス	5,868.2	10.0	-
オランダ	1,615.4	10.1	-
ニュージーランド	698.6	19.5	-
ノルウェー	305.0	6.8	-
スウェーデン	1,003.8	11.3	-
アメリカ	28,400.0	10.4	898.0

注：(3) において，海外出生者に関するデータが得られる国はそれも示した。フランス，韓国の国籍取得者データは，1999年，1996年のもの。
出所：OECD, *Trends in International Migration*, 2002年版。

を分割しつくした国民国家の原型を創り出したのであり，今日のさまざまなかたちで激化している民族紛争と呼ばれるものの起源である。

　移民の国と呼ばれる南北アメリカ大陸やオセアニアの諸国だけでなく，移民を送り出したヨーロッパやアジアあるいはアフリカ地域の諸国にとっても，人の移動こそが，国民国家形成に決定的な意味を持った。経済学をはじめ多くの社会科学は，しばしばネーションを閉じたシステムとしてとらえてきた。とくに人の移動は例外的な出来事であり，定住こそが常態だと考えてきたのである。かつて移民は国民国家を創りあげたが，国民国家を基盤としてきた世界編成がいまや移民によって大きく揺さぶられている。表14-1にみられるように21世紀のはじめにおいて，移民人口は世界人口の3％弱に達しており，主要諸国の人口構成を大きく変えてきた。難民を含めた移民の数は，今後も増加すると予想されているのである。それゆえに，人の移動という観点から世界経済の形成をとらえ返すことが必要とされるのである。

1.4　境界を管理すること

　本章で扱う課題は，商品やサービスの移動である貿易，資本の移動である海外投資や国際金融とは異なり，人の境界を越える移動が，経済的な観点から特別な意味を持つのはなぜなのか，という点にある。人の移動を管理することは，国民国家という制度の根幹にかかわるだけでなく，人種差別的に構成されてきた地政学的国際秩序を反映している。**パスポート**のような書類による出入国の管理制度は，移動する人を管理するための具体的な装置であり，**国籍**（**ナショナリティ**）が持つ国際的な秩序を反映しているのである。

　国境を越える人の移動を管理することは，国際法において，国家の主権行為であるとみなされている。しかし第2次世界大戦後の国際的な人権レジームのなかでは，多くの国において，「国民の海外移住，国籍離脱の自由」を認めるようになった（『日本国憲法』第22条2）。「国籍離脱の自由」が国際的な規範となりながらも，海外からの入国者の制限は，いぜんとして個々の国の政策に任され，主権の正当な行為とみなされている。国際的人権レジームにおいてさえも，出国の自由は，入国の自由を保障したものではなく，誰を入国させるかは国家政策の裁量として認められているのである。

第2次世界大戦後において，貿易や投資，サービスや情報の移動が，次々と自由化されてきたにもかかわらず，人の移動に対する制限が撤廃されないのはなぜであろうか。グローバリゼーションの時代と呼ばれる現代にあって，膨大な規模で商品や資本が国境を越えるにもかかわらず，なぜ国境を越える人の移動は規制されるのか。国際的な政策としての国境を越える人の移動を管理するとはどういうことを意味するのか。

2　資本の移動／人の移動——移動の政治経済

2.1　国民の再生産／労働力の再生産

　商品や資本は，境界を越えたからといって，国籍や出自によって特別な差異化が行われることはない。ブランドのような文化的属性を強調することはあっても，そのことによってモノやカネのナショナリティが問われることはない。市場経済の自立的な循環過程のなかで，これら生産要素のナショナリティは，基本的には，脱色される。しかしながら，人は，国境を越えたからといって，容易にはナショナリティを脱することはできない。ナショナリティを脱色しようとする行為そのものが，大きな政治的・社会的問題を引き起こしてきているのである。経済的に言うならば，人がナショナリティを問われるのは，労働力が国民として再生産されるからである（伊豫谷登士翁『グローバリゼーションとは何か』平凡社，2002年）。

　人の移動にとって境界を越えることが政策的に問題となるのは，まずなによりも，労働力の再生産が国民の再生産として展開されることとかかわる。そして国民の再生産を管理することは，社会的な秩序を国家的な支配のなかに組み込むことを意味する。しかし政策対象として移民をとらえるのとは対照的に，移動する側から見れば，境界を設定するものと設定されるもの，境界のなかの空間を管理するものと管理されるものという，区分化が持ち込まれることこそが問題となる。一方的に管理される対象としてのみ，移民は位置づけられる。労働力として受け入れたが，入ってきたのは人間であった，といった言い方がされるのである。

2.2　境界のポリティクス

　移動があるから境界が生まれたのではなく，境界の設定こそが移動という現象を政治課題にしてきたのである。そして，境界の管理に権力が介入するとき，移動の持つ意味は，人々の置かれた位置によって大きく異なり，移動する人々の間にも分割線が引かれる。移動はたんなる空間的な位置転換ではなく，ここに境界のポリティクスが生まれる。

　貿易と投資さらにサービス取引の自由化が進められるなかで，人の移動を規制することは，経済政策としても，大きな矛盾を抱え込んできた。経済取引が国境を越えて活発に行われるとともに，さまざまな種類の担い手が移動するのは当然だからである。ここで言う移動には，観光やビジネスから**労働力移動**，さらには難民まで含まれる。人の移動は多様であり，その管理を行うには，移動の目的によって分類し，制限することが必要とされる。国境を越える経済活動の活発化に対応した，人の移動の管理方法が生み出されるのである。

　移動の管理は，移動手段の管理をも意味する。移動手段へのアクセスが，自由に移動できる人と制限を受ける人とを分割する。自由に移動できる人は，異なる空間を結びつけることによって，異なる時間を行き来することができる。そこで生み出される富は莫大であり，空間の連接がグローバルな世界を創り出すことになる。しかし大部分の人々にとっては，移動は，監視され，規制され，制限されたままである。人の移動を管理するとは，移動する人々をどのように分別するかということである。

2.3　グローバリゼーションと移動

　モノやカネの移動に対して，現代においても，国家が介入し，規制が行われる。膨大な資金の移動が世界経済を不安定にしており，投機的な資本移動に対する制限は，これまでも絶えず議論されてきた。農産物やサービス取引の一部には，いぜんとしてさまざまな国家的制限が加えられている。海外貿易や投資も国家的な制限を受けているのである。

　しかしながら巨大企業のグローバルな活動に応じて，モノやカネあるいはサービスの国境を越える移動は，国内のそれと大きな差異を持ちえなくなってきた。民営化や規制緩和というスローガンは，商品や資本の国境を越える移動

に対する制限を排除し，グローバルな標準化を達成することであった。商品やサービス，資本の移動を原則的に自由化してきたにもかかわらず，人の移動の自由化は，グローバリゼーションの時代と呼ばれる現代においても，EUにおいてすらもっとも困難な課題であり，一般的には実現していない。

境界の形成が，境界を越える移動に特別な意味を与えてきた。境界はすべての人たちに平等にあるのではない。移動の手段を支配することは，空間の支配だけではなく，時間の支配をも意味する。情報を含めた移動の早さは，その時々の技術的条件に依存するが，しかしその手段はすべての人たちに開かれているのではない。人の移動を考える場合，このことの持つ意味はきわめて重要である。

2.4 移動と場——バウマンの問題提起

移動という観点から場の問題をとらえ返そうとした論者のひとりは，バウマン（Z. Bauman）である。交通手段の発達や膨大な情報のリアルタイムでの伝達は，かつての距離を大幅に短縮し，空間の絶滅をもたらしてきた，と言われてきた。交通や情報，意思決定の集積する結節点としての都市が発達し，世界中の都市が航空網と電子情報網によって結びつけられる。しかしながら，時空間の圧縮は，具体的な場そのものを変容し，情報や移動手段へのアクセスの格差を極端なまでに拡大して，人々の集団に差異化を持ち込んできた。

ジャンボジェットの発達は航空機による大量輸送を可能とし，海外に出かけることはきわめて容易になった。インターネットは，世界中の人々を双方向の情報によって結びつけることを可能にしてきた。しかし，これら交通や情報手段を自由に利用できる人は，地球上の人口の一部に過ぎない。時空間の圧縮によって，統合と分割が密接に結びついた世界的規模の単一の過程として，再構成されてきたのである。

このグローバリゼーションの時代にあって，「われわれすべては，意識的か無意識かを問わず，否応なく移動し続けている。たとえ身体的に留まっていたとしても，われわれは移動し続けている。移動しないことは，絶えざる変化の世界にあって現実的な選択ではない。そして，その新しい状況の影響は，きわめて不均等である。ある者にとっては完全にそして真に『グローバル』であり，

別の者にとっては『ローカル』に固定される」(Bauman [1998] p. 2)。現代はすべての人々が，潜在的であれ顕在的であれ，移民となる時代である。しかし移動の持つ意味は多元化し，置かれている位置にしたがって大きく異なってきている。ある人にとってグローバリゼーションは自由のシグナルとして現れてきているが，他の人にとっては悲惨な運命を意味する「地域への固定化」(localization) である。

バウマンが言うように，移動そのものはグローバルな証しではない。真にグローバルな移動とローカルに固定された移動とは分別される。空間のグローバル化は，境界を越えた意思決定や情報発信の場を拡大し，ローカルな場に固定される人々は，その一方的な受け手となる。ローカルであるとは，社会的な損失と降格を意味することになり，真にグローバルであるには，ローカルな制約から自由でなければならない。

2.5 移動を支配するもの／移動に支配されるもの

世界的規模での巨大企業が支配する現代において，資本は，政治や文化などによって画されてきた境界の制約を越えて，自由に移動可能な条件を確保するようになった。多国籍企業は，時間的・空間的制約だけでなく，環境から税制までのさまざまな国家的な規制をも免れる手段を獲得し，文化的な差異と言われてきたものを富を生み出す条件として利用しうるようになった。賃金や労働条件の差異は，生産拠点を世界的に配分しうるフットルーズな企業にとって，むしろ利潤を生む重要な要件である。

資本が価値増殖を行うには必ず具体的な生産の場を必要とし，企業組織は具体的な場を通じて国家権力によって規制を受ける。商品の生産には原材料の調達と生産設備を備えた工場と労働者を必要とし，新たな労働力は常に再生産され続けなければならない。製品は市場において販売され，価値が実現されなければならない。現代世界経済において富が生み出される典型的な場は，サッセン (S. Sassen) が指摘したように，企業活動の管理中枢が集中する世界都市であろう。ここに，移動する資本と固定化される空間との相克の問題，あるいは空間がヴァーチャルに再構成される場の問題がある。

多国籍企業と呼ばれる巨大企業は，生産拠点を国境を越えて移転し，空間を

動き回れるようになったが，生産そのものは，具体的な場の制約から完全に自由ではありえない。それに対して，グローバルな金融資本は，世界都市をヴァーチャルなネットワークで連接することによって，具体的な空間から自由となる。企業は自由に動き回れるとはいえ，一時的にどこかに吸着する必要があるが，グローバルな金融資本は，そうした地理的にとどまる場すら必要としない。

2.6 移動と新版「不在地主」

バウマンは，これを新版の「不在地主」(absentee landlordship) と名付け，「領土的に限定された政治的・文化的権力の単位から新たに独立したグローバル・エリートと領土的な権力の権限の喪失」(Bauman [1998] p. 3) の過程としてとらえるのである。新しい不在地主である金融資本は，具体的な場のオブリゲーション（責務）から自由となり，雇用の確保だけでなく，若年層や社会的弱者の救済，生存条件基盤の生産から解放されるのである。ここに，非領域的な性質の権力と領域に縛られた人々との新しい非対称性が出現してきている。

固定化された空間にあるのは労働力であり，グローバル資本はますます不在地主化する。かつて製造業を支配した多国籍企業ですら，ヴァーチャルな記号生産へと傾斜してきているのである。その結果として，資本の移動は，領土的な権力からも自由になりうるが，人の移動はますます領土的権力に規制されるようになってきている。

ここで人の移動という観点から問題となるのは，次の2点である。1つは，資本を惹きつけるための場をめぐる争奪が，人々のグローバルな階層化と結びついていることであり，もう1つは，資本が具体的な場に拘束されないということは，その結果として，場の生産と消費が分離する，ということである。バウマンによれば，「地方性 (locality) から自由に逃走できるひとは，その結果からも自由に逃げ出せる。これこそが，勝利した空間戦争の最も重要な成果である」(p. 4) ということになる。言い換えるならば，資本のグローバル化は，グローバルな階層化をもたらし，移動の階層化を引き起こしてきている，ということである。グローバル化した時代において国境を越える人の移動を管理することは，世界的な移動の階層化を国家的装置を通じていかに機能させるか，

ということである。

　現代における人の移動は，資本のグローバル化に対応した動きであり，場の生産と消費との分化を直接的に反映している。場の生産とは，経済活動のインフラや人々の生活基盤，そこでの人々の生命の再生産全般にかかわる文化的，社会的ならびに政治的諸関係を含めた概念である。国家は，一定の人々を国民として再生産し，教育や衛生，社会保障を通じて，労働力を再生産してきた。資本が国家的制約を必要とした理由の1つは，国家による労働力の再生産過程に依存せざるをえなかったからである。言い換えるならば，資本は場を消費するとともに，場の生産にかかわらざるをえなかったのである。

　しかし，グローバリゼーションの時代には，場の生産と場の消費を乖離させることが可能となる。グローバル資本は，国境を越える自由な移動を世界的規模で実現し，国家的な制約からも，共同体的な責務からも解放される。それにともなって，人の移動は，自由な移動を確保できる人と管理された移動しか実現できない人，移動そのものが不可能な人などに，世界的規模で分化するのである。国家による出入国や国籍の管理は，現代の移動を具体化する装置として働くことになる。

3　移動の管理とナショナリティ

3.1　移民国と非移民国

　移動の自由を原則として掲げながらも，近代国家は国境を越える人の移動を制限し，管理してきた。しかし，人の移動に対する境界での管理の仕方は，国民国家としての性格の相違やその時々の時代状況によって大きく異なってくる。誰が国民であるのかは自明ではなく，さらにナショナルなアイデンティティが特別な位置を占めるようになったのは，それほど昔のことではない。国家機構が人の移動を管理するということを大きな政策課題とするようになったのは，ほんの1世紀ほど前のことなのである。

　そもそも移民の存在を認めてきた国（移民国）とそうでない国（非移民国）とがあり，その両者は，対照的な国民形成の過程をたどってきた，と考えられてきた。移民国が領域内で生まれた人を国民とする出生地主義をとってきたの

に対して，非移民国は血統主義によって国民を定義してきた。前者では，移民を将来の国民として受け入れたのに対して，後者は，原則として，移民の受入れは例外的な出来事であった。それゆえに，人の移動に関して，出生地主義の国では，しばしば，出入国管理と国籍取得がワンセットになっているのに対して，血統主義の国では，両者は明確に区分けされてきたのである。ただしこうした類型化も相対的であり，さらに国民の定義も歴史的に形成され，状況に応じて変化してきたのである。ここではそうした人の移動を管理する装置として，書類（ドキュメント）による管理の1つであるパスポートについて見ていこう。

3.2 国民形成と ID ── フランス，アメリカ，イギリス

　理念としての移動の自由と国民形成とのズレがもっとも典型的に現れてきたのはフランス革命のときであったと言われている（Torpey［2000］）。革命の理念として人々の移動の自由が掲げられながらも，内戦とそれに続く戦争の過程で，人の移動は厳しく制限された。誰が敵であるのかは，移動の自由の範囲と強く結びつかざるをえないからである。

　移動の自由と国民の確定とのズレを埋める役割を果たしたのが，国民としての身分証明の制度であり，兵役への動員に利用された。これをパスポートの起源と呼ぶことができるかどうかは難しいが，現在のパスポートの主要な機能の1つである国家による人々の管理と身分保障の制度であることは間違いない。

　産業化に必要な新規の労働力を絶えず海外からの移民労働に依存し，国民経済を形成してきたのは，アメリカであった。独立から南北戦争期を通じて，ヨーロッパにおいて積極的にリクルート活動を展開し，いわゆる「ワスプ」（WASP）を頂点とし，アフリカ系出身者を底辺とする社会を創り上げた。歴史的に一貫してもっとも多くの移民を受け入れてきたアメリカは，他のいわゆる移民国と同じく，人種差別的な移民政策を採用し，境界を越える人の移動を書類審査等によって規制する制度を発達させた。大陸横断の鉄道建設や鉱山開発などに導入されたアジア系移民は厳しく規制され，19世紀後半から20世紀にかけての移民法によって次第に排除されていった。

　肌の色による人種の分類は，現在においても利用されてきているが，ここで重要なことは，「白人」（ホワイト）が自明のものとしてあるわけではない，と

いう点である。「白人になる」ことを脅迫されることによって，移民国家としての秩序が保持されてきたのである。19世紀末から20世紀前半にかけて，南・東欧からの移民は，アメリカ社会に同化しない「新移民」と呼ばれて差別されたが，彼ら・彼女らにとって，アメリカ人になるとは，白人になることであった。

　労働力としての移民の管理が問題となるのは，19世紀の後半のイギリスを中心とする世界経済体制においてであった。奴隷貿易が廃止され，その代替として半強制的な契約労働移民をインドから他の英領植民地へと導入しようとしたときに生起したカナダの事例（Radhika Viyas Mongia［2003］）がある。すなわち，アフリカ系の奴隷移民に代わって，大英帝国の内部においては，一定の労働期間後に帰国することが約束されている「ガストアルバイター」的な契約労働移民が増加した。しかし，それとは別のインドからカナダへと移動する人々が生じ，帝国内の臣の移動を，出身地によって差異化し，移動を管理する必要に迫られたのである。パスポートは，単なる身分証明ではなく，大英帝国における権力秩序を反映したものとなったのである。

3.3　戦時動員体制と移民管理の制度化

　こうした身分証明の制度は，必ずしも制度化されたものではなかった。しかし，第1次世界大戦によって，国民国家の「甲殻化」（ポランニー）と呼ばれるような，国民の国家への帰属がきわめて厳しく限定されるようになり，移民管理の制度化が著しく進むことになった。国家は国民を厳格に管理するようになり，国民の範囲が厳密に定義されるようになる。これは，ドイツや日本のようなファシズム国家だけでなく，国内に敵対国からの移民を含むアメリカにおいても同様である。

　第1次世界大戦は，マイノリティや植民地住民をも動員して，総力戦として戦われた最初の戦争であり，さらに大規模な第2次世界大戦を経て，教育や医療ならびに社会保障などを含めて，社会のあらゆる層を巻き込んだ国家機構が再編成された。日本においては，アイヌや沖縄の人々が，さらに朝鮮や台湾の植民地の人々が，戦争に動員された。オーストラリアでは，アボリジニーの人々が「国民になるために」戦争に参加し，アイルランドの人々は，独立を求

めて戦争に協力していったのである。アメリカにおいては，アフリカ系やアジア系の人々が，もっとも危険な戦闘に参加した。

　国民を管理する官僚制度が発達し，世界的に，従来の緩やかな国籍規定から厳格な国民の限定への流れが制度化されることになった。国民を保護するという名目のもとに，外国人の出入国に対する監視が著しく強化された。出入国管理ならびに国境警備が組織的に行われ，今日のパスポート制度ができあがったのは，ほぼこの時期といってよいであろう。

3.4　パスポートという監視制度

　パスポートは，海外において自国民の保護を要請する証明書であり，所持者の身分を国家的に保証する。近代において，境界を設定する権限は，一元的に国家に集中するようになり，パスポートは，国民を管理する重要な手段の1つとして，機能するようになった。

　人々にとっては，パスポートは国家による身分保証（ID）であり，基本的には，パスポートがなければ，海外に出かけることはできない。パスポートがどのように制度化されてきたのか，誰が誰に対してどのような形式で発行するのかなどの問題は，「国民」がどのように定義されてきたのか，という歴史と深くかかわる。しかしそれだけではなく，その具体的な機能のなかに，パスポートという制度を通じて，人の国境を越える移動が，どのように管理され，そして国家間の序列がどのように規定されてきたのかが，明らかになる。

　ここでは次の2つの点を指摘しておこう。1つは，19世紀から20世紀にかけての植民地主義の時代に明らかであったように，人の移動は，きわめて人種差別的なかたちで管理されてきた。宗主国と植民地との人の移動に対する管理は，きわめて非対称的であり，さらに，アメリカなどの移民法は人種差別的であった。今日のパスポートによる移民規制は，人種差別的な扱いを，原則として禁じている。1960年代以降，アメリカの移民法の改正やオーストラリアにおける白豪主義の廃止などに見られるように，人種差別的な移民政策は，一部の国を除いて，廃止されてきた。

　しかし国家安全という名目から，特定地域の出身者に対する規制は，むしろ拡大してきている。パスポートは，発行する国や所持する人の能力・財産に

よって差異化され，同等の扱いを受けてきたのではない。人種による差異化はかたちを変えて存続しているのである。「第三世界の出身者風」（ハージ），「イスラム的」「アジア風」などとみなされる人々に対して，明らかに人種的な偏見に基づく入国管理が行われている。入国管理は，露骨なレイシズムから，階層によって差別化された移動の管理へと移ってきているのである。

4　保護と監視——移民労働の管理とグローバルな標準化

　パスポートによる人の移動の管理を考える場合，重要なもう1つの論点は，労働力としての海外からの移民の導入に対する規制である。職を奪い，労働条件を悪化させるということから，移民を排斥する動きは，アメリカにおいても19世紀からあった。総動員体制から福祉国家への過程で，社会保障などの国民全体の生活水準を維持することは，国家政策の基本となり，労働組合は，一貫して，移民労働の流入に反対してきた。

　しかしながら，先進諸国の多くにおいて，新規の労働力供給が枯渇し，さらに産業予備軍（底辺労働力プール）が機能しなくなったことによって，低賃金労働力の供給を確保することは不可欠となってきた。1960年代以降，多国籍企業による生産拠点の発展途上国への移転は，世界的な規模での低賃金労働力のプールを利用するためであり，他方，経済のサービス化にともなう新しい低賃金労働力需要を充たしたのが，女性移民を含めた発展途上国からの移民である。

　ただし，世界的な労働市場は，グローバルな資本に必要な労働の流動性の確保と，拡大する賃金格差の維持が保証されなければならない。一定の移民を合法的な移民として公式化し，非公式移民を不法として扱うことによって，国内的には低賃金労働力が確保される。パスポート（ならびにビザ）は，労働市場のグローバル化を管理する手段として，重要な役割を果たしているのである。

　これらパスポートによる人の移動の管理を通じて見えてくることは，移民政策における国際的な標準化の進展である。移民政策は，移民国・非移民国の間で対照的であると言われてきた。しかし，多文化主義や多文化共生などのイデオロギーにみられるように，移動する人間を包摂することによって管理する，

という流れが定着してきた。

　移民はあくまでも管理される対象でありつづけている。社会的な安定は，絶えず他者を生み出すことによって維持される。メンバーシップからの排除は，ナショナルな安定の基本として，しばしば喧伝されてきた。シチズンシップは，高所得国の人々が，低所得国の人々から自らの富を守るための制度である，とすら言われるのである。グローバリズムは，ナショナリズムと対立するのではなく，むしろ補完して現代世界を創り上げてきている。グローバル資本とナショナリズムが結びついて新しい世界編成を創り上げる具体的装置として，人の移動の管理がある。

◆ 参考文献

アパデュライ，A.（門田健一訳）[2004]『さまよえる近代──グローバル化の文化研究』平凡社。

伊豫谷登士翁［2001］『グローバリゼーションと移民』有信堂高文社。

サッセン，S. 編（伊豫谷登士翁訳）［1999］『グローバリゼーションの時代──国家主権のゆくえ』平凡社。

ハージ，G.（保苅実・塩原良和訳）［2003］『ホワイト・ネイション──ネオ・ナショナリズム批判』平凡社。

Bauman, Z. [1998], *Globalization : The Human Consequences*, Columbia University Press.

Radhika Viyas Mongia [2003], "Race, Nationality, Mobility : A History of the Passport," A. Burton (ed.), *After the Imperial Turn : Thinking with and through the Nation*, Duke University Press.

Torpey, J. [2000], *The Invention of the Passport : Surveillance, Citizenship and the State*, Cambridge University Press.

資料15◇ 世界人権宣言（仮訳文）

　　前　文
　人類社会のすべての構成員の固有の尊厳と平等で譲ることのできない権利とを承認することは，世界における自由，正義及び平和の基礎であるので，
　人権の無視及び軽侮が，人類の良心を踏みにじった野蛮行為をもたらし，言論及び信仰の自由が受けられ，恐怖及び欠乏のない世界の到来が，一般の人々の最高の願望として宣言されたので，
　人間が専制と圧迫とに対する最後の手段として反逆に訴えることがないようにするためには，法の支配によって人権保護することが肝要であるので，
　諸国間の友好関係の発展を促進することが，肝要であるので，
　国際連合の諸国民は，国際連合憲章において，基本的人権，人間の尊厳及び価値並びに男女の同権についての信念を再確認し，かつ，一層大きな自由のうちで社会的進歩と生活水準の向上とを促進することを決意したので，
　加盟国は，国際連合と協力して，人権及び基本的自由の普遍的な尊重及び遵守の促進を達成することを誓約したので，
　これらの権利及び自由に対する共通の理解は，この誓約を完全にするためにもっとも重要であるので，
　よって，ここに，国際連合総会は，
　社会の各個人及び各機関が，この世界人権宣言を常に念頭に置きながら，加盟国自身の人民の間にも，また，加盟国の管轄下にある地域の人民の間にも，これらの権利と自由との尊重を指導及び教育によって促進すること並びにそれらの普遍的かつ効果的な承認と遵守とを国内的及び国際的な漸進的措置によって確保することに努力するように，すべての人民とすべての国とが達成すべき共通の基準として，この世界人権宣言を公布する。

〔以下略〕

　出所：外務省ホームページ（http://www.mofa.go.jp/mofaj/gaiko/udhr/1b_001.html）より，一部抜粋。

第15章　国際経済政策と国際政治経済学

> **Keywords**
> 重商主義，ストレンジ，国際政治経済学（IPE），覇権安定論，グローバル化，国家の退場

1　貿易・通商問題と自由主義

1.1　重商主義批判と政治経済学の誕生

　国際経済政策の例として貿易政策を取り上げ，各国がその政策を異ならせる理由，政策に対立が生ずる事情などについて検討したい。大きな国際経済政策問題が生ずるたびに，学問的な認識には大きな変革が生じた。国際経済政策への対応という課題が，かつては政治経済学を生み，その200年後には国際政治経済学を生んでいる。まず政治経済学の誕生と貿易政策との関連について見る。次いで国際政治経済学の諸潮流について簡単な整理を行い，国際経済政策への応用について今日的な課題であるグローバル化に関連した問題を取り上げよう。
　スミス（A. Smith）の『諸国民の富』（1776年）は，**重商主義**批判のなかから，「政治経済学」を体系化させることになった書である。スミスは，同書第4編で重商主義批判を展開した。スミスによれば重商主義者は，金・銀・財宝などを富だと見て，それを自国に蓄えるための方策として輸出を重視する。また，輸出振興のために王立マニュファクチュアの保護が主張され，植民地の維持がうたわれることもある。これに対してスミスは，労働の生産物こそが富であり，

金銀などの貨幣は労働の生産物を入手するための手段にすぎず富ではないとした。富である労働の生産物を増加させるための政策としては，分業を拡大し，生産性を上昇させることが重要である。同書第1編に登場する有名なピン・マニュファクチュアの事例はこの主張を展開するために論じられた。

　スミスの議論の要点は，分業と交換とが互いに前提となるような関係を主張する点にある。すなわち，分業を進めるためには自由な交換が必要である。特定の生産物に特化した生産者は，その生産物を他の生産物と交換できなければ，あるいは市場で自由に販売できなければ生きてゆけない。逆に，交換が増えて市場が広がるためには，分業も拡大しなければならない。スミスにとって，重商主義者の求めるような，輸出振興のために特定の生産者だけが交換に参加できるよう保護された状態は，分業の拡大と生産性の上昇にとってむしろ障害である。より自由な交換（市場経済）こそが経済発展をうながすというのがスミスの考えである。スミスは同書第5編で国家の政策について論じ，保護や統制といった民間の経済活動への介入に反対している。とはいえ市場経済の成り立つ前提条件を整えるための国家による政策は必要である。国家が介入すべき領域として，スミスは国防，司法，土木事業と青少年の教育をあげている。スミスの議論が国家の役割を最小にせよとの国家観を示しているとするなら，それは後に「夜警国家」（消極国家）論などと呼ばれることになる系譜に連なる。

　スミスの『諸国民の富』は，重商主義との論争のなかで，道徳哲学から政治経済学を自立させた。自由な市場経済を求める議論がその後の経済学の基本認識になったが，その国際版が自由貿易論である。国際分業は生産性を上昇させるが，国際分業には自由貿易が欠かせない。逆に貿易には国際分業が前提になる。各国が自給自足していれば生産性は低く，豊かになれないというものである。この議論をさらに精密に推し進めたのがリカード（D. Ricardo）である。

1.2　リカードの貿易認識

　リカードは，イギリスにおける穀物法論争のなかから古典派経済学を完成させる議論を展開した。穀物輸入を制限すれば食糧価格の上昇につながるため，彼は反穀物法の論陣を張った。穀物の輸入自由化によって，経済社会を構成するそれぞれの階級に対してどのような分配上の影響が及ぶのか。これが彼の関

心事となった。分配を論ずるためには価値と価格を計測するための価値尺度が重要である。彼は，そのため「不変の価値尺度」にこだわり，それぞれの商品価格が変動しても分配を論ずることのできるような体系，すなわち需要の変化から独立に供給側の条件に着目して分配を論ずることのできるような体系の構築を目指した。『経済学および課税の原理』(1817年) に述べられた貿易についての議論は，後に「比較生産費説」(さらには「比較優位論」) と呼ばれることになるのだが，これは貿易代金の支払いによる金銀の流出入によって分配問題が影響を受けないことを示すためにおかれた。その議論は同時に，なぜ貿易が行われるのかについて，それ以前からあった議論を飛躍的に発展させ，さらに自由貿易の必要性を説くものとなっている。

リカードは，自国が比較優位を持つ産業に特化してその産品を輸出し，他国が特化した産業の産品を輸入すれば両国とも利益を得ることを，2財のみが存在するケースについて簡単な数値例を用いて説明した。18世紀的な国際貿易の原理では，自国で生産するよりも安く輸入できる生産物を輸入すべきものと考えられてきた。これに対し，自国のほうが安く生産できる場合であっても輸入したほうが利益となるケースが存在することを示したのである。また，特定の生産物に特化したのであるから，放棄した産業の生産物は，両国とも輸入に頼ることになる。したがってその利益を実現するためには貿易を行うこと，しかも制限なく自由に行うことが望ましい。こうしてその後，経済学の分野では古典派経済学とこれを受け継いだ新古典派経済学で自由貿易論が主流となる。

各国が特化し分業することによって生産性が上昇するが，その成果は自由な交換(すなわち自由貿易)によって手に入れることができる。そして自由貿易による利益が増大するほど，各国の分業と特化はさらに進む。これがスミスとリカードにおける基本認識であり，その認識はスミスにおいてもリカードにおいても，彼らの生きた時代の国際経済政策論争のなかで作り出された。経済学の体系が先にあってその応用として国際経済政策が議論されたのではない。むしろ，経済学(政治経済学)という学問体系自体が国際経済政策をめぐる論争のなかから生み出されたことを銘記すべきであろう。

また，富と生産性への着目から貿易による相互利益を説くという考え方は，その後の経済学に継承され，さらには全般的な国際関係認識へも投影される。

すなわち，自由貿易は，利益の大きさあるいは程度に相違があるとはいえ，それに参加するすべての国にとって利益となる。この関係をウィン・ウィンの関係，またはポジティブサム・ゲームと呼ぶことができる。以上に見たような見方は，経済的自由主義（リベラル派）と呼ばれる立場の典型である。

1.3 建国期アメリカの重商主義あるいは保護主義

これに対して，たとえば（自由）貿易が中心国など特定の国にとって利益になるが，周辺国など特定の国にとって利益にならないとすれば，国際関係認識はずいぶん異なったものとなるだろう。こういった認識をもちそれに基づいた国際経済政策を採用しようとした著名なケースとして建国期のアメリカ合衆国がある。植民地であったアメリカは本国イギリスからの工業製品の輸入に依存しており，独立戦争や南北戦争も外国からの武器の輸入に頼って戦われた。したがってその課題としては武器生産の国産化が，さらにはイギリス工業のための原料・食料の輸出国としての地位を脱却し工業化をはかることが，意識された。そのため建国期前後の政策として，①保護貿易主義，②ヨーロッパからの生産技術導入，③国営軍事工場の建設による技術のスピン・オフ（軍事部門から民間部門への技術移転）効果の追求，④労働力不足に対処するための，規格化されて互換性のある部品の活用などが採用された。アメリカの初代財務長官であったハミルトン（A. Hamilton）は，「アメリカ体制」をめざす一連の政策を推進するため，連邦政府の権限が強化されることを望んだ。

だが，土地と資源に恵まれたアメリカには，別の路線も存在してこれと対立した。第3代大統領となった初代の国務長官ジェファーソン（T. Jefferson）は独立自営農民たちから成る国を理想とし，連邦政府権限の強化ではなく地方分権を望んだ。両者には，国際関係についての認識や政策の点でも大きな違いがあり，その後に現れる政策論争の原型になったといえる。外交政策はそれに対応する国内政策と対をなして，しばしば分裂をはらむ「2つのアメリカ」を顕在化させることになる。東から西へと開拓の進んだアメリカでは，ロッキー山脈に阻まれて大西洋側と太平洋側という東西間で発展格差を生じ経済的分断のおそれがあったが，これは大陸横断鉄道の完成によって回避された。一方で農業地帯であり保護関税を望む南部と，工業地帯であり自由貿易を望む北東部の

経済的利害の対立は大きく，南北戦争という内戦を経験した。その後も，中西部農民層は小さな政府，ヨーロッパ情勢からの隔離（孤立主義）やインフレ政策を望み，東部エスタブリッシュメント（支配）層は強力な連邦政府，国際主義（介入主義）や物価の安定を望むという相違を見せた。

1.4 リスト

リスト（F. List）はプロシア（現在のドイツ）の政治経済学者である。彼はアメリカへの亡命中に，上述のアメリカ体制形成期の議論から学ぶと同時に，アメリカの工業化をめぐる論争にも参加してこれに影響を与えた。ドイツは現在でこそ工業国として著名だが，19世紀には神聖ローマ帝国解体後の小領邦が分立する状態にあり，全般に麦などの生産に依存する農業地帯だった。リストも政策形成に参加したドイツ関税同盟の中心になったのがプロシアであり，その後プロシア国王を中心にした統一が完成して今日のドイツの原型となる版図が完成した。こういった状況で，当時「世界の工場」であったイギリスとの間でプロシアが自由貿易を行えば，プロシアはその後も自前の工業をもつことができない。これが，プロシアに「幼稚産業保護」と呼ばれる工業育成政策をとらせることになった事情であり，それは建国期のアメリカの事情とも共通する。その理論的な基礎はリストが提供した。

彼は，スミス，リカードらイギリス古典派経済学の自由貿易論を，価値や交換を重視しどこでも妥当すると主張する「コスモポリタン的（万民主義的）経済学」だと，批判的に特徴づけた。これに対抗してリストは，生産諸力の育成を重視した国民的な政治経済学を提唱し，プロシア工業とその国内市場を保護する幼稚産業保護政策の必要性を訴えた。彼は論ずる。「イギリスの国民のようにその工業力が他のあらゆる国民を大きく凌駕してしまった国民は，その工業・貿易上の支配権を，できるかぎり自由な貿易によって最もよく維持し，拡大する」が，「若くて保護されない工業力は，はやくから強力になっていて自国の領土で保護されている工業力と自由競争をする場合には，とうてい勃興できない」。

リストの国民経済学は，古典派経済学を周辺部資本主義における政策論として読み替えたうえで古典派経済学に対抗したものといえる。イギリス古典派経

済学が純粋な経済学への転換を準備しつつあった時代は，イギリスの工業力が，世界市場を整備するための外交政策にも助けられながら，世界を圧倒しつつあった時代であった。リストは，価値と物質的な資本とに傾斜しつつあったイギリス古典派経済学をプロシアにそのまま適用できないとして，生産力と精神的な資本とを重視した独自の体系を対置した。彼が国民的な生産力形成の基礎として重視した「精神的資本」とは，分業に必要な労働者のコミュニケーション能力などから議論を説き起こし，教育，法体系，出版の自由など，政府の役割にも関連する広範な内容を含むものである。そのままでは市場機能に依拠できない発展途上地域における経済建設期のインフラ整備に着目した開発経済学が展開されたと考えれば，リストの議論の位置づけがはっきりするだろう。各国は世界経済において同等の立場に立つのではなく，発展途上国の立場が先進国のそれとはっきり異なること，発展途上国の立場にふさわしい政策が独自に存在することが，ここでは前提にされている。貿易政策をめぐる議論のうちで，保護主義として一括される議論の背景の1つはこのようなものであった。普遍的にどの立場にも適用しうる理論として経済学が提起されたのに対し，リストは特定の立場からの政策論としての政治経済学を打ち出した。なお，その後のドイツ歴史学派やアメリカ制度学派に，姿勢や方法論の点でリストの系譜に連なる面があるのは偶然ではない。

　新しい国際問題に対処するために新しい体系が生み出され，その後にこれと対抗する立場も打ち出されるといった事情は，経済学（政治経済学）の事例にとどまらない。世界大戦の世紀となった20世紀の前半には，平和への願いをこめて国際関係論という分野が国際政治学から自立して誕生したし，政治経済学の誕生からおよそ200年後にあたる1970年代には，新たな国際経済政策への対応の必要性から国際政治経済学が登場する。

2　国際政治経済学の諸潮流

2.1　価値ミックスと経済的自由主義

　リカードとその後の貿易理論においては，経済的な利益の存在が証明されると，その利益を求めて貿易という行動が生ずることが前提されていた。貿易を

説明する際にリカードは，国際分業に参加する2国が比較優位産業に特化して貿易を行えばともに利益を得るケースが存在することを示した。この論証を検討すると，技術一定の仮定や生産要素の非可動性といった貿易理論としての特徴を見出すことができるが，それ以外にいくつかの疑問もないわけではない。利益の存在が必ず行動を導くのか，また経済的利益以外の利益や不利益は存在しないのかという問題に加え，貿易利益の存在と国益の関係がある。A国とB国の双方に利益が生ずるとしても，貿易を実際に行う各企業に利益が存在しなければ貿易は生じないかもしれない。言いかえれば，国益は集計可能なのかという問題である。こういった疑問から逆に，中心的な説明原理を経済的利益におく経済学あるいは経済的自由主義（リベラル派）の性格が明らかになる。

　個々人の利害について経済的な利害を中心に考察し，双方が経済的な利益を得るはずの交換という社会的行為が社会関係の基礎になると見たのが経済学であった。ここでは，財の所有権を確定し，詐欺や不正に対する制裁などのルールを整備したうえで交換をうながせば，自生的な秩序を生み出すことが可能だと想定されている。すなわち，個々人による勝手な私益追求が市場での需要と供給として表現され，これを反映した価格がシグナルとして再び各人の経済活動を調整すれば，そこに安定した社会関係の構築が可能である。これが経済学における中心的な構想であろう。

　だが，経済的な利益が存在しても人は行動を思いとどまることがある。また，経済的な利益以外によって導かれる行動も存在しうる。たしかに多くの領域を市場経済にゆだねて生活していると，市場経済の原理である「お金もうけの鉄則」に従わない行動が非合理に見えてくることもあるが，強制や恐怖に突き動かされた行動，さらには理想を目指した行動など，人間の行動には多様な行動原理が存在し，それを導く社会原理も多様である。**ストレンジ**（S. Strange）はこれを価値ミックスと表現し，①富，②安全保障，③公正，④自由という4つの原理を想定した。いずれの社会も単一の原理で編成されているわけではなく，社会によってどの原理が優先されるかも異なっている。また，人間行動や社会を分析する諸学問やそのなかの学派によって，いずれの原理を支配的と想定するのかも異なっている。経済学では経済的利益あるいは富の生産とそのための効率性が支配的なテーマだということなのである。

2.2 秩序問題と安全保障

　経済学に基礎をおく発想から欠落しがちなのが秩序問題である。ホッブス（T. Hobbs）にとってはそうではなかった。自然状態におかれたときに諸個人の利害は対立し，万人が万人に対して争う事態が生じかねない。こういったアナーキー（無政府状態）を避けるため，個々人を超越した存在であるリヴァイアサンとしての国家が求められる。個別利害を調整し全体の利益をうながすような存在を得てはじめて社会に秩序が生まれると考えられたのである。社会における秩序は，失われるまでその価値に気づくことの少ないものの1つだが，暴力や収奪，疫病や飢餓からの不安を最小化するという意味での安全保障は，たしかに社会を成立させる重要な原理の1つである。こういった安全保障を基礎におく社会観には，現実主義的な政治学が対応しており，現実主義（リアリスト）の認識は政治学の基礎といえる。

　ところが，軍事力をはじめとする暴力を国家にだけ合法化する状況を作ってアナーキーを克服できると想定される国内政治と異なって，主権国家どうしの関係である国際関係と国際社会は依然としてアナーキーの性格を色濃く残す。各国はグローバル・リヴァイアサンである世界政府をつくって軍事力を集中しているわけではないのである。主権国家として同等の地位を国際法で相互に認めつつ，実際には各国のパワーの格差は歴然としている。このため，安全保障を確保し国益を追求しようとする各国がたとえば軍事力の強化によってさらなるパワーの獲得にはげむと，次のような「安全保障ディレンマ」を引き起こし，かえって安全を損なう可能性がある。すなわち，それが仮想敵国を想定した軍事力強化であれば，相手国との間で軍拡競争を引き起こす。また，先制攻撃によって相手の反撃を誘発すれば，「仮想」だったはずの敵が本当の敵国だったと判明し，「予言の自己成就」ともいうべき状況が生まれる。したがって，圧倒的なパワーの格差などによって「帝国」的な支配を実現できるのでなければ，各国は同盟を結ぶための外交などによって他国を含めた相互牽制の構造をつくって安全保障を得ようとするだろう。これがバランス・オブ・パワー（勢力均衡）と呼ばれる状態または政策である。一方，各国間のパワー・バランスが崩れれば，国際関係には大きな動揺が生ずる。そのため，現実主義的な政策には，現状のバランスを維持する方向に傾きがちであるという特徴も生まれる。

現実主義外交においては，自国の国益がからまない限り，他国の独裁や圧政に関与するという選択肢は登場しないのが普通である。これは，普遍的に想定される人権や公正といった理念に基づき他国の独裁や圧政にも関与し介入しようとする理想主義（アイデアリスト）の外交政策と大きく異なる点である。独裁下の圧政に悩む「正義の」少数派を支援する介入によって内戦を発生・激化させ，難民など近隣への影響まで生じて，かえって犠牲者を増やしかねない可能性もあるというのが現実主義派からの見方となる。

国家の安全保障が個々人の活動の根本にあるとすれば，国際関係と外交にとって安全保障こそが最重要の国益となるため，これをハイ・ポリティクスと呼び，経済問題などをロー・ポリティクスと呼ぶことがある。「貿易も国旗に従う」という主張は，現実主義的な認識の典型である。すなわち，同盟国とは貿易するが，潜在敵国とは貿易をしない。あるいは，潜在敵国への高度技術品の輸出を制限するといった政策である。極端な現実主義においてはまた，貿易（利益）とは他国への（貿易）依存にほかならず，重要な資源や高度技術品の自給が安全保障のために望ましいとされる。各国がどのような貿易政策をとるのかは，自国のパワーへの影響の考慮と国家間システムの状態によって決まる，というのがこの立場からの説明になる。こういった説明が妥当した時期が確かに存在し，また妥当する局面は今日でも存在する。このように，相対的優位を競う傾向のある現実主義的な政策では，その前提として，貿易をはじめとする国際関係をゼロサム的な関係としてとらえる傾向がある。

生存のために暴力と略奪も辞さないであろう人間の集まりである社会で，どうすれば秩序が可能かという現実主義者の問いと，理性的な存在である人間の社会になぜ紛争が生じ秩序が失われるのかという理想主義者の問いとの相違は，いわば性悪説と性善説という根本的な人間観の相違を反映すると見ることも可能である。国際経済政策の分析のためには，価値ミックスの相違をふまえ，こういった諸潮流における基本的な考えを把握しておく必要がある。以下では，国際政治経済学の諸潮流を4つに大別して概観しておこう。

2.3　国際政治経済学の諸潮流

自由主義（リベラリスト）は，すでに見たように経済学の共有する立場であ

る。経済的には富の効率的な生産のために市場が重視され，また政治的には個人の自由な選択が重視され，多元主義的な政治体制が志向される。国際問題については，交換による相互利益（プラスサム）が重視され，各地域間で経済的交流が増す相互依存状況が戦争の可能性を小さくすると想定される。モンテスキュー（B. Montesquieu），（新）古典派経済学，石橋湛山，ローズクランス（R. Rosecrance）の「通商国家論」などはその例である。ケインズ（J. M. Keynes）の思想にあった為政者への信頼や政府による社会的問題の是正の可能性について，これを否定したハイエク（F. A. von Hayek）の思想は新自由主義（ネオ・リベラリスト）に連なる。個人の完全な自由を主張するリバタリアンもまた自由主義の系譜に属するが，無政府主義に帰着しかねないその立場は，他の自由主義とは隔絶した位置にあるというべきかもしれない。自由主義に対する批判として，公正や正義，理想といった観点の欠落や，静態的分析に偏る傾向を指摘されることがある。

　理想主義は，公正や正義といった普遍的な理念に向かう進歩を想定し，そのためのルール（法），民主主義，市民社会の役割などを重視する。政府による社会政策的な観点からの介入や，外国政府の不義に対する介入主義と結びつく場合もある。戦争の原因は政治機構の不備にあり，国際法の父とされるグロチウス（派）や，第1次世界大戦後に国際連盟の設立に努めたウィルソン（主義）に見られるように，国際法や国際機構などの制度が紛争を防止すると見る。また自由主義と重なる側面も多い。今日では，このような観点からグローバル・ガバナンスが論じられている。現実の状況を直視せず夢想的だとする批判を受けることがある。

　現実主義は，人間性が戦争を生むと考える。究極の選択に迫られたとき，人間は合理的な行動をとるとは限らない。生存は富の生産の前提であり，それ以上に重要である。国家は国内では秩序を生み出すが，主権国家間の国益追求による衝突は不可避だとされる。国家間の関係はゼロサム・ゲーム的だとする認識が背景にある。カー（E. H. Carr）の古典的現実主義にはむしろ理想主義的といえる側面もあるが，冷戦期にモーゲンソー（H. J. Morgenthau）らのバランス・オブ・パワー論が重視され，その後ウォルツ（K. N. Waltz）における構造的現実主義（ネオ・リアリズム）がアメリカ外交にとっての政策科学となった。

ハミルトンや彼の依拠したスチュアート (J. Steuart)，リストらの議論は重商主義と呼ばれることがある。貿易による経済的利益のプラスサムの認識よりも先進国と途上国とのパワーの格差などを意識している点で，彼らの議論は現実主義の経済版という側面をもつ。現実主義は，主権国家の行動を国益から説明するが，誰のための利益かについて突き詰めた議論は避けられ，国益の集計に困難を示す。

以上のような潮流に対して批判的な立場をとる多様な潮流を，ここでは批判理論と呼ぼう。従属論などネオ・マルクス主義の側面をもつ分析，イタリアのマルクス主義者であるグラムシ (A. Gramsci) の「ヘゲモニー」概念を軸にしたネオ・グラムシアンの分析やウォーラスティン (I. Wallerstein) の世界システム論など，マルクスの課題と方法を多少とも継承したものを含む。その特徴は，国際関係の動因や分析単位として階級その他の経済過程や構造が重視される点にあり，一方で個人の意志や創発性の欠落，還元主義的で決定論的といった傾向を批判されることがある。

3 国際政治経済学の課題領域

3.1 国際政治経済学の誕生と展開

1970年代前後に，ブレトン・ウッズ体制の変容と相互依存の進展にともない，国際関係についての新たな考え方が生まれる。これらは多様な起源をもち，考え方もさまざまであった。**国際政治経済学（IPE）**の誕生である。

貿易が盛んになって財が国境を越え，さらに国境を越えた企業の移動（多国籍企業）が活発化することで，各国経済の相互依存状況が意識された。これに呼応するかのように，現実主義者の好むテーマへの自由主義者からの接近が見られた。クーパー (R. Cooper) の相互依存論，ヴァーノン (R. Vernon) の『危機に瀕する国家主権』，キンドルバーガー (C. P. Kindleberger) らの**覇権安定論**（後述）などである。逆に相互依存は現実主義の自由主義への接近も生んだ。安全保障にとってパワーは不可欠だが，富と富を生み出す市場についてもパワーの重要な要素として関心の対象となり，経済領域を包摂する必要性の認識が登場した。現実主義と重商主義の立場から多国籍企業を取り上げ，その後に

覇権安定論を論ずることになったギルピン（R. Gilpin）はこの傾向を代表する。また，相互依存が国家を超えるアクター（行為者）として多国籍企業，NGO，国際機関などを浮上させると，国境を越えるこういったトランスナショナルな関係の進展を重視する理想主義者をもこの分野の議論に引き寄せた。

　相互依存はこうして，市場と国家，経済と政治の相互関係を意識させることになり，領域の複合性が政治経済学への回帰を生み出した。それが従属論やネオ・マルクス派など批判理論の扱う領域やテーマと重なることで，広がりをみせた多様な潮流が次第に国際政治経済学と呼ばれることになる。なお，相互依存は萌芽的な**グローバル化**でもあり，グローバル化論として後に論じられる内容の多くがここに含まれる。ここでも，最初の「政治経済学」と同様に，「国際経済政策」の課題が新領域を生んだことになる。

　以下では，各派の議論が交錯する場となった覇権安定論と国際レジーム論の展開について見ておこう。世界経済を主導するヘゲモニー国（ヘゲモン＝覇権国）の地位が揺らいだときに，それ以前に構築された国際主義的な国家間機構がしっかりと維持されるのかという問題は，国際政治経済学における重要な課題となった。端的には，衰退するヘゲモンがそれ以前の自由貿易主義を捨てて保護貿易主義をとり，ひいては世界全体に保護主義が広がることはないのか，といった懸念である。さらに，ヘゲモニーなしの国際協調は可能かという問いがこれに続く。1980年代には，レーガノミクスの負の遺産となる双子の赤字や日本より早かったアメリカのバブル崩壊などを背景に，バブル景気に沸いた日本の経済成長との比較から，経済大国として，さらにはヘゲモンとしてのアメリカの地位が維持できるのか否かが問われた。

　1990年代にアメリカ経済が「ニュー・エコノミー」と呼ばれる長期の好況に沸くと，冷戦の終結や旧社会主義圏の市場経済への移行という国際関係の大きな転換とあいまって，経済のグローバル化が顕在化した。ここで広く，市場対国家あるいは市場対（国家を含む）諸権威の問題を問うべき局面が浮上し，グローバル化についての国際政治経済学が多岐にわたる論点を生み出した。

3.2　覇権安定論の展開

　経済学において自由貿易が望ましいことは繰り返し主張されながら，実際の

世界では必ずしも自由貿易政策だけが採用されているわけではない。経済的利益が存在するとされるにもかかわらず，なぜ自由貿易政策が採用されないのか。政策担当者が「あほだから」で済まないとすれば，これはクラズナー（S. Krasner）による卓越した問いであり，これを出発点として他の多くの分野へのアプローチが切り開かれていった。またその問いの背後には，自由貿易政策をとることが各国の利益となるような状況を人為的につくりだしてこれを維持する必要はないのかという，別の問いが隠されている。

　クラズナーの想定は，自由貿易体制の維持に利益を見いだすような中心国（ヘゲモン）の存在によってはじめて，他国も自由貿易政策をとるのではないかというものだった。彼は，「自由貿易体制の維持には何らかのヘゲモニーの存在が必要である」という命題が成立するかどうかを検討した。その結果は，過去の歴史においてヘゲモニーが成立していたとみられる6つの時期のうち，この命題が半数の時期に成立し，半数の時期に成立しないというものであった。焦点はその結論にではなくその問いと枠組みの設定にある。実際，これを出発点に，コヘイン（R. Keohane）によって「覇権安定論」と命名されることになる議論（「国際システムの安定は，強力なヘゲモニー的パワーに依存する」という命題に要約される）が生まれる。関連して，①ヘゲモニーとは何か，②自由貿易体制の維持あるいは国際システムの安定をどうとらえるか，③1970～80年代にアメリカのヘゲモニーは後退しつつあったのか否か，④ヘゲモニーなしに国際システムの安定は可能か（それは「国際レジーム」論の問いである），といった議論が誘発された。ついでに言えば，⑤21世紀アメリカの一極主義的な行動はヘゲモニー的な行動であるのか，あるいは「帝国」的な行動であるのか，そしてその帰結はどのように想定されるのか，といった今日的な問いも，この議論の延長上に位置づけてみたい気にさせるものである。

　クラズナーの仮説は，国家の強さや世界政治経済における地位を独立変数とし，従属変数である貿易政策を説明しようとする。これは，国際貿易の構造を説明するために，経済学や経済的相互依存ではなく，何より国家的パワーへの注目が必要だとする点で，相互依存論に対するリアリストからの反論でもあった。

　国家は，アナーキーである国際関係において安全保障を追求するために，パ

ワーを求める。パワーの要素として経済力の重要性が増すにつれ，安全保障のために富の生産を無視できなくなったことが，リアリストにも経済や経済的相互依存への一定の注目をうながした。国家を重視しつつ，これに富の生産と市場への注目を付け加えることで，「国家と市場との交錯領域」を国際政治経済学の対象として構想したギルピンはこの立場を代表する。ヘゲモンとして台頭しつつある国家は政治的にも経済的にも自由貿易からの利益が大きく，その地位を利用して他国に自由貿易を採用させることができるというのがギルピン型の説明になる。

キンドルバーガーもまた，覇権安定論の原型を提供した。彼は 1930 年代大不況期の分析において，老大国であるイギリスが国際システム安定化への意志をもちつつ資力を欠き，新興大国であるアメリカが資力をもちつつその意志を欠いた事情について述べ，システムの安定には指導力を発揮する国が必要だと示唆した。レイク（D. Lake）は覇権安定論の 2 つのバージョンを区別し，クラズナーやギルピンのものをネオ・リアリスト版，リベラル派であるキンドルバーガーのものを指導（リーダーシップ）国論と呼んだ。グラムシとキンドルバーガーに詳しい中島健二の表現を借りれば，これは番長と学級委員長の違いである。他国に特定の政策をうながすに当たって，ネオ・リアリスト版では「強制」の契機がやや強く，リベラル版では「指導」がキーワードとなる。しかし，「ヘゲモニー」の用語を政治分析に応用したグラムシは，原語であるギリシャ語にならって，指導よりさらに弱い「説得」や，無言の説得に基づく自発性のニュアンスもこの語に込めていた。その後，「強制」の契機を軍事力などによる「ハード・パワー」に含ませる一方，「説得」の契機を「ソフト・パワー」に込めたナイ（J. Nye, Jr.）の議論や，同様の対比で「関係的パワー」と「構造的パワー」を論じたストレンジの議論は，グラムシの用法を念頭に置くものである。

3.3 アフター・ヘゲモニー

1980 年代に，双子の赤字を累積させて債務国に転落したアメリカ経済とバブル景気にわいた日本経済との対比などを背景に，ケネディ（P. Kennedy）の『大国の興亡』などがアメリカのヘゲモニー衰退をめぐる議論を巻き起こした。

ナイとナウ（H. Nau）がアメリカのヘゲモニー衰退を認めない議論を代表したが，ナイの議論は，軍事力や経済力などハード・パワー面での衰退があっても，英語という言語，民主主義の理念など他国が追随するソフト・パワーがあれば依然としてアメリカは影響力を保持するとしたものである。他方ストレンジは，以前より弱体化したにせよ国家として最大のパワーを保持し，レジームに対してであれ国際機関に対してであれ，アメリカは最大の影響力を行使しうると論じ，その政治的決定や否・決定（non-decision）の帰結をヘゲモニー衰退のせいにして決定の責任から免責しかねないような議論を批判した。

覇権安定論の立場から見れば，ヘゲモニーの衰退は，戦後の世界秩序を構築した国際機関や制度を危機に陥れる。だが，スナイダル（D. Snidal）のゲーム論に基づく分析などからは，一定の条件のもとで数ヵ国が集合的行動による協調を組織することで，合理的な結果が得られる。そうだとすれば次のような「レジーム」が秩序維持に役立つ。すなわち，貿易，通貨，核管理などの問題領域ごとに，国際条約や国際機関の存在によって，あるいは仮にそれらが存在しなくても，規範，ルール，手続き，制裁などの行われる枠組みが合意されていれば，紛争を防ぎ安定を確保することができるとされたのである。覇権後における協調可能性についてのこういった議論が，国際レジーム論である。

4 グローバル化と国際経済政策

4.1 グローバル化論の課題

先行する諸議論をふまえ，21世紀における国際経済政策と国際政治経済学はどのようものとなるだろうか。それは進展するグローバル化をどうとらえ，そのなかで生まれる政策課題にどう立ち向かうのかという問題である。

スティーガー（M. Steger）らに依拠して整理すれば，GS（Globalization Studies）の課題を次の7点にまとめることができる。グローバル化が①不可避で非可逆的か，②その原動力，決定要因は何か，③古いのか新しいのか，繰り返された過程か，④利益はスピルオーバーするのか，格差は広がるのか，⑤民主化は進むのか，⑥国家は退場しつつあるのか強化されるのか変容するのか，⑦アメリカ化と同一か，文化帝国主義とみなしうるのか。

グローバル化を主導するイデオロギーでもある新自由主義的な言説が結論という点では明快であり，その典型を記せば以下のようになるだろう。グローバル化は①不可避であり，②経済的・技術的要因によってこれが推進され，③それは20世紀末に生じた新しい現象である。④グローバル化の利益は広く行きわたり，各国間の格差は縮小する。⑤発展途上国における課題である民主化とよりよい統治が中産階級の台頭によって実現する。⑥国家は経済的諸力によって推進されるグローバル化を妨げないよう「小さな政府」を目指し最低限の役割に徹するべきである。⑦についてはこの立場では関心の範囲外となろう。

グローバル化と国際経済政策の関連を見れば，開発政策と貧富格差の拡大，さらには政策主体としての国家の退場があるのか否かなどがとりわけ注目される。④についてのウェイド（R. H. Wade）の議論は次のようなものである。「世界銀行の主要な諸研究は，グローバル化を貿易の対GDP比の増加ないし海外直接投資の対GDP比の増加から定義し，その絶対水準を無視することで，中国とインドを『グローバル化諸国』ないし『開放経済』に含め，また，高度に開放的で貿易依存型でありながら実績の良くない多くのアフリカ諸国を『非グローバル化諸国』にくくっている」。世界銀行による研究はグローバル化を支持する多くの論者が引用するが，要するにこれは，貿易依存度が高いアフリカ諸国を除き，依存度が低くかつ依存度を上昇させつつある中国とインドとを「グローバル化諸国」とすることで，グローバル化による所得水準の上昇を導き出そうというバイアスをもつものだというのである。

4.2 グローバル化と国家

また，政策主体としての国家がグローバル化によってどのように変容するのかは，国際経済政策論にとっても必須の課題となる。ヘルド（D. Held）らが⑥グローバル化と国家の関連を整理している。グローバル化によって国家が退場すると見るグローバリストの議論にこれへの反論が対置され，その後に両者をいわば折衷する自らの第3の立場として国家の「変容」が説かれている。グローバル化によって国家はたしかに影響を受け，無傷に存続はしないものの，それは退場や消滅への道を歩んでいるのではなくグローバル化に対応した国家機能の「変容」だとするものである。この整理が第1，第2の立場をやや極端

なかたちで設定したうえで折衷的に第3の立場を打ち出したのであるとすれば，「変容」論とは既存の議論の要約にとどまりかねない。とはいえ議論は錯綜しているのだから，むろん要約には価値がある。

ここでの必要にしたがってグローバル化と**国家の退場**については改めて整理しておく必要があろう。その第1は経済と経済政策をめぐる議論である。まずグローバル化への対応のためには国家介入の縮小が必要であり実際に国家の自律性は低下しているとする新自由主義的な主張がある。これに対して，グローバル化への対応のためにこそ国家機能の強化が求められるのであって国家の退場は生じていないとする政治経済学的な批判理論からの反論がある。これらの議論では，いずれも国家の役割がどうあるべきかに力点があり，実態について論じているわけではない。実態は，「小さな政府」論が現実を支配する限り，重要な政府機能が市場に譲り渡されており，国家の失った機能を市場やその他の制度が埋めているとは限らない。議論を混乱させるのは，財政赤字の大きさで見ると政府の規模が実際にはたいして小さくなっていない点である。

第2は国際関係論における政治的な議論である。国際政治学や国際関係論における現実主義の分析単位は国家であり，国家の実態や内実は問われることのないブラック・ボックスである。この議論では，国際社会が国民国家を構成単位とする国家間システムであって，その構造に着目する限り多くの変化は部分的・周辺的な事態とみなされ，構造に動揺は生じない。またグローバル化もかつてより指摘されてきた相互依存と同様，多少の修正を要する事態として認識されるにとどまる。実際，この分析にとって最重要である安全保障問題のカギを握る軍事力をいぜんとして国家が保持するため，安全保障問題を主題とした議論では国家を主要なアクターとする分析が妥当する。だが一方で問題は，最大の脅威が冷戦時代のように他の国家による軍事力とは限らず，「裏のグローバル化」とも呼ぶべきテロリストやマフィア組織などの国際ネットワークによるものとなる可能性である。国家以外のアクターが主要な役割を演ずるようになることこそ，グローバル化における最大の問題だというのが『国家の退場』を著したストレンジの課題だった。ストレンジ自身は国家の重要性を意識する古典的なリアリストであってヘルドのいうグローバリストではないが，政治に影響を与える市場と金融の意義や国家以外のアクターの重要性を認めたがらな

い主流派の国際関係論者との決別，そして国際政治経済学の唱道のために，『国家の退場』が記されたのである。

　軍事力は国家間のパワー関係や安全保障に影響を与えるが，国際金融構造もまた劣らず国家間のパワー関係に影響を及ぼす。また，グローバル化も国際金融構造を重要な要因として展開した。グローバル化と国家の退場を見逃す議論の多くは，財政・金融要因を抜きにした分析である。

　第3に，文化・宗教的な観点から，グローバル化の進展が各地域における国民国家的な統合を弱めると見る議論がある。これには大別して2つのタイプがあろう。その1は，市場経済領域の拡大あるいは財・人の移動や情報通信・メディアの影響によって，たとえばアメリカ発のポップ・カルチャーが事実上のグローバル・カルチャーとして世界を覆うとする認識である。その分だけ各地域における民族主義的なアイデンティティとこれに基づく国民国家の統合は弱められる。逆に，グローバル・カルチャーの拡大・浸透がむしろ国民国家以前からの民族文化的・宗教的アイデンティティを呼び起こすとする認識もある。植民地化や冷戦といった政治環境によって人為的な線引きに基づいて「国民国家」の外観の維持を強制されてきた地域で，国家形成以前の古層にあった文化的・宗教的な紐帯を再現するかのような国家再編への動きがうながされた。冷戦後の中東欧地域がその代表例である。ここでは，グローバル化が世界市民を作り出すにせよ，古層にあった紐帯を再現するにせよ，どちらも宗教的・文化的なアイデンティティが国民としてのアイデンティティを掘り崩す可能性が注目される。いずれにしても経済学や国際関係論よりも射程が長い分だけ，この観点からの分析には国民国家を相対化する視点が備わっている。

4.3　国家の退場と「破綻国家」

　グローバル化は，ストレンジによれば国家が経済を管理するための重要な機能を市場に譲り渡すことによって進行している。金融自由化・規制緩和と市場開放・外国企業の誘致といった国家に求められる競争的機能は，経済の管理機能を市場に委ねて国家が放棄していくプロセスでもあり，市場の暴走の可能性を高めていく。（新）自由主義の着目する経済的な利益の存在が当面はこの懸念を覆い隠したまま事態を進行させるだろうが，市場機能の崩壊は一瞬のでき

ごとでありうる。市場は，いったん機能しはじめ，それなりのケアがなされる限りでは，分権的な意思決定のために有効な機能を提供する。国内的には政府が，また国際的には各国間の協調などがこれを背後で支え続ける限り，と言い換えてもよい。だが，市場主義の行き過ぎや「帝国」的行動がこれをいずれ次々に裏切るようであれば——そしてこれらの事態こそがグローバル化だとも認識されているのであるが——，リスクもまた同時に累積しつつあるというべきであろう。少なからぬ「破綻国家」（失敗国家）の存在に，グローバル化の帰結と「帝国」後の国際関係の予兆を見るべきだとする分析が，すでに登場している。

◆ 参考文献

ウェイド，R. H.［2004］「貧困と不平等の深刻な広がり」D. ヘルド／M. K. アーキブージ編（中谷義和監訳，櫻井純理ほか訳）『グローバル化をどうとらえるか——ガヴァナンスの新地平』法律文化社。

ギルピン，R.（大蔵省世界システム研究会訳）［1990］『世界システムの政治経済学』東洋経済新報社。

キンドルバーガー，C. P.（中島健二訳）［2002］『経済大国興亡史 1500-1990』上・下，岩波書店。

コヘイン，R.（石黒馨・小林誠訳）［1998］『覇権後の国際政治経済学』晃洋書房。

櫻井公人・小野塚佳光編［1998］『グローバル化の政治経済学』晃洋書房。

関下稔・小林誠編［2004］『統合と分離の国際政治経済学——グローバリゼーションの現代的位相』ナカニシヤ出版。

スティーガー，M.（櫻井公人・櫻井純理・高嶋正晴訳）［2010］『新版 グローバリゼーション』〈一冊でわかる〉シリーズ，岩波書店。

ストレンジ，S.（櫻井公人訳）［2011］『国家の退場——グローバル経済の新しい主役たち』岩波書店（岩波人文書セレクション）。

ストレンジ，S.（櫻井公人・櫻井純理・高嶋正晴訳）［1999］『マッド・マネー——カジノ資本主義の現段階』岩波書店（岩波現代文庫）。

Krasner, S. [1976], "State Power and the Structure of International Trade," *World Politics*, 28, April.

資料16 ◇ 重要文献抜粋

「たとえば，日雇い労働者が着ている毛織物の上着は，その外観がどれほどごつごつでざらざらしたものであろうとも，大変な数にのぼる職人の協働の生産物なのである。…そればかりでなく，これらの職人のある者から，その国の非常な遠隔地方に住むことの多い他の職人たちへ原料を輸送するのに，どれほど多くの商人や仲立ち人が従事しなければならなかったことか！ …しばしば世界の果ての果てからもちきたされる薬剤を集積するために」（A. スミス『諸国民の富』）。

「完全な自由貿易のもとでは，各国は自然にその資本と労働を自国にとって最も有利であるような用途に向ける。個別的利益のこの追求は，全体の普遍的利益と見事に結合される。勤勉の刺激，創意への報酬，また自然が賦与した特殊的諸力の最も有効な使用によって，それは労働を最も有効かつ最も経済的に配分する。一方，生産物の総量を増加することによって，それは全般的利益を広める。そして利益と交通という一本の共通の絆によって，文明世界の全体にわたる諸国民の普遍的社会を結び合わせる」（D. リカード『経済学および課税の原理』）。

「イギリスの国民のようにその工業力が他のあらゆる国民を大きく凌駕してしまった国民は，その工業・貿易上の支配権を，できるかぎり自由な貿易によって最もよく維持し，拡大する。この国民の場合には，世界主義的原理と政治原理とはぴったり同じものである」。

「…世界の現状の下では，一般的自由貿易から生まれるものは世界共和国ではなくて，支配的な工業・貿易・海運上の至上権におさえられた後進諸国民の世界的隷属よりほかにない」。

「こんにちの世界情勢のもとでは，若くて保護されない工業力は，はやくから強力になっていて自国の領土で保護されている工業力と自由競争をする場合には，とうてい勃興できない…」（F. リスト『経済学の国民的体系』）。

「200 年以上前にアダム・スミスによって最初に認識され，述べられ，相当な分量で議論された，市場経済における国家の基本的責任のいくつかを今，国家に代わって何者かが適切に果たすことはないということである。国際政治経済の中核には空白があり，その空白は政府間の諸制度や，共通利益のために指導力を発揮するヘゲモニー的パワーによって，適切に埋められてはいない。その命運に対するいくばくかの支配を維持する国家と，そうした支配を行使する能力を事実上欠いた国家という形での国家の二極化は，結局のところゼロ・サム・ゲームとはならない。だれかが失ってきたものを他のだれかが手に入れてはいない。国民政府から離れていく権威の拡散は，言うなれば，非権威ないしは非統治の巨大な穴を後に残している」（S. ストレンジ『国家の退場』）。

あとがき

　戦後世界経済は，大きく2つの転機を経て今日に至っている。1つは1960年代半ばであり，もう1つは80年代初頭である。44年に成立したブレトン・ウッズ体制のもとで，60年代半ばまで順調にケインズ政策が先進資本主義諸国で遂行されていった。実質賃金率の着実な上昇を実現しつつ利潤率も上昇し，低インフレ率のもとで実質利子率も低く抑えられていた。まさにケインズ主義の「黄金時代」と呼ぶにふさわしい。しかし，これが60年代半ばに変調を迎える。まず何よりも，利潤率が各国で長期低落を開始する。それにもかかわらず，実質賃金率はなおも上昇を続ける。71年の金ドル交換停止，73・79年のオイル・ショックを経て，インフレはまさに狂乱物価の様相を呈し，マイナスの実質利子率さえ記録することになる。これがはたしてケインズ政策によってもたらされたものであるかどうかは別にしても，少なくとも「非ケインズ」的事態であったことだけは，確かである。

　しかし，ここで2つ目の転機がやってくる。1979年に成立したイギリス・サッチャー保守党政権，81年のアメリカ・レーガン共和党政権，82年の西独・コール保守党政権，日本・中曾根自民党政権のもとで遂行された新自由主義の幕開けである。彼女・彼らが政権を担当した当初から，明確に政策の意味と帰結を理解していたかどうかは，いまから振り返ればきわめて怪しい。しかし，第2次オイル・ショック直後のハイパーインフレを押さえ込むことの一点に——じつは，不承不承ながら——全力を傾け，10％をはるかに超える名目利子率に目をつぶること数年を経てようやく，深刻な不況と引換えに，戦後はじめて実質賃金率の押さえ込みに成功する。そしてついに，利潤率が再び上昇を開始する。インフレ収束によって，銀行にとってはようやく安定的実質利子率の確保が可能になる。46年の死去以来40年を経て，「ケインズの亡霊」は，ここに死を迎える。「反ケインズ」時代の開幕である。

　それから20年，2001年に世界はIT（情報技術）バブルの崩壊を経験した。その間，アメリカひとりが戦後最高の好景気を謳歌しつつ，底なしの経常収支

赤字に沈んでいった。不況対策のためにブッシュ（子）政権が富裕層優遇の減税を推し進めた結果，財政赤字が膨れ上がったこともあるが，それ以上に深刻なのは，バブルの恩恵を受けた高所得層がキャピタル・ゲインを消費に転用した結果，個人貯蓄率が1％すれすれの水準にまで低下したことである。いまアメリカは，世界の貯蓄を宇宙のブラック・ホールのように吸い込み，消尽し続けている。戦後，ケインズ→非ケインズ→反ケインズ，と展開してきた経済政策の基軸が，たしかにいままた，大きな第3の転換期を迎えつつあるように思われる。

　経済とは，価値の生産と分配の体系である。生産は分配を生み，分配は需要を喚起し，需要は生産を誘発する。したがって，経済政策は，ケインズ的なディマンドサイド（需要重視型）であろうと，反ケインズ的なサプライサイド（供給重視型）であろうと，階級・階層間の価値の再分配を不可避的にともなう。この事実を忘れ，「国」「国民」といった単位でのみ事態をとらえようとする研究姿勢は，単に主体（アクター）の多様化した「グローバリゼーションの時代」にふさわしくないだけでなく，そもそも利害の対立と調整，妥協と決裂の世界である経済政策そのものをとらえきれない分析視角であるということができよう。

　わたしたち著者はそれぞれ，この事実を論理展開の中軸にすえることで政策判断の理論的基準を確保し，さらに上で簡単に振り返ったような戦後国際経済政策の歴史的展開を踏みしめることで，過去と現在に対する歴史的視野を確保するように努めた。とりわけ本書では，戦後世界経済史の正確な理解と適切な解釈に大きな力を注いだ。このことは，著者の多くが「反ケインズ」の時代に本格的な研究生活を開始したことからもわかるように，わたしたち自身がこれまで歩いてきた個人史の中間総括でもある。

　1989年のベルリンの壁崩壊以降，文字通り世界は大きく変貌した。このことは，わたしたちの未来への展望にも大きな影響を与えた。「国際経済政策論」と銘打つ限り，たとえそれがテキストの体裁をとっていたとしても——いや，むしろ学問を志す後進のためのテキストであるからこそ——，何がしかの将来展望を示さなくてはならないのかもしれない。そのような要望に対してわたしたちは，次のように答えたいと思う。ある歴史家によれば，わたしたち人間は，

後ろ向きにそろりそろりと未来に向かってあとずさっていくものだという。けっして，前を向いて歩いていくのではない。わたしたちに見えるものは，遠く眼前に広がる過去だけである。しかし，一歩後ろ向きに踏みしめるごとに，過去はさらに広く眼前に展開していく。そして——見る眼をもちさえすれば——，その意味を開示していく。こうしてわたしたちは，過去の助けによって現在の意味を新たに解釈しなおしながら，何かしら心に期するものを持って，一歩一歩そろりそろりと未来へ向かって進んでいくのである。

　最後に，本書の出版にあたりお世話になった有斐閣の伊東晋，伊藤真介両氏，および長谷川絵里さんに心からお礼を申し上げたい。

　2005 年 6 月

編　　者

国際経済政策関連年表（第2次世界大戦後）

年	世　界	アメリカ	ヨーロッパ
1945	**8**　第2次世界大戦終結 **10**　国際連合発足 **12**　ブレトン・ウッズ協定発効（国際通貨基金〔IMF〕, 国際復興開発銀行〔IBRD〕設立決定, 46年発足） **12**　米英金融協定調印（46年7月発効）	**7**　ローズベルト大統領死去（63歳）, トルーマン就任	
1946	**12**　インドシナ戦争開始（～54年）	**2**　雇用法制定, 大統領経済諮問委員会設置, 経済安定局設立 **8**　フルブライト法制定, 原子力委員会法制定	**2**　英, イングランド銀行国有化法成立 **3**　チャーチル前英首相「鉄のカーテン」演説
1947	**4**　第1回関税貿易一般協定 GATT 交渉（～10月）（23 カ国） **10**　国際貿易会議, GATT 調印（48年1月発効）	**3**　トルーマン・ドクトリン発表 **6**　マーシャル・プラン発表 **9**　米州19カ国, 米州相互援助条約（リオ条約）調印	**7**　西欧16カ国第1回欧州経済復興会議 **7**　英, ポンドの交換性回復（**8**　交換性再停止）
1948	**3**　ハバナ国際貿易雇用会議, ITO 憲章（ハバナ憲章）採択	**4**　対外援助法成立, 米州機構成立（ボゴタ憲章） **11**　トルーマン大統領再選	**3**　西欧5カ国, ブリュッセル条約調印, 西欧連合（WEU）成立 **4**　西欧16カ国欧州経済協力機構（OEEC）成立
1949	**4**　北大西洋条約機構（NATO）成立 **8**　第2回 GATT 交渉（～49年10月）（32カ国） **11**　対共産圏輸出統制委員会（ココム）設立	**4**　余剰農産物買上げ計画発表 **6**　低開発地域開発援助特別教書提出 **9**　相互防衛援助（MSA）法制定	**3**　ベネルクス3国経済同盟調印 **5**　ドイツ連邦共和国（西独）成立 **9**　英, ポンド切下げ
1950	**1**　米と NATO 間で相互防衛援助（MSA）協定調印 **6**　朝鮮戦争開始 **9**　第3回 GATT 交渉（～51年4月）（34カ国）		**9**　欧州支払同盟（EPU）協定調印
1951	**6**　ILO 総会, 男女同一報酬条約を採択 **9**　米・豪・ニュージーランド, アンザス条約調印	**4**　米比相互防衛条約調印 **10**　相互安全保障法制定	**4**　西欧6カ国, 欧州石炭鉄鋼共同体（ECSC）設立条約調印（52年7月発効）
1952	**2**　IMF, 西独加盟承認 **10**　IMF, 借入国にコンディショナリティを課すスタンド・バイ・クレジット導入	**6**　インドシナへの軍事援助発表 **11**　共和党アイゼンハワー大統領当選	**5**　ボン協定（西独の占領終了）, 欧州防衛共同体（EDC）条約調印
1953	**7**　朝鮮休戦協定調印	**1**　ダレス国務長官「巻き返し政策」演説	**4**　国連欧州経済委提唱の東西貿易会議

国際経済政策関連年表　287

年	旧社会主義圏	発展途上国	日　本
1945	*6*　ポーランド臨時挙国一致政府成立	*8*　インドネシア共和国独立宣言	*10*　GHQ5大改革指示（婦人解放，労働者の団結権，教育の自由主義化，専制政治の廃止，経済の民主化）
	11　ユーゴ連邦人民共和国成立宣言		*11*　財閥解体指令, *12*　農民解放指令（第1次農地改革）
1946			*8*　経済安定本部設置
			10　第2次農地改革（12月施行）
	9　ブルガリア人民共和国成立宣言		*11*　日本国憲法公布
			12　傾斜生産方式始まる
1947	*9*　ヨーロッパ共産党・労働党情報局（コミンフォルム）設置	*8*　インド独立（インド，パキスタン分離）	*7*　独占禁止法施行, *9*　労働基準法施行
	12　ルーマニア人民共和国宣言		*12*　過度経済力集中排除法公布
1948	*2*　チェコ2月政変	*5*　イスラエル共和国成立，第一次中東戦争勃発	
	9　朝鮮民主主義人民共和国成立	*8*　大韓民国成立	*12*　日本経済安定9原則発表
1949	*4*　経済相互援助会議（コメコン）設立		*4*　1ドル＝360円設定
	10　中華人民共和国成立		*6*　独占禁止法改正（緩和）
	10　ドイツ民主共和国（東独）成立		*8*　シャウプ税制改革勧告
			12　外国為替・外国貿易管理法
1950	*2*　中ソ友好同盟条約調印		
	10　中ソ協力協定調印		*12*　輸出貿易管理令
1951		*3*　イラン，石油産業国有化案可決	
		7　コロンボ計画発足	*9*　サンフランシスコ講和条約，日米安保条約調印
1952		*1*　英・エジプト軍衝突（スエズ運河封鎖）	*5*　IMF，世界銀行に加盟承認（8月調印）
1953	*3*　スターリン死去（74歳）	*6*　エジプト，共和制を宣言	*4*　日米友好通商航海条約調印

年	世界	アメリカ	ヨーロッパ
		10 米韓相互防衛条約調印	
1954	*3* 英, ロンドン金市場再開 *7* インドシナ休戦協定調印 *9* 東南アジア条約機構（SEATO）結成	*7* 余剰農産物処理法制定 *8* 原子力エネルギー法制定 *12* 米台相互防衛条約締結	*8* ギリシャ・トルコ・ユーゴ・バルカン軍事同盟結成 *10* パリ協定, 西独・伊のWEU加盟
1955	*11* 中東条約機構（METO）結成発表	*1* 南ベトナム・ラオス・カンボジアへの直接援助開始 *6* 対西独軍事援助協定調印 *7* 国際協力局設立	*6* 西独, NATOに正式加盟 *7* 欧州通貨協定（EMA）調印（58年12月発効）
1956	*1* 第4回GATT交渉（～5月）（22カ国） *7* 国際金融公社（IFC）設立 *9* 国際原子力機関（IAEA）設立	*8* 米印余剰農産物協定調印 *11* 大統領選でアイゼンハワー再選	
1957		*12* 大陸間弾道弾（ICBM）の試射に成功	*3* 欧州経済共同体（EEC），欧州原子力共同体（Euratom）設立に関するローマ条約調印（58年1月発効）
1958	*6* ILO総会, 雇用・職業差別禁止条約採択 *8* 金門・馬祖事件（台湾海峡危機）	*1* 初の人工衛星エクスプローラー1号 *7* 航空宇宙局（NASA）設置法成立	*6* 仏ドゴール内閣成立 *12* 欧州12カ国, 通貨交換性回復, 欧州通貨協定（EMA）発足
1959	*8* バグダード条約機構, 中央条約機構（CENTO）と改称	*3* トルコ, パキスタン, イランと相互防衛条約（アンカラ協定）調印	*11* 欧州自由貿易連合（EFTA）設立条約調印（60年5月発効）
1960	*9* 国際開発協会（IDA, 第二世銀）設立 *10* ロンドン金市場価格暴騰（第1次ドル危機） *12* 西側20カ国, 経済協力開発機構（OECD）設立条約調印（61年9月発効）	*11* 国際収支改善のためのドル節約令 *11* 民主党ケネディ大統領当選	
1961	*3* バーゼル協定成立 *5* 第5回GATT交渉（～62年7月）（23カ国） *10* 米, 欧州8カ国で金プール結成	*1* アイゼンハワー, 退任演説で軍産複合体について警告 *2* ドル防衛特別教書を議会に提出 *3* 中南米開発援助計画「進歩のための同盟」提案 *11* 国際開発局設立	*2* 欧州9カ国, IMF8条国に移行 *3* 西独, マルク切上げ

国際経済政策関連年表　289

年	旧社会主義圏	発展途上国	日本
1954	9　フルシチョフ，ソ連共産党第一書記に就任	10　米韓相互防衛条約調印 6　周，ネール，平和5原則共同声明	9　独禁法改正（不況カルテル等を認める）
1955	5　ソ連と東欧7カ国，ワルシャワ条約機構結成	4　アジア・アフリカ会議，平和10原則採択（バンドン）	5　日米余剰農産物協定調印 9　GATT加盟 12　「経済自立5カ年計画」
1956	2　ソ連共産党20回大会（スターリン批判，平和共存路線） 4　中国共産党「百花斉放・百家争鳴」路線 10　ハンガリー事件，ソ連介入	1　スーダン共和国独立 6　ナセル，エジプト大統領に就任 7　エジプト，スエズ運河国有化宣言	3　日米技術協定調印 5　外資法 10　日ソ国交回復（共同宣言，貿易議定書調印）
1957	6　中国，反右派闘争開始 10　ソ連，世界初の人工衛星（スプートニク1号）の打ち上げ成功	3　ガーナ共和国独立 12　アジア・アフリカ人民連帯会議（カイロ）	1　対米綿製品輸出自主規制措置発表 12　日ソ通商条約調印
1958	3　フルシチョフ，ソ連首相に就任 5　中国，大躍進運動開始（〜62年1月毛沢東自己批判）	4　第1回アフリカ独立諸国会議（アクラ） 12　第1回アジア・アフリカ経済会議	4　日本貿易振興会（JETRO）法
1959		1　キューバ革命，カストロ政権樹立 4　米州開発銀行（IDB）協定調印	3　貿易と為替の自由化方針決定
1960	4　EECに対抗して，コメコンを改組 11　81カ国共産党代表者会議（モスクワ）「非資本主義的発展の道」	2　ラテンアメリカ自由貿易連合（LAFTA）条約調印（61年6月発効） 9　石油輸出国機構（OPEC）結成（5カ国） 12　国連，植民地独立付与宣言採択	6　貿易自由化計画発表 12　国民所得倍増計画，高度成長政策発表
1961	4　キューバ，ピッグズ湾事件 5　キューバ社会主義共和国宣言	9　非同盟諸国首脳会議（ベオグラード）	6　農業基本法公布施行 11　第1回日米貿易経済合同委員会

年	世　界	アメリカ	ヨーロッパ
1962	*1*　IMF，一般借入取決め（GAB）決定（10月発効） *10*　米，キューバ海上封鎖（キューバ危機）	*10*　ローザ・ボンド初の発行 *10*　通商拡大法成立	*1*　仏ドゴール大統領，英のEEC加盟拒否表明，仏・西独協力条約調印 *3*　米・EECの貿易自由化協定調印
1963	*2*　IMF，輸出変動補償融資（CFF）を創設 *8*　米英ソ，部分的核実験停止条約調印	*7*　国際収支に関する教書発表 *11*　ケネディ暗殺，ジョンソン大統領就任	
1964	*3*　国連貿易開発会議（UNCTAD）開幕（121カ国） *5*　GATTケネディ・ラウンド（〜67年6月）（46カ国）	*1*　対外援助法 *9*　金利平衡税成立（63年7月に遡り発効） *11*　大統領選でジョンソン再選	*11*　ポンド危機，英，IMFからGAB借入，*12*　IMFからスタンド・バイ・クレジット全額引出し
1965		*1*　年頭教書で「偉大な社会」提唱，米加自動車協定調印 *2*　国際収支改善のための特別教書提出	
1966			*7*　仏，NATO離脱
1967	*5*　ケネディ・ラウンド（6月末調印，平均引下げ率30〜35％） *7*　世界知的所有権機構（WIPO）設立条約調印 *9*　IMF・世銀総会で特別引出権（SDR）創設決定（70年発動）		*7*　欧州共同体（EC）発足（EEC, ECSC, EURATOM統合） *11*　英，ポンド14.3％切下げ
1968	*2*　第2回国連貿易開発会議「新プレビッシュ報告」 *3*　7カ国中央銀行総裁会議，金の二重価格制採用（金プール廃止）（73年11月協定廃止） *7*　核拡散防止条約（NPT）調印（62カ国）	*5*　北ベトナムとパリ会談開始 *11*　共和党ニクソン大統領当選	*5*　仏ゼネスト，5月危機
1969	*6*　IMF，緩衝在庫融資制度（BSFF）創設 *7*　IMF協定第1次改正発効（SDR創設）		*4*　ドゴール大統領辞任 *8*　仏，フラン単独11.1％切下げ，*10*　独，マルク9.29％切下げ
1970	*1*　SDR第1回配分（104カ国）	*2*　ニクソン・ドクトリン発表	

年	旧社会主義圏	発展途上国	日　本
1962	6　コメコン「社会主義国際分業の基本原則」採択	7　アルジェリア独立	3　日米 GATT 関税取り決め協定
1963		5　アフリカ統一機構（OAU）憲章調印（30カ国） 8　アフリカ23カ国，アフリカ開発銀行設立協定調印	2　GATT 11 条国に移行 6　外国為替管理令改正（資本取引の自由化のための措置）
1964	10　フルシチョフ辞任（後任ブレジネフ）	4　アフリカ開発銀行（AfDB）設立（66年7月開業）	4　IMF 8 条国へ移行，OECD 加盟
1965			3　山陽特殊製鋼破産，5　山一證券に日銀救済融資 6　日韓基本条約調印
1966		12　アジア開発銀行設立協定採択（66年12月業務開始） 1　アジア・アフリカ・ラテンアメリカ3大陸人民連帯会議（ハバナ） 4　中国，プロレタリア文化大革命開始	7　石炭鉱業審答申（石炭切捨て）
1967			6　資本取引自由化決定
1968	8　ワルシャワ条約機構軍，チェコに軍事介入	10　途上国閣僚会議，アルジェ憲章採択 3　スハルト，インドネシア大統領就任	8　公害対策基本法公布施行 3　日中覚書貿易協定に調印 7　インドネシア経済援助協定調印
1969	3　中ソ国境で武力衝突 6　南ベトナム臨時革命政府樹立		
1970	7　アラブ連合（エジプト）のアスワン・ハイ・ダム，		3　八幡・富士製鉄，合併（新日本製鉄）

年	世界	アメリカ	ヨーロッパ
1971	**1** SDR 第 2 回配分 **8** 固定相場体制の崩壊 **12** スミソニアン合意（対ドル切上げ，金 1 オンス = 38 ドル，変動幅 2.25 ％，米，輸入課徴金撤廃）	**3** ラオス・カンボジアに介入 **8** ニクソン・ショック（金ドル交換停止，10 ％輸入課徴金）	**10** ウェルナー報告 **5** 西独，オランダ，変動相場制に移行 **8** 変動相場制移行（仏は二重為替相場制）
1972	**1** SDR 第 3 回配分 **4** 第 3 回国連貿易開発会議「援助も貿易も」 **5** 戦略兵器制限条約 SALT I 調印 **6** 第 1 回国連人間環境会議開催	**2** ニクソン大統領，中国訪問 **5** 北ベトナムの全港湾を機雷封鎖 **6** ウォーターゲート事件	**4** EC 6 カ国，縮小変動幅（スネーク）導入（上下 1.125 ％） **6** ポンド，変動相場制に移行
1973	**2** ドル切下げ（金 1 オンス = 42.22 ドル）（スミソニアン体制崩壊），変動相場制へ移行 **9** GATT 東京ラウンド（〜79 年 7 月）（99 カ国） **10** アラブ石油輸出国機構（OAPEC），石油武器戦略発動（第 1 次石油危機）	**1** ベトナム和平協定調印	**1** 拡大 EC 発足（英，アイルランド，デンマーク加盟） **3** マルク切上げ，EC6 カ国，共同変動相場制に移行（英，伊単独フロート）
1974	**5** 国連資源特別総会，新国際経済秩序（NIEO）樹立宣言 **6** IMF, オイル・ファシリティ制度，**9** 拡大信用供与制度（EFF）導入を決定 **12** 国連総会，天然資源の恒久主権を規定した「国家の経済的権利義務憲章」採択	**1** 金利平衡税，企業・金融機関の対外投融資規制廃止 **2** パナマ運河返還宣言調印 **9** ニクソン大統領辞任，フォード就任	**1** 仏，EC 共同フロート制から離脱 **6** 西独ヘルシュタット銀行破綻（ユーロ市場混乱）
1975	**1** 金公定価格廃止 **11** 仏ランブイエで第 1 回先進国首脳会議（サミット）	**4** サイゴン陥落，ベトナム戦争終結 **10** 米ソ穀物協定調印（5 年間）	**1** 英，第 1 次社会契約（賃金上げ水準の釘付け） **5** 仏，EC 共同フロート制に復帰
1976	**5** IMF, 途上国援助のための信託基金設立 **10** IMF, 世界銀行合同第 1 回総会（マニラ）	**2** 多国籍企業不正献金問題起こる **11** 民主党カーター大統領当選	**3** 仏，EC 共同フロート制から再離脱 **7** 西独，労働者の経済参加共同決定法成立
1977	**5** 英ロンドンで第 3 回サミット	**3** 領海 200 カイリ実施 **9** パナマ運河新条約調印	

国際経済政策関連年表　293

年	旧社会主義圏	発展途上国	日　本
1971	ソ連の援助で完成 *12* ポーランド暴動（ゴムルカ辞任） *7* コメコン，経済総合長期計画採択 *10* 国連総会，中国招請，台湾追放を議決	*10* チリ大統領選で左翼戦線勝利 *2* アルジェリア，地下資源国有化 *9* チリ，ITT子会社，米系5大銅山国有化	*9* 第3次資本自由化 *12* 1ドル＝308円体制成立
1972			*1* 日米繊維政府間協定調印 *5* 沖縄返還協定発効 *9* 日中共同声明調印（日中国交回復）
1973	*8* 中国共産党10全大会（林彪批判）	*8* 中米4カ国経済共同体形成 *9* チリ・アジェンデ人民連合政府に対して軍事クーデター *10* 第4次中東戦争	*2* 変動相場制に移行 *5* 資本自由化原則100％実施
1974	*2* 中国，批林批孔運動		*1* 日中貿易協定調印
1975		*2* ロメ協定（EC，アフリカ，カリブ海，太平洋46カ国） *10* ラテン・アメリカ経済機構（SELA）発足（25カ国）	
1976	*12* ラオス人民民主共和国成立 *9* 毛沢東中国共産党主席死去（83歳） *10* 華国鋒主席就任，4人組摘発	*2* 初のASEAN首脳会議，友好協力条約締結 *3* エジプト，対ソ友好条約破棄通告	*5* 農林水産業など例外4業種を除き資本自由化完了
1977	*6* ブレジネフ，ソ連最高会議幹部会議長就任	*3* 初のアラブ・アフリカ首脳会議	*7* 海洋2法（領海12カイリ，200カイリ漁業水域）施行

年	世　界	アメリカ	ヨーロッパ
	6　東南アジア条約機構（SEATO）解散 *8*　IMF，補完的信用供与制度（SFF）導入決定（79年2月発効）		
1978	*7*　西独ボンで第4回サミット	*11*　ドル防衛策発表	
		12　マルク建てカーター・ボンド発行（79，80年再度，79年スイス・フラン建て）	
1979	*1*　SDR第4回配分	*1*　米中国交正常化	*2*　欧州通貨制度（EMS）発足（英不参加）
	6　米ソ，SALT II条約調印 *6*　OPEC総会，原油価格引上げ決定（第2次石油危機）	*3*　スリーマイル島原発事故 *11*　イラン米大使館人質事件	*5*　英，サッチャー保守党政権成立，*10*　為替管理全廃 *6*　欧州議会初の直接選挙
1980	*1*　SDR第5回配分，金相場急騰（一時850ドル突破） *4*　IMF，中国の加盟承認 *10*　一次産品共通基金協定調印	*1*　ソ連のアフガン侵攻に対して経済制裁 *11*　共和党レーガン大統領当選	
1981	*1*　SDR第6回配分	*10*　核軍備増強計画発表 *12*　IBF（International Banking Facilities）設立	*1*　ギリシャ，ECに加盟（10カ国に） *5*　仏，ミッテラン左翼政権成立（〜95年），為替管理強化
1982	*4*　国連海洋法会議（海洋法条約採択） *5*　国連環境特別会議（ナイロビ宣言） *6*　第2回国連軍縮特別総会，米ソ戦略兵器削減交渉（START）開始	*8*　ニューヨーク株式市場暴騰（*10*　暴落）	*2*　ベルギー・ルクセンブルク・デンマーク通貨切下げ（*6*　オランダ・フランス切上げ，イタリア切下げ）
1983	*3*　OPEC原油値下げ決定 *12*　IMF, GAB増枠発動（170億SDRに）	*3*　戦略防衛構想（SDI）推進演説 *10*　中米のグレナダに侵攻	
1984	*8*　第1回世界湖沼環境会議（大津） *11*　米ソ包括的軍縮交渉開始合意	*11*　共和党レーガン再選	*4*　英，炭鉱スト（〜85年3月） *7*　仏，新銀行法施行，*11*　為替管理緩和

国際経済政策関連年表　　295

年	旧社会主義圏	発展途上国	日　本
	8 中国共産党11全大会(文革終結,「4つの近代化」)		*12* 独占禁止法強化
1978	*1* ベトナム・カンボジア国境紛争起こる *12* 中国共産党11期3中全会で華国鋒らを批判し,改革開放政策に着手		*8* 日中平和友好条約調印 *12* 日米農産物交渉妥結(牛肉,オレンジ)
1979	*1* ベトナム軍,プノンペン攻略,カンボジア人民共和国樹立宣言 *2* 中国軍,ベトナム侵攻 *12* ソ連,アフガニスタンのクーデターに軍事介入	*4* イラン・イスラム共和国発足(イラン革命),*7* イラク,フセインが大統領就任	*6* 第5回先進国首脳会議(東京サミット)
1980	*5* ユーゴスラビア,チトー死去(88歳) *8* ポーランドで政労合意協定調印(*9* 自主管理労組「連帯」設立) *8* 中国,華国鋒首相辞任,後任に趙紫陽	*5* 韓国,光州事件(*8* 全斗煥政権成立) *9* イラン・イラク戦争開始	*12* 外為法の一部改正施行
1981	*1* 中国,内部決済レート導入で二重為替相場制採用		*3* 第2次臨時行政調査会発足 *5* 日米,乗用車対米輸出自主規制で合意(年間168万台)
1982	*10* ポーランド,新労働組合法・農民組織法成立 *11* ソ連,ブレジネフ書記長死去(76歳)(後任アンドロポフ) *12* 中国,新憲法採択,人民公社解体	*6* カンボジア,三派の連合政府成立(民主カンボジア) *8* メキシコにはじまる中南米債務危機	*7* 臨調基本答申 *11* Honda of America 操業開始
1983			*1* 対米武器技術供与決定 *3* 臨調最終答申
1984	*2* ソ連,アンドロポフ書記長死去(70歳)(*3* 後任チェルネンコ死去,後任ゴルバチョフ) *4* 中国,14都市を対外開放決定	*10* フィリピン,ペソ切下げ,変動相場制に移行	*5* 日米円ドル委員会報告書発表 *6* 円転規制撤廃

年	世界	アメリカ	ヨーロッパ
1985	9 5カ国蔵相・中央銀行総裁会議，ドル高是正協調介入を合意（G5プラザ合意）	2 ニューヨーク株価，過去最高の1300ドル 3 上院，対日経済報復措置決議	
1986	3 IMF，構造調整ファシリティ（SAF）創設 6 国連アフリカ特別総会（経済復興開発援助決議） 9 GATTウルグアイ・ラウンド（～94年4月）（124カ国）	1 ニューヨーク株式市場暴落	1 スペイン・ポルトガルEC加盟（12カ国に） 2 単一欧州議定書調印 10 英，金融ビッグバン
1987	2 G7 為替相場の安定化で合意（ルーブル合意） 10 ニューヨーク株式市場22.6％はじめ各国株式市場大暴落（ブラック・マンデー） 12 米ソ中距離核兵器（INF）全廃条約調印 12 IMF，拡大構造調整ファシリティ（ESAF I）創設	3 日米半導体協定違反として対日制裁措置発表 4 石油会社テキサコ倒産 7 上院，包括貿易法案可決（東芝製品禁輸など） 7 日米戦略防衛構想（SDI）協定調印	1 独，マルク3％切上げ
1988	4 多国間投資保証機関（MIGA）設立 5 第3回国連軍縮特別総会（SSD III） 7 国際決済銀行（BIS），銀行の自己資本比率8％の国際統一基準公表 8 IMF，CFFを改組して輸出変動偶発補償融資制度（CCFF）を創設	8 包括貿易法成立 11 共和党ブッシュ（父）大統領当選	6 スウェーデン議会，原子力発電所廃棄法可決
1989	5 オゾン層保護（フロンガス全廃）ヘルシンキ宣言 11 アジア太平洋経済協力会議（APEC）発足 12 マルタ島米ソ首脳会談で東西冷戦終結	1 米加自由貿易協定発効 6 天安門事件で対中制裁 12 パナマに武力介入	11 ベルリンの壁撤去開始
1990	8 イラク軍がクウェートに侵攻，原油価格急騰		7 経済通貨同盟（EMU）第1段階開始 10 東西ドイツ統一 10 英，ERMに参加
1991	1 多国籍軍とイラクとの湾岸戦争開始（4月終結）		4 欧州復興開発銀行（EBRD）設立

年	旧社会主義圏	発展途上国	日　本
1985			*4*　電電公社（現 NTT），専売公社（現 JT）の民営化
		12　第1回南アジア首脳会議（SAARC 発足）	*5*　男女雇用機会均等法成立（86年4月施行）
1986	*4*　ソ連，チェルノブイリ原発事故	*2*　フィリピン革命，コラソン・アキノ大統領就任	*1-8*　円相場続騰
	7　中国，元をドル 15.8 %切下げ		*4*　前川リポート「内需主導の経済構造転換」
	12　ベトナム，ドイモイ（刷新）路線決定		*12*　東京オフショア市場（JOM）発足
1987			*2*　NTT 株上昇，公定歩合 2.5 %（～89年5月まで）に
			4　国鉄の分割民営化
		7　台湾，38年間の戒厳令解除	*5*　新前川リポート「構造調整の指針」，東芝機械，ココム違反事件
	10　中国共産党13回党大会（社会主義初級段階論）		
1988	*1*　中国，外貨調整センター設立により二重為替相場制度採用		*4*　改正労基法施行（週46時間）
	5　アフガニスタン駐留ソ連軍撤退開始（～89年2月）	*8*　イラン・イラク戦争停戦（死傷者約100万人）	
	6　コメコン，EC と相互援助関係樹立宣言	*9*　ビルマ国軍，クーデター（89年6月　国名をミャンマーへ）	
	10　ソ連，ゴルバチョフ最高会議幹部会議長兼党書記長就任		*12*　消費税（3 %）導入法成立，89年4月実施
1989	*6*　中国，天安門事件		
	9　ポーランド「連帯」主導内閣成立		*9*　日米構造協議（SII）開始
	10-12　東欧社会主義体制崩壊		*12*　地価高騰を背景に土地基本法成立
			12　東証ダウ最高値 38,915 円
1990	*3*　ソ連で複数政党制承認，ゴルバチョフ大統領就任	*2*　南アでマンデラ釈放	*6*　日米構造協議の最終報告書発表
		3　アフリカ最後の植民地ナミビア独立	
	12　ポーランド大統領にワレサ就任	*5*　ミャンマー総選挙で野党スー・チー圧勝	*8*　日銀，公定歩合を 6.0 %に引上げ，「バブル」の崩壊はじまる
1991	*6*　コメコン解散，*7*　ワルシャワ条約機構解体		*4*　牛肉，オレンジの輸入自由化開始

年	世界	アメリカ	ヨーロッパ
	7 米ソ,戦略兵器削減条約(START)調印 9 国連,北朝鮮・韓国・バルト3国の加盟承認		5 スウェーデン・クローネがECUリンク 12 欧州共同体首脳会議(マーストリヒト),欧州連合(EU)創設
1992	4 IMF,旧ソ連の14カ国の加盟承認 6 環境と開発に関する国連会議(地球サミット)(リオデジャネイロ)	11 民主党クリントン大統領当選	4 ポルトガル,ERMに参加 5 欧州経済地域協定(EEA,19カ国)調印 9 欧州通貨危機(イギリス,イタリアがERMから離脱)
1993	1 米ロ,START II 調印 4 IMF,体制移行ファシリティ(STF)創設 12 GATT ウルグアイ・ラウンド最終妥結	1 国家経済会議発足 1 イラク空爆 6 イラクをミサイル攻撃 8 財政調整法成立	1 欧州共同体(EC)単一市場発足 8 欧州通貨危機(ERM変動幅を上下2.5%から15%に拡大) 11 欧州連合(EU)条約(マーストリヒト条約)発効,独・仏・ベルギー欧州合同軍発足
1994	 11 海洋法条約(1982年)発効 12 IMF,拡大構造調整ファシリティ(ESAF II)創設	1 北米自由貿易協定(NAFTA)発効 9 ハイチ進駐	1 EUとEFTAの共同市場(EEA)が発足,EMU第2段階,欧州通貨機関(EMI)設立
1995	1 世界貿易機関(WTO)発足 5 OECDで多国間投資協定(MAI)の交渉開始(〜98年12月) 9 IMF,緊急融資メカニズム(EFM)創設	8 ベトナムと国交樹立文書調印	1 スウェーデン,EU加盟
1996	3 第1回アジア欧州首脳会議(ASEM)開催 9 国連総会,包括的核実験禁止条約(CTBT)採択	9 イラク制裁攻撃 11 民主党クリントン大統領再選	11 伊,ERMに復帰
1997	10 米ダウ工業平均株価554ドル安の7161ドル,史上最大の下げ幅,世界同時株安 12 地球温暖化防止京都会議,京都議定書採択	4 新移民法,段階的施行	5 英総選挙,18年ぶりの労働党勝利,ブレア首相就任 6 EU,財政安定協定(赤字をGDP3%以内)に合意

年	旧社会主義圏	発展途上国	日　本
1992	7　ソ連ロシア共和国大統領にエリツィン就任 8　ゴルバチョフ，ソ連共産党書記長辞任，ソ連共産党解散，*12*　ソ連邦消滅，独立国家共同体（CIS）発足 *4*　旧ユーゴスラビア解体	6　南ア，アパルトヘイト体制終結 10　カンボジア和平パリ会議，最終合意文書調印 9　韓国，外国為替管理制度改正（原則自由化）	
1993	*1*　チェコとスロバキア分離独立 3　江沢民，中国国家主席就任，憲法改正案採択（社会主義市場経済への転換）	 9　パレスチナ自治に関する基本協定（オスロ協定）調印 9　カンボジア立憲君主制（シアヌーク国王）発足	2　日銀，公定歩合を2.5％に下げる 6　定期性預金利子，完全自由化 11　環境基本法公布
1994	*1*　中国，二重為替相場制度から単一為替相場制度に移行（1ドル＝8.7人民元） 7　北朝鮮，金日成死去（82歳）（金正日体制発足） 10　ルーブル暴落	 5　マンデラ，南ア大統領に就任	 7　製造物責任（PL）法公布 10　流動性預金利子，完全自由化
1995		7　ベトナム，ASEANに正式加盟	4　円相場が戦後最高1ドル＝79.75円 6　育児・介護休業法公布
1996	*1*　ハンガリー，IMF 8条国に移行（*6*　ロシア，*12*　中国） 7　エリツィン，ロシア大統領に再選	3　台湾初の直接総統選挙，李登輝選出 10　韓国，OECD加盟	6　住宅金融専門会社処理法成立
1997	2　中国，鄧小平死去（92歳） 7　香港，英から中国に返還（155年間の植民地統治に幕）	7　アジア通貨危機始まる（タイ，独立変動相場制へ） 8　インドネシア，独立変動相場制へ移行	4　消費税率5％へ引上げ 6　独禁法改正公布（持株会社原則自由化），男女雇用機会均等法改正・労働基準法改正公布

年	世界	アメリカ	ヨーロッパ
	12 IMF, 補完的準備融資ファシリティ (SRF) 創設		
1998	*4* 第2回アジア欧州首脳会議 (ASEM) 開催 *11* IMF, 新借入取決め (NAB) 創設 *12* OECD における多国間投資協定 (MAI) 交渉中止	*6* クリントン大統領訪中 (天安門事件以来9年ぶり) *9* ニューヨーク株式市場暴落, *10* ヘッジ・ファンド LTCM 破綻	*5* ダイムラーベンツ, クライスラーと合併 *6* 欧州中央銀行 (ECB) 発足
1999	*2* G7, 金融安定化フォーラム (FSF) 創設 *4* IMF, 予防的クレジット・ライン (CCL) 創設 *9* IMF, IMF 暫定委員会を常設の国際通貨委員会に改組	*11* マイクロソフト社の独占状態認定 *11* 金融制度改革法 (グラム=リーチ=ブライリー法) 成立 *12* パナマ運河をパナマに返還	*1* 単一通貨ユーロ発足 (11カ国) (EMU 第3段階) *5* アムステルダム条約発効
2000		*5* 下院, 対中最恵国待遇の恒久化法案を可決	*4* EU とアフリカ首脳初会議
2001	*10* 第3回アジア欧州首脳会議 (ASEM) 開催	*12* 共和党ブッシュ (子) 大統領当選確定 *9* 9.11 同時多発テロ *12* エネルギー大手エンロン破綻	*9* デンマーク, ユーロ導入を否決 *1* ギリシャ, ユーロに参加 *2* ニース条約調印
2002	*5* 米ロ, 戦略核削減条約調印 (米の核優位確定) *9* 環境開発サミット (ヨハネスブルク) *9* 第4回アジア欧州首脳会議 (ASEM) 開催	*1* ブッシュ大統領「北朝鮮, イラン, イラクは悪の枢軸」演説, 新核戦略公表 *6* 国土安全保障省創設 *7* 通信会社ワールドコム粉飾決算で破綻	*1* ユーロの紙幣, 硬貨流通開始 *12* EU, 中東欧10カ国の新規加盟合意
2003	*3* イラク戦争開始, *4* フセイン体制崩壊 *9* WTO 閣僚会議 (カンクン) 先進国と途上国の対立で決裂	*5* イラク占領統治開始 (兵力13万)	*6* スウェーデン, ユーロ導入否決

注：項目の左の太イタリック数字は月．
出所：歴史学研究会編『世界史年表 (第2版)』岩波書店, 2001年；矢部洋三ほか編『現代経済史年表』日本経済評論社, 1991年；中村政則編『年表昭和史 1926-2003』岩波書店, 2004年；安藤良雄編『近代日本経済史要覧 (第2版)』東京大学出版会, 1979年；宮崎犀一ほか編『近代国際経済要覧』東京大学出版会, 1981年；立命館大学人文科学研究所編『総合現代史年表』1991年；上川孝夫・藤田誠一・向壽一編『現代国際金融論 (新版)』有斐閣, 2003年；亀井高孝ほか編『世界史年表・地図 (第10版)』吉川弘文館, 2004年，などにより作成.

国際経済政策関連年表　301

年	旧社会主義圏	発展途上国	日本
	10 北朝鮮，金正日が労働党総書記に就任	*12* 韓国外為・株式市場急落，IMF等から総額580億ドル融資決定	*11* 北海道拓殖銀行破綻，山一證券廃業，金融不安広がる
1998	*7* IMF，世界銀行他，ロシア支援合意 *8* ロシア通貨危機，ルーブル切下げ，管理変動相場制に移行	*5* インドネシア大統領スハルト辞任（32年間のスハルト体制に幕） *9* マレーシア，資本移動を制限し固定相場制に移行	*4* 改正外為法施行，*10* 金融再生関連法成立 *10* 新宮沢構想（アジア通貨危機支援300億ドル）
1999	*3* ポーランド，チェコ，ハンガリー，NATOに加盟	*1* ブラジル，レアル切下げ，独立変動相場制に移行 *4* カンボジア，ASEAN加盟（10カ国に）	*6* 男女共同参画社会基本法公布 *10* 国際協力銀行・日本政策投資銀行・国民生活金融公庫発足，株式売買委託手数料完全自由化
	12 中国へポルトガル領マカオ返還	*9* チリ，コロンビア，独立変動相場制移行	*12* 改正労働者派遣法施行，民事再生法成立
2000	*3* ロシア大統領にプーチン当選	*4* エクアドル，通貨のドル化開始（9月完了）	*5* ASEAN＋3（日中韓）蔵相会議，チェンマイ・イニシアティブ合意 *7* 金融庁発足
2001	*10* ポーランド，旧共産党系・民主左翼連合政権復帰 *12* 中国，WTOに加盟（02年1月台湾加盟）	*1* エルサルバドル，ドル化実施 *12* アルゼンチン通貨危機，債務支払停止	
2002		*1* アルゼンチン，ウルグアイ通貨切下げ	
	11 中国共産党大会，「国民政党」へ脱皮宣言，総書記に胡錦濤	*2* アルゼンチン，ベネズエラ独立変動相場制へ移行 *8* 中南米諸国，IMF・米から金融支援	*5* 経団連と日経連統合，日本経団連発足
2003	*3* 中国国家主席に胡錦濤		*4* 日経平均株価7607円88銭（バブル崩壊後最安値） *5* 産業再生機構業務開始

索　引

事項索引

アルファベット

ACP 諸国　220
BIT　→二国間(投資)協定
CAP　→共通農業政策
EC 共同フロート制　61
EES　→欧州雇用戦略
EMS　→欧州通貨制度
EMU　→経済・通貨同盟
ERTA 81　→経済再建租税法
EU の経済政策　209
EU の経済政策の非政治化　210, 212
EU の高失業率　214, 217
EU の単一政策　209
FTA　→自由貿易協定
G 5　→先進 5 カ国蔵相・中央銀行総裁会議
G 7　→先進 7 カ国蔵相・中央銀行総裁会議
G 10　→先進 10 カ国蔵相会議
GATS　→サービス貿易に関する一般協定
GATT　→関税と貿易に関する一般協定
IEP　→国際エネルギー計画
IMF＝GATT 体制　3, 16
IMF コンディショナリティ　178
IMF 体制　13, 95
IMF の改革　179, 180
IPCC　→気候変動に関する政府間パネル
IPE　→国際政治経済学
I‐S バランス論　145
J カーブ効果　146, 161, 172
MAI　→多国間投資協定
M & A　148, 192, 201, 213
MFN　→最恵国待遇
MOSS　→市場指向型分野別協議
NAFTA　→北米自由貿易協定
NIEO　→新国際経済秩序
NIEs　→新興工業諸国・地域
NT　→内国民待遇
OBRA　→包括予算調整法
ODA　232
OECD 諸国　98
OPEC 支配　84

PPP　→汚染者負担原則
PSBR　→公共部門借入所要額
SCMs　→補助金と相殺措置
SDI　→戦略防衛構想
SDR　59, 62
SDR 本位制　59, 60
SII　→日米構造問題協議
TRA86　→税制改革法
TRIMs　→貿易関連投資措置に関する協定
TRIPs　→知的所有権の貿易関連側面に関する協定
UNCED　→国連環境開発会議
UNEP　→国連環境計画
U ターン　126
WASP　→ワスプ
WTI 原油　91

あ　行

赤字国責任論　108
アコード　123
アジア債券基金　182
アジア通貨危機　174, 180
アジア通貨基金構想　180
新しい国際貿易理論　156
新しい不在地主　254
アメリカ制度学派　267
アメリカの一極主義　274
アメリカの戦後構想　3, 10, 16, 23
アラビアンライト　→中東原油
アラムコ　78, 79, 80
安全保障　269
安全保障ディレンマ　269
安全保障問題　278
安定恐慌　34
域内市場統合　207
域内市場統合戦略　208
イスラエル　79
一時的不均衡　96
移転支出　48
移動の管理　246, 251, 255
移動の自由　245

索　引　303

移民　247
移民管理の制度化　257
移民国　247, 255, 259
移民国家　257
移民政策
　　──の標準化　259
　　人種差別的な──　256, 258
移民労働　247, 256, 259
イラン・イラク戦争　87, 89
イラン革命　87, 89
インターネット　252
インフレーション　31, 49
　　──の抑制　127
ウィルソン主義　271
埋め込まれた自由主義　44
ウルグアイ・ラウンド　160, 163, 198
エコロジー経済学　229
エネルギー革命　27, 76, 77, 82
エネルギー危機　82
エネルギー多消費型社会　241
エマージング・マーケット　→新興市場諸国
援助よりも貿易を　152
オイル・ショック　52, 101, 136, 153
　　逆──　91
　　第1次──　63, 66, 68, 85, 86, 102, 126, 197
　　第2次──　63, 72, 89, 120
オイル・ダラー　67, 86, 139
オイル・ダラー還流　86
オイル・パワー　85, 86
オイル・ファシリティ制度　67
黄金時代　38
欧州雇用戦略（EES）　214
欧州通貨制度（EMS）　61, 205, 207
欧州統合　205
欧州復興計画　→マーシャル・プラン
大きな政府　→政府の肥大化
汚染者負担原則（PPP）　238
オゾン層破壊問題　239
オルタ・トレード・ジャパン　235
温室効果ガス　239

か　行

外貨準備　182
外国課税控除制度　79
外国為替市場　141, 143, 146
外国為替制度　6
ガイドポスト　47

核軍事政策　28
加速度償却　122
ガソリン　77
カーター政権　104
カーター・ボンド　65
価値ミックス　268, 270
貨幣数量説　70
ガリオア・エロア援助　30
為替市場　65
為替ダンピング　95
為替手形　5
為替レート変動　145
環境NGO　200, 239
環境ガイドライン　232
環境規制　233
環境政策　230
環境政策統合　241, 231
環境破壊　227
環境貿易措置　234
関税同盟　29, 61, 205
関税と貿易に関する一般協定（GATT）　15, 151, 163, 196
関税引下げ交渉　152
完全雇用　40, 42
完全雇用政策　40, 70
完全雇用予算　42
管理通貨制度　4, 10
管理フロート　65
管理貿易論　157
官僚制　118
機関車論　65, 104, 107, 144
企業内国際分業　189, 192
気候行動ネットワーク　239
気候変動に関する政府間パネル（IPCC）　239
基軸通貨　97, 172
基軸通貨国　50
技術革新　154
基礎的不均衡　96
北大西洋条約　28
境界の管理　251
境界のポリティクス　251
共産党　28
競争力強化策　163
競争力論　156
協調介入　141, 142, 147
協調利下げ　144
共通農業政策（CAP）　61, 205

京都議定書　240
京都メカニズム　240
狂乱物価　72
キングストン合意　97
キングストン体制　59
金市場　17
金ドル交換停止　58
金プール　61
金プール協定　19
金融グローバル化　178
金融自由化　116, 176, 279
金融パニック　179, 180, 181, 184
近隣窮乏化政策　8, 175, 211, 219
勤労福祉手当制度　122
空間のグローバル化　253
空間の絶滅　252
グラム=ラドマン=ホリングス法　143
黒字国責任論　108
グロチウス派　271
グローバリスト　277, 278
グローバリゼーション　171, 250, 252
グローバル化　160, 273, 276
　金融——　178
　空間の——　253
　経済の——　207, 208
グローバル・ガバナンス　223, 271
グローバル・カルチャー　279
グローバルな階層化　254
グローバルな金融資本　254
グローバルな国際通貨協力　184
グローバルな標準化　252
グローバル・プレーヤー　219, 220
軍事援助　28
軍事活動にともなう環境問題　237
軍事力　269, 278
経済安定9原則　33
『経済学および課税の原理』　264, 281
経済再建租税法(ERTA 81)　122, 131
経済再建プログラム　121, 137
経済政策協調　147
経済成長政策　28, 41, 45, 46
経済・通貨統合　205
経済・通貨同盟(EMU)　207, 208, 210, 214
経済の自由化　178
経済ブロック　26
経済摩擦　151, 152, 159, 160
傾斜生産方式　31

経常収支の不均衡　172
契約労働移民　247, 257
経路依存性　120
ケインズ案　12
ケインズ型福祉国家　118
ケインズ(主義経済)政策　40, 72, 207
ケインズ派　69
結節点　252
血統主義　256
ゲーム論　276
現実主義　269, 271
小泉改革　132
公害輸出　232
公共選択学派　118
公共選択論　117
公共部門借入所要額(PSBR)　127-29
航空機による大量輸送　252
公正貿易論　156, 163
構造調整政策　178
構造的現実主義(ネオ・リアリズム)　271
高度経済成長　38
合理性　119
効率性　119
効率追求型直接投資　192
国際エネルギー計画(IEP)　86
国際金融市場　66, 176, 183
国際金融のトリレンマ論　174
国際ケインズ主義　107
国際政策協調　95, 107, 108, 143, 147
国際政治経済学(IPE)　227, 262, 267, 272
国際石油カルテル　75
国際石油資本　75
国際通貨　6, 22, 221
国際通貨協力　173, 182
国際通貨制度改革　221
国際通貨体制　171, 176
国際通商政策　219
国際的人権レジーム　249
国際的(金融)セイフティ・ネット　177, 185
国際投資協定　202
国際貿易機関(ITO)憲章　15
国際貿易を通じた環境破壊　233
国際ポートフォリオ投資　139
国際油濁補償基金条約　231
国際流動性　98, 100
国際レジーム論　273, 274, 276
国　籍　249

索　引　305

国籍離脱の自由　249
国　民　255, 258
　　――の再生産　250
国民経済の形成　247
国民形成　255
国民国家　245, 279
　　――の形成　247
　　――の「甲殻化」　257
国連環境開発会議(UNCED)　240
国連環境計画(UNEP)　238
コスト・プッシュ　69
国家による身分保証　258
『国家の退場』　281
国家の退場　277, 278
国家の「変容」　277
国　境　246
固定相場制　17, 57, 95
固定相場体制　13, 171
古典派経済学　263, 264, 266, 271
コーポラティズム(体制)　45, 217
コミュニティ・チャージ　129, 132
混合経済　48
コンセンサス・ポリティクス(バッケリズム)
　　125, 127, 130
コンディショナリティ　197
コンフリクト理論　49

さ　行

最恵国待遇(MFN)　16, 195, 196, 199
再国民化　207
「最後の貸し手」機能　180
財政赤字　118
再生可能エネルギー　241
サウジアラビア　78
サステナビリティ問題　141
サッチャリズム　126
サービス貿易に関する一般協定(GATS)　164,
　　199
サプライサイド経済学　117
サプライサイド減税　122
サーベイランス　97
サミット　97
サミット体制　102
産業間貿易　154
産業内貿易　152, 154
産業の高度化　27
参考相場圏　147

三国通貨協定　9
酸性雨　231
301条　→1974年通商法
サンフランシスコ講和条約　35
自衛隊　35
資源ナショナリズム　153
自己資本比率規制　177
市場指向型分野別協議(MOSS)　161
市場追求型直接投資　192
持続可能性　228
持続可能な発展　228
自動安定化作用　48
指導(リーダーシップ)国論　275
資本移動の自由(化)　174, 181
資本自由化　171, 174
資本逃避　→金融パニック
社会的排除　218
社会統合　118
社会保障改正法　124
社会保障費　48
自由化　194
重化学工業化　78
自由競争　115
自由主義　270
重商主義　262, 272
従属論　272, 273
住宅モーゲージ担保証券　71
自由貿易協定(FTA)　219, 220
自由貿易主義　156
自由貿易政策　274
自由貿易体制　4, 16
自由貿易論　3, 263, 264, 266
住民流出　129
縮小為替変動幅制度(スネーク制度)　61
出生地主義　255
出入国管理　258
省エネルギー　85
証券化(セキュリタイゼーション)　71
消費地精製方式　76, 77
情報通信革命　201
植民地主義　247, 258
『諸国民の富』　262, 281
所得政策　46, 69
所得倍増計画　41
新移民　257
シンガポール・イシュー　219
新金融調節方式(アメリカ)　71

新金融調節方式(イギリス)　71
新経済政策　74, 100
新興工業諸国・地域(NIEs)　191
新興市場諸国(エマージング・マーケット)
　　178, 181, 184, 201
新国際経済秩序(NIEO)　152, 197
新古典派(経済学)　193, 202, 208, 229, 230, 264
新自由主義　115, 126, 130, 171, 195, 271, 277, 278
新保守主義　115
新連邦主義　131
数量制度の一般的禁止　16
スタグフレーション　67, 101, 120, 125, 135
スターリング地域　61
スターリング・ブロック　9
スネーク制度　→縮小為替変動幅制度
スーパー301条　→包括通商競争力法1302条
スペシャル301条　→包括通商競争力法1303条
スポット価格　89, 90
スポット市場　89
スミソニアン体制　58, 61
政策最適化アプローチ　109
政策統合　230
政策論争　119
生産性の政治学　77
政治経済学　227, 230, 262, 263, 278
税制改革(サッチャー政権)　128
税制改革(レーガン政権)　122
税制改革法(TRA 86)　123
『成長の限界』レポート　82
制度維持的アプローチ　109
税のダンピング　215
税の引下げ競争　211, 219
セイフティ・ネット　176
政府の肥大化　48
世界インフレ　98
『世界開発報告』　235
世界貨幣　14
世界経済危機　102
世界システム論　272
世界政府　269
世界同時好況　98
世界同時不況　98
世界都市　253
世界保全戦略　228
セカンダリー・バンクスの危機　71
石油依存型経済(化)　78, 82
石油顧問団　76

石油の世紀　75
石油の政治的武器化　82, 85
セキュリタイゼーション　→証券化
絶対優位　156
セーフ・ガード　157, 159
セブン・シスターズ　75
1974年通商法(アメリカ)　157
　——301条　157, 158, 162
1946年雇用法(アメリカ)　41, 42, 53
1964年減税法(アメリカ)　43
戦後コーポレート・システム　44
戦後体制の歴史的枠組み　44
戦後和解体制　44
潜在GNP　42
先進5カ国蔵相・中央銀行総裁会議(G5)　97, 141, 150
先進7カ国蔵相・中央銀行総裁会議(G7)　97, 147
先進10カ国蔵相会議(G10)　58
戦略的資産追求型直接投資　192
戦略的通商投資政策　202
戦略的貿易政策論　156
戦略防衛構想(SDI)　137
相互安全保障法　28
相互依存　271, 278
相互依存論　272
相互互恵主義　16
相互直接投資　192, 198
相互投資　191
相互防衛援助協定　36
ソーシャル・ダンピング　215
ソフト・パワー　275

た 行

第1次ジュネーブ協定　84
対外援助　23
対外債務のサステナビリティ　140
対外不均衡調整　141, 142, 143, 145, 149
大規模小売店舗法　162
大競争時代　208
『大国の興亡』　275
第3次中東戦争　82
大西洋憲章　23
代替エネルギー　85
大東亜共栄圏構想　9
第2次ジュネーブ協定　84
第4次中東戦争　84

索　引　307

多角的決済(システム)　6, 8
多角的決済制度の再建　14
ターゲット・ゾーン構想　173
多国間投資協定(MAI)　188, 194, 197, 198, 204, 233
多国間投資協定反対運動　200
多国籍企業　188, 232, 253
　——の利潤最大化　193
多国籍企業ガイドライン　197
多国籍石油資本　27
タックスシェルター　123
ダブル・スタンダード　232
単一為替レート　33
短期資金(本)移動　179, 185
ダンピング提訴　160
地域的な国際通貨協力　184
地域への固定化　253
小さな政府　130
チェルノブイリ原発事故　231
チェンマイ・イニシアチブ　182
地球温暖化問題　239
地球環境問題　227
知識経済　218
知的所有権の貿易関連側面に関する協定(TRIPs)　164, 199
地方財政改革(サッチャー政権)　129
地方分権改革(サッチャー政権)　126
中東欧諸国　208, 211, 215
中東原油(アラビアンライト)　80, 92
　——の公示価格　80
中東地域　75, 76, 78
超巨大多国籍企業　191
超均衡予算　33
朝鮮戦争　29, 34
朝鮮特需　34
直接投資　188, 202
通貨危機　172, 178, 179
通貨主権　13
通貨スワップ協定　182
通貨投機　172
通貨ブロック　8
強いアメリカ(政策)　116, 121, 137, 138, 158
強い持続可能性　229
低賃金労働力　259
テヘラン協定　84
デリバティブ市場　66, 67, 183
伝統的市場　66

ドイツ関税同盟　266
ドイツ歴史学派　267
投資の自由化　196, 198
ドッジ不況　34
ドッジ・ライン　31, 34
トービン税　185
トリレンマ(失業・インフレ・国際収支不均衡)　101, 102, 104, 108
ドル　9, 12, 22, 95, 172, 176, 183, 220
　——安定化　147
　——危機　17, 51, 70, 136
　——支配　220, 221
　——不安　146
　——不足　25
　——防衛　19
　——防衛策　65
　——暴落　146
　——暴落抑止策　144
　——本位制　60, 65
トルコ・ギリシャ援助　24
トルーマン・ドクトリン　24
トレードオフ関係　69

な　行

内国民待遇(NT)　195, 196, 199
内国民待遇原則　16
中曾根政権　132
ナショナリティ　250
ナフサ　77
ナホトカ号重油流出事故　231
南北問題　83, 152
難　民　249, 251
ニクソン・ショック　52, 57, 96, 100
ニクソン声明　70
二国間(投資)協定(BIT)　196, 198
二重価格制　81
日米安全保障条約　35
日米円ドル協定　139
日米構造問題協議(SII)　161
日米半導体協定(旧協定)　162
日米半導体協定(新協定)　162
日米貿易摩擦　159
日米包括経済協議　162
日米摩擦　159
日本異質論　157, 163
日本生産性本部　36
日本列島改造構想　72

入国者の制限　249
ニュー・エコノミクス(ケネディ政権)　41, 42
ニュー・エコノミー論　201
ニューライト　121
ネオ・グラムシアン　272
ネオ・マルクス主義　272
ネオ・マルクス派　273
ネオ・リアリズム　→構造的現実主義
納税者の反乱　121

は　行

ハイ・アブソーバー国　87
廃棄物輸出　234
ハイ・ポリティクス　270
ハーヴェイロードの前提　118
白人　256
パクス・アメリカーナ　45, 135, 151
　　──の再編　158, 163
　　──の動揺　156, 158
バグダッド会議　81
覇権安定論　272, 273, 274
　　──のネオ・リアリスト版　275
　　──のリベラル版　275
パスポート　249, 256
パスポート制度　258
バーゼル条約　233
破綻国家　280
バッケリズム　→コンセンサス・ポリティクス
発展途上国　220, 267
ハートウィック・ルール　229
ハード・パワー　275
場の消費　255
場の生産　255
バブル　148, 176
バブル経済　117
バランス・オブ・パワー　269, 271
ハリファクス・サミット　179, 186
反共防波堤　36
反ケインズ派　69
反ダンピング法　157, 159
非移民国　255, 259
非OPEC原油開発　90
比較生産費説　3, 264
比較優位説(論)　154, 264
非関税障壁の撤廃　207
ビクトリアの美徳　126, 128
悲惨指数　49

人の移動　246
ビナイン・ネグレクト(政策)　65, 70, 97
貧困と環境破壊の悪循環的進行　237
貧困の悪循環　193
貧困問題　235
ファイン・チューニング　47
ファンダメンタルズ　173
フィリップス・カーブ　68
封じ込め政策　25, 30
フェア・トレード　235
プエルトリコ・サミット　104
フォーディズム　45
武器貸与法　10, 79
不均衡調整　95
福祉国家　48, 118, 217
福祉国家的政策　44
双子の赤字　116, 138, 197
2つのアメリカ　265
2つの柱政策　87
プライス・テイカー　92
ブラケット・クリープ　120
プラザ合意　117, 141, 145, 161, 173
ブラック・マンデー　147
フランス革命　256
フラン・ブロック　9
ブレトン・ウッズ協定　13, 23, 95
ブレトン・ウッズ体制　13, 57, 95, 102, 136
プレミアム廃止　90
ブロック・グラント　129
ブロック経済　11, 23
ブロック経済化　4, 9
分業　263, 264
平価制度　60
ヘゲモニー衰退　276
ヘゲモン　273
ヘッジ・ファンド　92
ベトナム戦争　43, 70
変動相場制　58, 96, 136, 142, 181
変動相場体制　171
ポイント・フォア援助　24
貿易関連投資措置に関する協定(TRIMs)　164, 195, 199
貿易政策　262
包括通商競争力法　158, 166
　　──1301条　158, 166
　　──1302条　158, 162, 167
　　──1303条　158, 168

包括予算調整法（OBRA）　122
北米自由貿易協定（NAFTA）　164, 179, 196, 200
保護主義　104, 108, 109, 141, 267
保護貿易　157, 265, 273
　　──の理論　3
ポジティブサム・ゲーム　265
補助金と相殺措置（SCMs）　199
ボパール事件　232
ポリシー・ミックス　143, 242
ホワイト案　11, 21
ボン・サミット　107, 109
ポンド　12
ポンド危機　131

ま 行

前川レポート　117, 134, 144
マーシャル・プラン　15, 24, 25, 76
マネー・ゲーム　148
マネー・サプライ　127
マネタリスト　49, 63
マネタリズム　117, 127, 131
マラケシュ協定　234
マラケシュ合意　240
マルク圏　9
マンデル＝フレミング・モデル　145, 175
見えない障壁　161
ミスアラインメント　173
民営化　129, 194
メキシコ債務危機　88, 197
メキシコ通貨危機　174, 179
モータリゼーション　77
モラル・ハザード　184
モントリオール議定書　234

や 行

夜警国家論　263
『ヤング・レポート』　158
有害物質の越境移動問題　233
有効需要　40
輸出自主規制　159, 160
ユーロ　176, 182, 207, 213, 220
ユーロ・グループ　209
ユーロ圏　213
　　──の持続可能性　215
ユーロ・コミュニズム　104, 108, 109
ユーロ市場　66, 136, 139
ユーロ相場　221

ユーロ建て債券　221
ユーロ・ダラー　66
要素賦存説　154
幼稚産業保護　266
ヨーロッパの社会モデル　223
弱い持続可能性　229

ら 行

ランブイエ・サミット　102
リアリスト　274
利益折半原則　79
利害調整ルール　152, 155, 159
リスクヘッジ　183
理想主義　270, 271
リバタリアン　271
リビジョニスト　163
リヤド協定　84
流動性ジレンマ論　59
累積債務危機　139, 178
ルーブル合意　147, 174
冷　戦　25, 29, 30, 136, 138, 153
レイト　129, 132
レーガノミクス　120, 137
レーガン政権　137
レジーム競争　209, 211-13, 219
劣化ウラン　238
ロー・アブソーバー国　87
労使関係　45, 46
労働運動　27, 31
労働協約　45
労働組合　45, 212, 217
労働市場の「弾力化」　212, 217
労働力　247, 254
　　──の再生産　250, 255
労働力移動　251
ロウ・ポリティクス　270
ローカル・コンテント　160
ロビー活動　212
ロンドン・サミット　106, 108

わ 行

ワイダー・バンド　58
ワシントン・エネルギー会議　85
ワシントン会議　61
ワシントン条約　234
ワスプ（WASP）　256
「我ら共有の未来」　228, 244

機関名索引

アルファベット

BIS　→国際決済銀行
ECSC　→欧州石炭鉄鋼共同体
EEC　→欧州経済共同体
EFTA　→欧州自由貿易連合
EU　→欧州連合
FRB　→連邦準備制度理事会
GHQ　→連合国最高司令部
IBRD　→国際復興開発銀行
IEA　→国際エネルギー機関
IMF　→国際通貨基金
ITO　→国際貿易機関
IUCN　→国際自然保護連合
NATO　→北大西洋条約機構
NYMEX　→ニューヨーク商品取引所
OAPEC　→アラブ石油輸出国機構
OECD　→経済協力開発機構
OEEC　→欧州経済協力機構
OPEC　→石油輸出国機構
WCED　→環境と開発に関する世界委員会
WTO　→世界貿易機関

あ行

アラブ石油輸出国機構(OAPEC)　85
欧州委員会　209, 210, 211
欧州経済共同体(EEC)　29, 205
欧州経済協力機構(OEEC)　25, 29
欧州自由貿易連合(EFTA)　61
欧州石炭鉄鋼共同体(ECSC)　29
欧州中央銀行　209, 211
欧州連合(EU)　196, 207

か行

環境と開発に関する世界委員会(WCED, ブルントラント委員会)　228
北大西洋条約機構(NATO)　28, 29
競争委員会(EU)　211
競争力委員会　158
経済協力開発機構(OECD)　196, 197, 198, 233
国際エネルギー機関(IEA)　86
国際協力銀行　233
国際決済銀行(BIS)　177
国際自然保護連合(IUCN)　228
国際通貨基金(IMF)　11, 57, 139, 171, 178, 184
国際復興開発銀行(IBRD)　11　(世界銀行も参照)
国際貿易機関(ITO)　11, 196

さ行

世界銀行(世銀)　11, 139, 232
世界貿易機関(WTO)　164, 171, 194, 219
　──の紛争解決機関　199
石油輸出国機構(OPEC)　80

な行

ニューヨーク商品取引所(NYMEX)　91

は行

復興金融公庫　31
ブルントラント委員会　→環境と開発に関する世界委員会

ら行

連合国最高司令部(GHQ)　31
連邦準備制度理事会(FRB)　71, 123, 131

人名索引

あ 行

石弘之　235
石橋湛山　271
ヴァーノン（R. Vernon）　272
ウェイド（R. H. Wade）　277
ウォーラスティン（I. Wallerstein）　272
ウォルツ（K. N. Waltz）　271

か 行

カー（E. H. Carr）　271
カーター（J. Carter）　65
カダフィー（M. Qadhafi）　83
キャラハン（J. Callaghan）　127
ギルピン（R. Gilpin）　273, 275
キンドルバーガー（C. P. Kindleberger）　272, 275
クーパー（R. Cooper）　272
クラズナー（S. Krasner）　274
グラムシ（A. Gramsci）　272
クルーグマン（P. R. Krugman）　140
ケインズ（J. M. Keynes）　11, 40, 271
ケナン（G. Kennan）　32
ケネディ（J. F. Kennedy）　41, 43
ケネディ（P. Kennedy）　275
ケネン（P. B. Kenen）　109
コヘイン（R. Keohane）　274

さ 行

サッセン（S. Sassen）　253
サッチャー（M. H. Thatcher）　125, 126
ジェファーソン（T. Jefferson）　265
ジスカール・デスタン（V. Giscard d'Estaing）　104
ジョスパン（L. Jospin）　200
スチュアート（J. Steuart）　272
スティーガー（M. Steger）　276
ストレンジ（S. Strange）　268, 275, 276, 278, 279, 281
スナイダル（D. Snidal）　276
スミス（A. Smith）　262, 266, 281
セン（A. Sen）　237
ソロー（R. M. Solow）　229

た 行

ダレス（J. F. Dulles）　35
チャーチル（W. Churchill）　23
デイリー（H. Daly）　229
寺西俊一　230, 241
ドッジ（J. Dodge）　31, 33
トリフィン（R. Triffin）　59
ドレーパー（W. Draper）　32

な 行

ナイ（J. Nye, Jr.）　275, 276
ナウ（H. Nau）　276
中島健二　275
ニクソン（R. Nixon）　74, 100

は 行

ハイエク（F. A. von Hayek）　271
バウマン（Z. Bauman）　252, 253
パットナム（R. D. Putnam）　102
ハートウィック（J. M. Hartwick）　229
ハミルトン（A. Hamilton）　265, 272
パラ（F. Parra）　81
ピアソン（C. Pierson）　118
ヒース（E. Heath）　125
フォード（G. R. Ford）　104
ブキャナン（J. M. Buchanan）　48
フリードマン（M. Friedman）　63, 117
ブレア（J. Blair）　101
ベイン（N. Bayne）　102
ベバリッジ（W. H. Beveridge）　40
ヘルド（D. Held）　277
細田衛士　241
ホッブス（T. Hobbs）　269
ホブズボーム（E. Hobsbawm）　38
ホメイニ（A. Khomeini）　89
ボルカー（P. Volcker）　123, 131
ボールズ（S. Bowles）　45
ボワイエ（R. Boyer）　45
ホワイト（H. D. White）　11

ま 行

マーグリン（S. A. Marglin）　38, 44
マーシャル（G. Marshall）　25, 37

マッキノン (R. I. McKinnon)　101
マディソン (A. Maddison)　38
メイヤー (C. S. Maier)　45
モーゲンソー (H. J. Morgenthau)　271
モンテスキュー (B. Montesquieu)　271

や 行

ヤマニ (S. A. Z. Yamani)　82
吉田茂　35

ら 行

リカード (D. Ricardo)　3, 263, 266, 267, 281
リスト (F. List)　4, 266, 272, 281
ルーズベルト (F. Roosevelt)　23
レイク (D. Lake)　275
レーガン (R. W. Reagan)　116, 131
ローズクランス (R. Rosecrance)　271
ローソン (N. Lawson)　128
ローソン (B. Rowthorn)　49
ロビンソン (J. Robinson)　41

◆ 編者紹介

新岡　智（にいおか　さとし）
　　　　関東学院大学経済学部教授

板木　雅彦（いたき　まさひこ）
　　　　立命館大学名誉教授

増田　正人（ますだ　まさと）
　　　　法政大学社会学部教授

国際経済政策論
International Economic Policy　　〈有斐閣ブックス〉

2005年8月5日　初版第1刷発行
2024年5月10日　初版第6刷発行

編　者	新岡　　　智
	板木　雅彦
	増田　正人

発 行 者　　江 草 貞 治

　　　　　　東京都千代田区神田神保町2-17
発 行 所　　株式会社　有 斐 閣
　　　　　　郵便番号 101-0051
　　　　　　https://www.yuhikaku.co.jp/

印　刷　　萩原印刷株式会社
製　本　　大口製本印刷株式会社

© 2005, S. Niioka, M. Itaki and M. Masuda.
Printed in Japan

落丁・乱丁本はお取替えいたします。
★定価はカバーに表示してあります。

ISBN4-641-18318-X

Ⓡ本書の全部または一部を無断で複写複製（コピー）することは，著作権法上での例外を除き，禁じられています。本書からの複写を希望される場合は，日本複製権センター（03-3401-2382）にご連絡ください。